MORANTHOLOGIE

Caitlin Moran

Moranthologie

Vertaald door Petra C. van der Eerden

Nijgh & Van Ditmar
Amsterdam 2013

www.nijghenvanditmar.nl

Copyright © Caitlin Moran 2012
Copyright Nederlandse vertaling © Petra C. van der Eerden /
Nijgh & Van Ditmar 2013
Oorspronkelijke titel: *Moranthology*
Ebury Press, Londen
Omslag Moker Ontwerp
Omslagbeeld Gareth Iwan Jones
Typografie Perfect Service
NUR 320 / ISBN 978 90 388 9738 7

Die scène in Bottom *waarin Rik Mayall en Adrian Edmondson de meteropnemer tweeënveertig keer met een koekenpan meppen. Wat heb ik veel van jullie geleerd.*

Inhoud

Deel 3 – Ouderschap, overheid en overbekakt 181

Deel 4 – Passies, adviezen en sterfgevallen 247

Voorwoord

of: ik probeer me te gedragen

Toen ik op mijn vijftiende journalist werd, was dat gewoon een kwestie van eigenbelang. Aangezien ik de vijf jaar daarvoor thuis les had gekregen, had ik geen enkele academische kwalificatie. Daardoor leek er voor mij als bewoner van de sociale woningbouw in Wolverhampton het riante aantal van drie toekomstige carrièremogelijkheden weggelegd:

1) de prostitutie,
2) achter de kassa van de Gateway buurtsuper op de hoek of
3) schrijver worden: een optie waarmee ik alleen bekend was doordat Jo March in *Onder moeders vleugels* en Moeder in *The Railway Children* dat waren gaan doen toen ook zij moeilijke tijden doormaakten.

Bij het afwegen van al deze opties schrapte ik de buurtsuper meteen, puur omdat hun caissière-uniformpjes groenachtig waren – waar mijn blozende huid bepaald ziekelijk bij afstak.

Intussen ging er ook een streep door de prostitutie – voornamelijk vanuit de gedachte dat ik in die periode een stapelbed deelde met mijn zus Caz. Zoals zij zelf, in alle redelijkheid, zei: 'Ik heb geen zin om te moeten horen hoe jij een meter van mijn gezicht wordt bereden als een dressuurpony. Bovendien denk ik dat je klanten hun kop zouden stoten aan de Paddington-lampenkap.'

Dan maar schrijven dus. Van die keuze heb ik nooit spijt gekregen – al heb ik wel af en toe een ellendig momentje waarop ik bedenk hoe handig die veertig procent personeelskorting bij de vleeswarenafdeling van de Gateway zou zijn geweest. Dat is een enorme hoop goedkope Schwarzwalder-ham.

Ik begon te schrijven. Ik had een lijst met Engelse woorden en termen die ik mooi vond: een verzameling zoals anderen platen verzamelden, of buttons. *Jaguary. Lilac. Catholic. Uxurious. Jubilee. Isosoles. Leopardskin. Mimosa. Shagreen. Iodine. Collodial mercury. Ardent. Attar of Roses. Corybantic. Viola.* Woorden die beslist van pas zouden komen. Ik wist dat ik emotionele dingen wilde schrijven – schrijven totdat ik nieuwe schoenen, een nieuw kapsel en nieuwe vrienden bij elkaar geschreven had, en een nieuw leven, ver van de onverbiddelijk op me afkomende muren van ons huis. Woorden kunnen wapens zijn, of liefdesspreuken, of gewoon auto's waarmee je over landsgrenzen heen kunt rijden.

Maar ik wist niet waar ik emotioneel óver wilde schrijven, of hoe dat dan moest. Ik had geen onderwerp. Ik was niet subjectief. Ik was niets meer dan een berg vormloze woorden.

Als berg vormloze woorden deed ik mee met schrijfwedstrijden, en op mijn vijftiende won ik er eentje – de 'Jonge Reporter van het Jaar' van *The Observer*. In de brief waarin mijn overwinning werd gemeld boden ze me aan een keer op hun kantoor langs te komen, in Londen.

Dat was – overduidelijk – mijn kans om een gooi te doen naar een baan. Er werkten geen tieners bij de krant – ipso facto, als ik ernaartoe ging en de juiste indruk maakte, was die baan voor mij. Ik zou mezelf ontzettend aan die kerels weten te verkopen. Ik zou niet terug naar huis gaan zonder dat ze me werk toegezegd hadden.

De avond voor mijn eerste sollicitatie bereidde ik me zo goed als ik kon voor.

'Mensen worden aardig gevonden als ze taart meebrengen!' zei ik tegen mezelf, om elf uur 's avonds. Ik stond boter en suiker schuimig te kloppen in een deegkom. Het aanrecht zat vol citroenrasp.

'Een zalige citroenroomtaart! Als ik taart meebreng, zullen ze me in gedachten koppelen aan taart en dan krijgen ze een gunstig beeld van mij, dus: toekomstig emplooi!'

In die tijd was ik zwaar onder invloed van het autobiografisch werk van actrice, comédienne en schrijfster Maureen Lipman (een soort Carol Burnett die het grootste deel van haar leven amusante anekdotes zat te vertellen voor de radio). Lipman lijkt voortdurend bezig te zijn met cadeaus voor haar vrienden en collegae in de media – gegraveerde medaillons, bossen bloemen, attente dozen chocolaatjes.

We hadden thuis geen taartdoos of zoiets, voor vervoer naar Londen, dus ik stopte de taart in een rood koffertje dat ik kort daarvoor bij een faillissementsverkoop had gekocht, en ging naar bed.

Het maken en vervoeren van de citroenroomtaart – allemaal om een baan bij *The Observer* te bemachtigen – had in totaal zo'n zeven uur gekost. Dat was zes uur en achtenvijftig minuten meer dan ik had nagedacht over de feitelijke baan. Sterker nog, om precies te zijn was het zes uur en achtenvijftig minuten meer dan ik ooit had nagedacht over wat ik nou eigenlijk zou gaan schrijven.

Dus daar ben ik dan, de volgende dag, in Londen. Ik stap uit de bus op Victoria Station met een gigantische hoed – om slanker te lijken – en een citroentaart in een koffer. Als ik de koffer aan het handvat zou dragen, zou de taart op zijn kant vallen – dus ik draag het ding met twee handen, als een dienblad. Het is kwart over elf. Ik word om half een bij *The Observer* verwacht, in Battersea.

Net genoeg tijd om naar het British Museum en Buckingham Palace te gaan! denk ik na een blik op het piepkleine plattegrondje van Londen dat ik in mijn zak heb. Ik wil op deze reis naar Londen graag mijn 'biznis' met wat plezier combineren – en misschien iets nieuws creëren, 'pliznis'.

Ik ga op pad met mijn koffer plat vooruitgestoken, als een kroon op een kussen.

Drie uur later kom ik eindelijk aan bij het kantoor van *The Observer*. Ik doe mijn uiterste best om niet te huilen. Het vel is van mijn hielen gestroopt – het blijkt geen goed idee te zijn om witte enkellaarsjes zonder sokken te dragen als je drie uur gaat lopen. Ik ben doornat van het zweet, schaam me dood en heb een nieuw inzicht in de omvang van hoofdsteden.

Toen ik die ochtend opstond, had ik geen idee dat alles in Londen zo ver van elkaar lag. In Wolverhampton kon je, als je een redelijk joggingtempo aanhield, binnen tien minuten langs alle bezienswaardige gebouwen van de stad. Tering – eerlijk gezegd kon je, als je op Queen's Square naast het beeld van de Man op het Paard ging zitten, een tennisbal tegen elke belangrijke instelling laten kaatsen zonder je verder te hoeven verroeren. Zelfs tegen de McDonald's.

Londen lijkt echter te bestaan uit een eindeloze hoeveelheid brede, grauwe, rechte straten die tot in de eeuwigheid doorgaan zonder dat het British Museum of Buckingham Palace of – vanaf zeventien over twaalf in paniek – het kantoor van *The Observer* aan het einde ligt. Ik verdwaalde in een park, en ergens achter Trafalgar Square. Op een bepaald moment probeerde ik een taxi aan te houden – maar ik had de taartkoffer nog steeds met beide handen vast en zag er dus uit als iemand die de wijze, oude aap in de Lion King nadoet op het moment dat hij de pasgeboren Simba ter verering omhooghoudt. De taxi reed gewoon voorbij.

De vriendelijke lieden van *The Observer* hebben zich begrijpelijkerwijs grote zorgen om mij gemaakt. Een vijftienjarig meisje dat drie uur lang in Londen verdwijnt – en dan huilend en strompelend komt opdagen. Ze zetten me neer in een vergaderkamer en willen me net gaan vragen of ik aangerand ben.

'Ik wilde zo graag naar het British Museum voor hun collectie spijkerschrifttabletten!' zeg ik in een poging tot satire, om over te komen als iemand die zo'n nerd is dat ze de redacteur van The Observer laat wachten voor een sollicitatiegesprek.

Helaas geloven ze me op mijn woord en proberen ze me te sussen met verhalen over hun favoriete museumobjecten – een gesprek waaraan ik niet kan deelnemen omdat ik, uiteraard, nooit in het British Museum ben geweest. Het enige museum waar ik ooit binnen ben geweest is Bantock House in Wolverhampton, waar ze een kasteel hebben dat gemaakt is van snoeppapiertjes van folie. Het is een hartstikke mooi kasteel. Blinkend. Ik vertel ze over dat kasteel. Ze vinden ook dat het heel bijzonder klinkt.

Maar toch... toch! Heel bijzonder, maar na dit alles, als ik drie glazen water heb gedronken, haastig een traan uit mijn oog heb geveegd terwijl ik net deed alsof ik mijn hoed goed deed, en iedereen honderd keer heel hartelijk heb horen zeggen: 'Het is écht heel makkelijk om in Londen te verdwalen', komt er dat moment dat de redacteur zegt: 'Goed! Nu hebben we je hier eindelijk, haha, zou je voor ons willen werken?'

Helaas zit ik dan net in een fase dat ik niet iets passends wil zeggen, of iets aardigs – maar iets legendarisch. Ik wijd hele dagen aan gesprekken in mijn hoofd en analyseer dan achteraf, vanuit het oogpunt van anderen, het legendarisch potentieel ervan.

In het aanbod-om-drie-columns-te-schrijven-voor-een-nationale-krant-scenario, dat ik driehonderd keer door mijn hoofd heb laten spelen, heb ik uiteindelijk besloten dat het legendarische antwoord – waar nog jaren vol ontzag over gesproken zal worden ('En toen zei ze – haha, o, wat was dat geniaal...') – het antwoord is dat ik nu geef: 'Voor jullie werken? O, heel graag. Dat zou ik echt heel erg graag willen.'

Ik ben even stil – dan pak ik een papieren servetje, steek het in mijn glas water en doe net alsof ik de muren wil gaan lappen.

'Dan doe ik eerst de muren,' zeg ik, 'en dan de vloeren – want als ik dan druppel...'

Dat is een regel uit *Annie* – de scène waarin de miljonair Warbucks haar vraagt om bij hem te komen wonen, wat Annie in eerste instantie verkeerd begrijpt omdat ze denkt dat hij haar als dienstmeisje wil aannemen. Toen ik me voorstelde hoe ik deze zin zou brengen, zag ik iedereen lachen. 'We boden haar een baan aan – als columniste – maar ze parodieerde haar arbeidersachtergrond en obsessie voor musicals door net te doen alsof we haar een baan als schoonmaakster hadden aangeboden! Hilarisch!'

Het is onmogelijk dat ze hier geen van allen *Annie* hebben gezien. Die tekst gaat inslaan als een bom.

Ze hebben geen van allen *Annie* gezien.

Er valt weer een ongemakkelijke stilte.

'Zou je een paar columns voor ons willen schrijven?' vraagt de redacteur eindelijk, en zet het gesprek weer op de rails door net te doen alsof het voorgaande nooit gebeurd is. 'In de zomervakantie? Ik denk dat het voor ons heel interessant zou zijn om te horen wat jij te zeggen hebt over het leven – en over spijkerschrifttabletten! En over kastelen van aluminiumfolie, haha!'

'Ja, graag,' zeg ik heel eenvoudig. Ik heb besloten dat ik alles vanaf nu heel eenvoudig hou.

'Nou,' zegt de bureauredactrice. Ze is heel mooi. Glanzende haren. Een aardige vrouw. 'Wat zou je voor ons willen schrijven?'

Ik staar haar aan.

'Wat heb je voor ideeën?' vraagt ze nogmaals.

Ik blijf maar staren. Het was letterlijk nooit bij me opgekomen dat ik iets zou moeten bedenken om te schrijven. Ik dacht dat het gewoon een kwestie was van komen opdagen, iets legendarisch zeggen en dat ze je dan zouden vertellen wat je moest schrijven. Net als op school. Kranten zijn toch gewoon... betaald huiswerk? De volwassenen – een vage verzameling lieden die, in mijn hoofd, bestaat uit politici, de miljardair Oliver Warbucks en misschien John Craven, de presentator van *Newsround* – bepalen wat er in de krant komt en besteden dat uit aan de schrijvers. Daar hoef je niet voor te... journalisten zouden toch... vast niet...

'...zou een lijst kunnen maken met dingen die je het meest bezighouden; onderwerpen die je iets doen,' zegt de redacteur. Ik ben helemaal leeg. Ik kan niks met zo'n gesprek. Ik moet de stekker uit deze situatie trekken.

'Ik heb een taart voor jullie gebakken!' zeg ik vrolijk. 'Voor bij de thee. Een citroentaart!'

Voorzichtig zet ik de koffer op tafel – die ik de hele dag zorgvuldig horizontaal heb gehouden. Zelfs toen ik bij die 'buiten dienst' bushalte zat te huilen – en doe hem open. Mensen worden aardig gevonden als ze taart meebrengen! Als ik taart meebreng, zullen ze me in gedachten koppelen aan taart en dan krijgen ze een gunstig beeld van mij, dus: toekomstig emplooi!

Tijdens de wandeling van drie uur in de slopende augustushitte is de citroenroom geschift, en ranzig geworden. De zorgelijke geur van kots-taart vult het kantoor. Iedereen kijkt naar me. In mijn hoofd typ ik de zin: 'Hierover schrijven?'

Eenmaal terug in Wolverhampton stellen mijn nieuwe redacteuren per telefoon voor wat ik moet doen, 'lees de kranten, volg het journaal – kijk of er iets is waar je over wilt schrijven.'

Vlijtig bestudeer ik twee volle weken lang alle opvallende actualiteiten in de media – en schrijf vervolgens zeshonderd woorden over mijn broer die een jaar eerder verdwaalde op het strand van Ynyslas. De week daarna lever ik zeshonderd woorden in over een bezoek aan de bibliotheek met mijn broers en zussen

('We staan op de afdeling Boeken-die-zo-saai-zijn-dat-ze-de-Booker-Prize-hadden-moeten-winnen.') Mijn derde, en laatste, stuk gaat over een picknick met het hele gezin.

En dan is het klaar. Dat was alles wat *The Observer* me had aangeboden, en het is klaar. Ik ben weer werkloos. Ik zal moeten zorgen dat ik ergens aan het werk kom.

Een halfjaar later zit ik aan de telefoon ideeën voor te leggen aan *The Guardian*. Ik weet dat ze 'tienerachtige' dingen willen, dus ik doe mijn best, maar eerlijk gezegd weet ik niet zoveel over tieners: aangezien ik thuis les heb gehad, is de enige tiener die ik ken mijn zus Caz, en zij praat op dit moment niet met me.

Als ik haar kamer in kom, mag ik praten als ik met mijn rug naar haar toe in de hoek ga staan. Jaren later zie ik de seriemoordenaar in *The Blair Witch Project* precies hetzelfde doen met zijn slachtoffers.

'Ik zou kunnen schrijven over, eh, een dagboek of, eh, trends,' zeg ik aarzelend. 'Of, eh, bussen?'

Ik zit veel in de bus. Ik heb gemerkt dat er een pikorde is wat betreft de zitplaatsen en wil het graag hebben over mijn theorie dat de echte idealisten altijd boven in de dubbeldekker zitten, links voor, omdat dat in *The Blues Brothers* de plek is waar Dan Ackroyd in de auto zit, en hij is mijn favoriete Brother. Ik heb een hoop busobservaties in de aanslag.

'Je mag zo direct zijn als je wilt,' zegt de redacteur vriendelijk terwijl het woord 'bussen' nog steeds in de lucht hangt. Bussen.

'Ehh...' zeg ik – de opdracht is me aan het ontglippen. Ik moet iets zeggen. Ik moet iets oorverblindends zeggen. In paniek flap ik eruit: 'Anorexia?'

'Ja!' zegt ze meteen.

Grappig, want in die tijd gaat een groot gedeelte van mijn vrije tijd op aan het eten van watercrackers met kip-hamsalade. Ik ben zo dol op eten dat ik opgewonden raak als de salade door de kleine gaatjes in de crackers omhoog perst als een soort wormhoopjes. Mocht ik ooit anorexia gehad hebben, dan heeft dat hooguit drie kwartier geduurd. Ik ben er niet erg fanatiek mee bezig geweest.

'Dolgraag!' zeg ik, voordat ik omschakel naar mijn stem voor 'problemen'. 'Het is een vreselijke ziekte en ik kan er niet bij dat ik mijn hele generatie eraan ten onder zie gaan.'

Ik weet niks van anorexia. Maar nu moet ik er vóór vijven vijfhonderd woorden over hebben, dus ik pak het aan zoals iedereen zou doen: ik verzin maar wat bij elkaar.

'Lolita deed niet aan diëten. Maar tegenwoordig zijn kinderen van twaalf jaar of jonger bezig met de omvang van hun heupen, de lengte van hun benen en zelfs de lichte welving van hun buik,' begon ik opgewekt, God mag weten waarom – ik had *Lolita* niet eens gelezen. Waarschijnlijk was zij de enige twaalfjarige die ik kon bedenken: behalve Laura Ingalls, die in deze context echt niet zou kunnen. Ik wist alleen dat Lolita in algemene zin 'slachtofferig' was, dus daarom wierp ik haar in de strijd. Dat doe je dus als je nergens een reet vanaf weet.

'Ik had net zo'n minirok als Julia Roberts. Ik vond dat mijn benen daar bij moesten passen,' zei Eloise, die ik ter plekke verzonnen had.

Ik had ook een aflevering van de ziekenhuisserie *Casualty* gezien waarin een ballerina een rol toiletpapier opat, dus dat heb ik ook gebruikt.

Het stuk werd geplaatst in maart 1992 en vreemd genoeg veranderde het niets aan de algemene mening over anorexia – zelfs niet het citaat van 'een huisarts' (die ik verzonnen had): 'Die meisjes van negentien komen hier voor de pil, en dan heb ik de neiging om ze over hun bol te aaien en ze Smarties voor te schrijven,' want ik had toen blijkbaar diep in mijn hart het idee dat je daarmee anorexia kon genezen. Met Smarties.

Of een ander stuk dat ik *The Observer* in gebluft heb, ook ongeveer rond die tijd – 1993 – onder de titel 'We hebben het nog nooit zo slecht gehad'.

'Wat is er zo leuk aan het tienerbestaan in de materialistische wereld van de jaren negentig?' vraagt Caitlin Moran.

Dat was echt een symfonisch stukje lulkoek. In het artikel – zeshonderd woorden lang – lamenteerde ik dat ik en mijn vriendin ('Ze is zestien – zestien jaren op deze planeet, vier schrikkeljaren – en zegt dat ze haar leven beangstigend vindt omdat het nog zo lang duurt voordat ze doodgaat.') cultureel werden verpletterd door de babyboomers.

'Soms klimmen we boven op de vijf verdiepingen hoge parkeergarage en dan gooien we steentjes naar de mensen beneden op straat, en dan roept mijn vriendin: "WIE BEN IK?" en dan lach ik totdat ik begin te janken omdat niemand ons kan horen en niemand het haar kan vertellen.'

Het is klinkklare nonsens van voor tot achter: om te beginnen kun je nergens in Wolverhampton op het dak van een vijf verdiepingen hoge parkeergarage komen: die zijn allemaal volledig afgegrendeld, uiteraard ter voorkoming van veiligheidsrisico's van het type dat ik net uit mijn duim heb gezogen. En eerlijk gezegd denk ik niet dat er ooit een tiener 'WIE BEN IK?' naar de hemel heeft staan schreeuwen, behalve in films op de commerciële zender Channel 4, en dat was precies waar ik dit vandaan had.

'Ze heeft geen identiteit, behalve wat de adverteerders haar aansmeren,' vervolg ik zalvend, waarmee ik de complete reclamewereld hekel; volledig voorbijgaand aan het feit dat ik dol ben op het liedje uit de Bran Flakesreclame (*They're tasty/tasty/very very tasty/they're very tasty!*) en ben behoorlijk emotioneel betrokken bij de romantische verhaallijn van het glamourpaar in de Nescaféreclames.

Ik zou graag meer willen citeren uit de vreselijke stukken die ik in die tijd heb geschreven – wanhopig op zoek naar iets, maakt niet uit wat, om over te schrijven – maar dat gaat niet, want hier liep mijn journalistieke carrière voor een tijdje knarsend vast. Alles bij elkaar vijf stukken voordat iedereen besefte – ikzelf uiteindelijk ook – dat ik helemaal niks had om over te schrijven. Of, om eerlijk te zijn, dat ik dat wel had – maar ik wist gewoon nog niet wat dat dan was.

Ik dook onder (ging terug naar bed) en probeerde uit te dokteren hoe ik een baan als schrijver zou kunnen krijgen terwijl ik – en dat is nog zachtjes gezegd – helemaal niks van de wereld wist. Het duurde even, maar tegen de tijd dat ik zestien was, had ik een plan.

Ik had eindelijk door dat ik niet over mijn eigen leven kon schrijven omdat ik niks had meegemaakt. Ik zou moeten gaan schrijven over andere, oudere mensen die echt dingen hadden gedaan. Ik ging rockcriticus worden – want ik lees NME en Melody Maker en dat zijn bladen waarin schrijvers woorden bezigen als *jaguary* en *jubilee* en *shagreen* als ze beschrijven waarom ze U2 al dan niet kunnen waarderen, en ik denk dat dat vast wel iets is wat ik zou kunnen proberen.

Ik schrijf proefrecensies over mijn vijf favoriete albums – *Hats* van Blue Nile, *Pills'n'Thrills and Bellyaches* van Happy Mondays, *High Land, Hard Rain* van Aztec Camera, *Reading, Writing & Arithmetic* van The Sundays en *Nothing's Shocking* van Jane's Addiction – en stuur ze naar de recensieredacteur in een envelop die ik zorgvuldig parfumeer met citroenessence uit het keukenkastje, ter vervanging van een citroentaart in een koffer. Ik ga er nog steeds van uit dat mensen me alleen werk zullen geven als ze me op de een of andere manier koppelen aan gebak. Misschien is dat zo'n onjuiste veronderstelling die ze je afleren op de betere universiteiten.

De recensieredacteur belt me de volgende dag en vraagt om

een proefrecensie van een plaatselijk optreden. Als die wordt geplaatst krijg ik £ 28,42 en word ik hun freelance correspondent voor de regio Midlands: Birmingham, Wolverhampton, Dudley en Derby. Als er binnen een straal van dertig kilometer ergens achter in een kroeg een band speelt die zo'n tweeduizend albums heeft verkocht, sta ik te trappelen. Ik ben nu zo'n beetje verantwoordelijk voor de hele regionale indie-sector.

Toen ik nog maar zeven maanden bij *Melody Maker* werkte – op mijn eigen gebiedje, recensies inleveren en daar steeds die £ 28,42 voor opstrijken – schreef ik een recensie over het nieuwe album van Ned's Atomic Dustbin getiteld 522.

In de hipheidspikorde van die tijd was Ned's – zoals hun fans hen noemden – zo ongeveer het laagste van het laagste: een groep jongens uit Stourbridge – de Midlands! Mijn stekkie! – van amper twintig, die gemoedelijke, wat boertige, uiterst blanke herrie maakten waar gemoedelijke, wat boertige, uiterst blanke jongeren op in het rond konden springen. In termen van funk, of glamour, stonden ze ongeveer gelijk met Bovril oplosbouillon en Zweedse muilen. Daarbij was hun carrière al voorbij het hoogtepunt. Ze waren tanende.

Evengoed is een gebrek aan funk, sexappeal of succes geen misdaad, nooit geweest ook. Het is niet eens tegen de verordeningen voor Parken en Groenvoorziening. Dus de thermonucleaire uitbrander die ik hun album vervolgens in vierhonderdtachtig woorden gaf, had even weinig noodzaak en aanleiding als Chewbacca die de plaatselijke eendenvijver bestookt met de *Millennium Falcon*.

Ik maakte trouwens gebruik van wapentuig dat bij lange na niet zo verfijnd was als de *Millennium Falcon*. Het had meer weg van Chewbacca die uit de *Millennium Falcon* viel, de eendenvijver in waadde en de eendjes begon te schoppen, om de eendjes daarna te gaan trappen en stompen – geschrokken, onschuldige eendjes die allemaal druk gingen kwaken toen de Wookiee zonder enige aanleiding naar ze uithaalde, en die de vijver pas verlieten toen het water vol staartveren lag.

'Hallo, jongens,' begon ik, de band direct aansprekend. 'Wat zijn begrafenissen toch balen, hè? Carrière in een kist, we hoeven alleen nog een beetje aarde eromheen te scheppen, door een dikke, grijze waas van regen naar de nazit te sjokken en ons te bezatten. Ik ben uitverkoren om tijdens die nazit beneveld op te staan en een paar woorden te zeggen bij het verscheiden van jullie talent om ooit nog albums te verkopen. Wat kan ik zeggen? De woorden van een van de grote dichters – Liam van Flowered Up – lijken hier van toepassing: 'FUCK OFF! FUCK OFF EN STERF!'

Achttien jaar later, en ik schaam me nog steeds zó voor wat ik toen schreef, dat ik het middelste stukje alleen tussen mijn vingers door kan teruglezen: 'Waardeloos... lofliederen op niks... meuk... klaagzangen... kwalijke gekrabbel... waar niemand een ruk aan vindt...'

Ik noemde ze seksloos, toonloos, gedachteloos, weerzinwekkend: verantwoordelijk voor een muzikaal klimaat waarin bands op hun buik rondkropen met drie akkoorden, in plaats van te vliegen op de ingeblazen adem der goden. Ik was echt een trut.

Ik sloot af met: '1994 was het jaar waarin we afscheid namen van Kurt Cobain en Die Vent uit Doctor Feelgood. Zin om het trio compleet te maken, John(nnnnnnnnn)?'

Ja, echt waar – ik sloot een albumrecensie af door de leadzanger dood te wensen, ofwel via de werkwijze van Kurt Cobain, die zichzelf in april had doodgeschoten, of die van de leadzanger van Doctor Feelgood die in augustus aan kanker was overleden. En ik had ook nog eens zijn naam 'sarcastisch' gespeld.

De recensie kreeg een onderkop – 'Jezus, Caitlin, dit gaat gedonder geven.' Alsof het tijdschrift zelf geschrokken was van wat ik had geschreven.

Achteraf gezien zie ik wel waar ik mee bezig was. Ik zat als zeventienjarige op een kantoor met verder alleen volwassenen. Ik was een welpje dat een prooi had verscheurd en het karkas had teruggesleept naar de oudere leden van de groep, om hen te imponeren. Ik wilde me onderscheiden.

Maar zelfs de meest terloopse blik op de situatie laat ons zien dat ik geen machtige poolvos mee terug sleepte. Ik was slechts teruggekomen met een paar zielige, verbaasde eendjes.

En natuurlijk was het overduidelijk dat ik zelf ook geen wolvenjong met scherpe tanden was – maar een papegaaiduikertje, of een pinguïn, of een reuzenkip: een of ander rondkuierend beest dat niet gebouwd was voor vechtsporten. Ik zou op een feestje nooit op iemand afstappen om nare dingen in hun gezicht te zeggen – dus waarom deed ik dat wel in het tijdschrift? Ik zag mijn schrijfsels slechts als 'een stukje kopij' – iets om een stuk van een pagina te vullen met wat er ook maar in me opkwam.

Maar het is natuurlijk niet gewoon 'een stukje kopij'. Dat bestaat helemaal niet, 'kopij'. Als je iets op papier zet, wil dat niet zeggen dat het er minder toe doet. Als je iets op papier zet, gaat het er juist meer toe doen.

De moraal van het verhaal is dat ik mezelf zag als een aardig mens – zo iemand die citroentaart meeneemt naar *The Observer*, en wormen van de straat oppakt en ze in het gras zet met een vrolijk: 'Doe je best, jochie' – maar het lijkt erop dat ik me voordeed als een kuttenkop. Waarom deed ik dat? Er zijn al genoeg kuttenkoppen in de wereld. Meer hoeven we er niet. Als je je vóórdoet als een kuttenkop, bén je waarschijnlijk een kuttenkop. Die nepkuttenkopperij was een kutbezigheid. Ik besluit ermee te stoppen.

Ik mag graag doen alsof ik dit allemaal zelf heb doorgrond, in de weken na de publicatie van de recensie van Ned's Atomic Dustbin. Dat ik stilletjes uitzocht wat mijn principes waren en wie ik wilde zijn, als een soort vastbesloten, intellectuele regeneratie van mezelf: een wedergeboorte op basis van filosofie en verstand.

In werkelijkheid nam de man die later mijn echtgenoot zou worden me een week later apart bij een concert en zei, zachtaardig als hij is: 'Die recensie was een beetje... fout.'

Op dat moment besefte ik – in een enorm, beangstigend waas – dat ik niet kon wat zoveel van mijn favoriete schrijvers – A.A. Gill, Julie Burchill en Hunter S. Thompson – wel konden. Dat vreugdevolle vandalisme, die coole moordaanslagen. Ik zat niet, zoals zij, ineengedoken achter mijn schrijfmachine rovers af te schieten met een pistool met een parelmoeren handvat. Ik kon niet de dagelijkse razernij opbrengen van de columnisten die wanhoopten over parkeerverordeningen, belastingaanslagen, immigranten, homovaders, de BBC, dikke vrouwenkonten in foute jurken en Arbo-regels. Zoveel narigheid trok ik niet.

Naar mijn gevoel was mijn bouw wat meer... herbivoor. Bij het heroverwegen van mijn schrijfstijl overwoog ik wat ik leuk vond om te doen – waar ik voldoening uit haalde – en besefte dat dat eigenlijk maar één ding was: op dingen wijzen. Op dingen die ik leuk vond en die aan anderen laten zien, als een moeder die 'Kijk! Koetje-boe!' roept als de trein langs een boerderij dendert. Ik vond het leuk om op dingen te wijzen en dat dan graag op billijke en welgemanierde toon. Of geinig. Geinig was heel erg goed. Geinig heeft nog nooit iemand kwaad gedaan.

Het mooiste was ad rem geinen over ernstige zaken: politiek, de recessie, discriminatie. Te veel commentatoren betichtten hun tegenstanders al te snel van boosaardigheid. Het heeft heel veel meer effect om te betogen dat ze zich idioot gedragen. Ik had zin in het ontmaskeren van idioterie.

'Ik ga alleen nog maar welgemanierd en geinig zijn, en wijzen op coole dingen,' besloot ik. 'Toen ik begon met schrijven, had ik een moord gedaan voor één ding om over te schrijven. Nu heb ik er drie. Manieren én geinigheid én wijzen. Dat is genoeg.'

Dus ja. Als deze bloemlezing iets is, dan mag ik hopen dat het geinig is, of welgemanierd, of wijst op iets cools. Er staan wat dingen tussen die vagelijk serieus zijn – de laatste tijd mag ik graag aan mijn schrijftafel plaatsnemen om te schrijven over armoede, uitkeringshervormingen en de coalitieregering als ware ik... vooruit, een klote-Dickens of Orwell, maar dan met tieten.

Het vijftienjarige streberige journalistje in Wolverhampton, dat wanhopig op zoek was naar dingen om óver te schrijven, had in feite miljoenen dingen om zich heen om over te schrijven: sociale woningbouw, leven van een uitkering en de volkomen vervreemdende situatie van tientallen jaren van verpletterende armoede – te arm om naar een andere stad te kunnen, of te ontsnappen aan de voortdurende ondertoon van vochtigheid, angst en verveling.

Maar het is mijn onderliggende, eeuwige overtuiging – misschien als reactie op dat alles – dat de wereld nog steeds, ondanks alles, absoluut een geweldige plek is. Dit boek is een verzameling van voorbeelden van hoe magnifiek de wereld vaak is – geschreven door iemand die al haar hele leven een fan is van het leven, en van de aarde. Ja, er zijn misschien nog steeds verkeersdrempels; en administratie; deze wereld kan hinderlijk wezen, en zelfs ik – in wezen een positivo met een keizersnedelitteken – ga in dit boek af en toe door het lint. Ik zal eerlijk zijn: er staat niet veel in om de trots op te krikken van nazi's, internettrollen of Lola uit de serie *Charlie and Lola*. Die kenau in kleurkrijt moet dood. En achter dát dreigement zal ik wél blijven staan. In tegenstelling tot wat ik die arme John van Ned's Atomic Dustbin destijds toewenste, aan wie ik nu – achttien jaar later – mijn excuses aanbied, liggend op mijn buik in al mijn laffe machteloosheid en schaamte. Het spijt me echt ontzettend. Zeg ook maar tegen je moeder dat het me spijt. Wat zal ze overstuur zijn geweest.

Maar in algemene zin is dit een manifest voor vreugde. Toen ik mijn tweede kans kreeg als journalist – op mijn achttiende als columnist aangenomen worden door *The Times* in mijn nieuwe rol van 'vrolijke aanwijzer' – was ik vastbesloten om de gelegenheid te baat te nemen om zoveel mogelijk nieuwe, opwindende dingen van de daken te schreeuwen. Het gevolg is dat ik in deze bloemlezing naar een seksclub ga met Lady Gaga; sigaretten rook met Keith Richards; tweeënveertig kilometer door de regen loop terwijl ik taart eet; een internetdwerg word, genaamd 'Scottbaio', waarna ik per ongeluk op tv omkom tijdens de middagshow *Richard & Judy*; en beken dat ik ooit, één keer, een wesp onder een glas heb gevangen en hem stoned heb gemaakt.

Het motto dat ik in gevangenisstijl op mijn knokkels heb geschreven is dat dit de beste wereld is die we hebben – want het is de enige wereld die we hebben. Dat is de makkelijkste rekensom aller tijden. Hoeveel afschuwelijke, tergende, irritatieopwekkende dingen er ook gebeuren, er is altijd ergens een bibliotheek. En regen-op-de-zee. En de maan. En liefde. Er is altijd iets om met voldoening op terug te kijken of om vol vreugde naar uit te kijken. Er is altijd een moment dat je met je verstand niet bij de wereld kunt, bij jezelf, bij de hele, onwaarschijnlijke, hachelijke kwestie van het leven, waarna je begint te lachen.

En dat is meestal het moment dat ik thee ga zetten en begin te typen.*

---

* Nou, niet echt. Meestal verdoe ik eerst nog minstens drie uur met rondhangen op de website van Topshop, ingegroeide haren op mijn benen te grazen nemen met een pincet en droomappartementen in New York bekijken, voordat de paniek toeslaat en ik krap een uur en zevenendertig minuten voor de deadline dingen begin in te kloppen – maar dat is geen inspirerende slotzin. Het verpest alles een beetje, eerlijk gezegd.

Deel 1

Cafeïne, *Ghostbusters* en marihuana

Waarin ik uitleg waarom Ghostbusters de beste film ter wereld is, de uitvaart van Michael Jackson met enige verbijstering bekijk en de premier laat wachten. Maar ik begin waar ik altijd eindig: in bed, waar ik mijn man in verwarring breng.

Ik heb lang nagedacht over wat het eerste stuk moet zijn in wat voor mij het dichtst bij het uitbrengen van een The Beatles Blue Album *komt, of* The Beatles Red Album. *Een ongelooflijk ethisch verantwoord stuk over de verzorgingsstaat? Een extatische lofrede op hoe graag ik Sherlock uit de serie* Sherlock *een beurt zou willen geven? Of een weloverwogen exposé over transfobie, seksisme en homohaat, daarbij gebruikmakend van de onwaarschijnlijke, maar uiteindelijk toepasselijke, beeldspraak van de maanlandingen? Geen paniek – dat staat er allemaal in. Vooral dat over Sherlock. Er zit een hoop liefde voor Sherlock in dit boek. In allerlei opzichten zou het net zo goed 'Deduceer DIT maar eens, Sexlock Holmes!' kunnen heten, met een foto op de kaft waarop ik loens en gillend zijn meerschuimen pijp lik.*

Maar uiteindelijk heb ik de loffelijkere, cultureel deugdelijkere en waarachtigere stukken gepasseerd ten faveure van een kribbige, al tientallen jaren rommelende semi-twist met mijn man.

Zeg maar Puffin

00:17 uur. We gaan net slapen. Ik hoor Pete's adem moduleren naar de REM-modus. Op zolder schakelt de boiler terug naar stand-by. Het dekbed is perfect ingestopt. De dag zit erop.

'Ik hou van je, Beer,' zeg ik.

'Kook vjou,' antwoordt hij. Er valt een stilte. Gevolgd door nog een stilte. Dan:

Ik: 'Beer. Grappig, hè? Beer. Ik noem jou Beer.'

Pete: 'Mmrg.'

Ik: 'Maar jij... jij hebt geen koosnaampje voor mij. Het zou leuk zijn als je een koosnaampje voor mij had.'

Pete: 'Marrrp.'

Ik: 'Want we zijn nu zestien jaar bij elkaar. Ik heb allerlei lichtelijk laakbare bijnamen voor jou gehad – Beer, Taart, Mr Poep, Reutel – maar jij hebt nooit een koosnaam voor mij bedacht.'

Pete: 'Mrrrrrb.'

Ik: 'Ik bedoel, een koosnaam ontstaat vanuit een behoefte, hè. Je geeft iets een andere naam om te laten zien dat het je eigendom is; of om aan te geven dat je een bepaald aspect in iemand ziet, iets wat anderen niet zien, iets wat aparte bevestiging behoeft. Dus het feit dat jij geen koosnaam voor mij hebt, suggereert dat je me met hetzelfde gemak zou laten ontvoeren door rondreizende zigeuners; of dat je nauwelijks het verschil kunt zien tussen mij, mijn zussen en Moira Stewart, die zwarte nieuwslezeres.'

Pete, niet blij: 'Mrrrrrp.'

Ik: 'Maar serieus, ik wil eigenlijk best wel een koosnaampje. Dan zou ik me geliefder voelen. Ik zou me een stuk geliefder voelen als je een koosnaam voor me zou verzinnen. Nu meteen. Toe dan.'

Pete, terwijl hij zich omdraait: 'Ik slaap.'

Ik: 'Ik zal je helpen brainstormen. Het moet iets speels zijn – en toch teder.'

Pete, ongelovig: 'Speels maar teder. Hebben we dit gesprek nu echt?'

Ik: 'Ja. En idealiter moet het een afspiegeling zijn van het unieke inzicht dat je na al die jaren in mij hebt. Waar denk je aan als je aan mij denkt?'

Pete: 'Het woord "ik".'

Me: 'Maar nu echt!'

Pete: 'Serieus. Het woord "ik". Dat zeg je vaak. Dat, en "serum". Maar ik weet niet precies wat dat betekent.'

Ik: 'Niet wat ik zég... Het gaat erom wat jij dénkt. WAAROM HOU JE VAN ME?'

Pete, vaag: 'Omdat je een vrouw bent?'

Ik: 'Mijn koosnaam wordt dus niet "Vrouw". Mijn feministische vriendinnen zouden een petitie tegen me opstellen. Wat schiet je nog meer te binnen?'

Pete: 'Je hebt echt geen idee hoeveel werk ik morgen moet doen.'

Ik, behulpzaam: 'Ik ben onverwacht praktisch, toch? Zo heb ik toen de radio in die huurauto gerepareerd. Iets als "MacGyver" of "John McClane" of zo – dat is die kerel die Bruce Willis speelt in *Die Hard*. Maar dan met een sexy twist. Misschien "Bare Grylls". Maar die woordspeling werkt eigenlijk alleen op papier. Het moet meer... auditief.'

Pete: 'Je kunt beter een van je vrienden bellen. Een van die kwebbelnichten. Die vinden zoiets prachtig.'

Ik: 'Wat voor schattige eigenaardigheden heb ik?'

Pete, na een tijdje wanhopig: '...je eet een hoop yoghurt.'

Ik: 'Ik eet een hoop yoghurt?'

Pete: 'Je eet een hoop yoghurt. Ik zou je "Yog" kunnen noemen.'

Ik, verontwaardigd: 'Yog? Je gaat me geen Yog noemen – dat is George Michaels bijnaam. Je mag me geen naam geven die al gebruikt wordt voor een coryfee. Dan kun je me net zo goed "Brangelina" noemen, of "The Pelvis". Je doet niet erg je best, hè?'

Pete: 'Ik word hier zo ongelukkig van.'

Ik: 'Wat dacht je van "Puffin"? Je weet wel, zo'n papegaaiduiker, mijn lievelingsvogel – een klein, rond, gothic vogeltje met een grote neus. Bovendien is het een leuke woordspelige verwijzing naar de jaren dat ik blowde, wat bewijst dat je me al kende toen ik nog dacht dat de week acht dagen had, dankzij The Beatles. Puffin.'

Pete: 'Puffin! Dat is prima. Dat is helemaal prima. Ja. Jij bent voortaan Puffin voor mij. De zaak is opgelost tot wederzijdse tevredenheid. Ik ben intens verheugd. Klink ik sarcastisch?'

Ik, vrolijk: 'Nee. Nu ben ik tevreden. Beer en Puffin. Dat zijn wij. Wij zijn Beer en Puffin. Truste, Beer.'

Pete: 'Truste.'

Korte, boze stilte.

Ik, ten slotte: 'Puffin.'

Pete: 'Wat?'

Ik: 'Truste, Puffin. Je moet zeggen: "Truste, Puffin".'

Pete: 'Truste, Puffin. Gestoord teringwijf.'

Zoals je ziet, kent mijn huiselijk leven nu vreugde en voldoening. Zou je vragen hoe dat zo is gekomen, dan zou ik de tekst citeren van een van de beste acts van The Muppet Show, '*Marvin Suggs & The Muppaphone'. Terwijl Suggs* Witch Doctor *speelt op de Muppaphone – een levende xylofoon die bestaat uit Muppets die hij steeds met hamertjes bewerkt waardoor ze gillen – vertelt hij hoe het publiek reageert op zijn act.*

'*De mensen vragen mij: wat is uw geheim met de Muppaphone?' zegt hij, met zijn schelle, geknepen stem. 'En dan zeg ik:* WEDERZIJDSE LIEFDE EN RESPECT.'

Voor mij en Pete is dat ongeveer zo geweest. En zo varen we maar door over de diepblauwe gelukzaligheid van het huwelijk. Maar zo is het niet altijd geweest. Mijn achtergrond is totaal anders. In heel veel opzichten leek mijn leven op Angela's Ashes (De as van mijn moeder), *of* A Child Called 'It' (Ik was niemand). *Dit schrijnende relaas over hoe het was om volwassen te worden zonder dat je ooit een kopje thee krijgt illustreert de diepe mentale littekens die ik nog steeds dapper draag.*

Bedenk dat dit stuk dateert uit een tijd voordat The Evening Standard *een gratis krant werd, en let op hoe juist mijn inschatting van de toekomst van dit dagblad bleek te zijn. Ik ben een soort kristallen bol in medialand.*

Cafeïne – Het levensbloed van de eenentwintigste eeuw

Terwijl ik dit schrijf, nip ik van een heerlijk kopje thee. Dit is natuurlijk in allerlei opzichten de minst drukwaardige zin van de week. Thee is geen nieuws. Iedereen drinkt thee. Natuurlijk drinkt iedereen thee.

Behalve ik, tot voor kort.

Jawel, tot vorige zomer had ik in dit leven drie koppen koffie en misschien tien koppen thee gedronken. In mijn hele leven. Ik weet het, ja. Ik wéét het. Wat ik hier schrijf moet haast wel overkomen als de mijmeringen van een maanmannetje van Mars. Maar ja, warme dranken kwamen gewoon nooit echt op mijn pad. Waarschijnlijk ben ik nooit de juiste persoon tegengekomen die me met thee in aanraking bracht. Of misschien had ik nooit echt voldoende zelfvertrouwen om te geloven dat iemand voor mij thee zou willen zetten.

Maar vorige zomer hebben wij een nieuwe keuken laten installeren, en aangezien de keuken ook mijn werkplek is, moest ik vijf weken lang met mijn laptop verkassen naar de koffiezaken van Crouch End. Opmerkzaam als ik ben, merkte ik dat het in dergelijke zaken niet de gewoonte was om 'een grote mok kraanwater, graag' te bestellen, maar dat je hun duur aan de man gebrachte thee of koffie diende te drinken. Binnen twee weken was ik van een cafeïnemaagd verworden tot iemand die in één middag zomaar vier latte's en evenzoveel koppen thee achterover kon slaan, en ik zal je dit zeggen: ik zag ineens alles in een compleet ander licht.

Vrienden, wij leven in een cafeïnewereld. Onze gedachten volgen een cafeïnespoor en we leven een cafeïneleven. Onze problemen zijn de problemen van lieden die beneveld zijn door populaire warme dranken, en onze gedachten zijn maar half van onszelf, de rest wordt ingegeven door onze kopjes. Veel aspecten van het moderne leven die ik voorheen nooit begrepen had – dingen in de maatschappij die mij totaal boven mijn pet gingen – werden ineens volkomen duidelijk toen ik me een maand lang met thee had laten vollopen.

Neem bijvoorbeeld hoofdpijn. Tot ik theeverslaafd werd,

dacht ik dat 'ik heb hoofdpijn' gewoon een eufemisme was om onder een of andere ophanden zijnde activiteit uit te komen – net zoals mijn vader 'dat kan ik niet, ik heb een bot in mijn been' zei wanneer ik als klein kind verstoppertje met hem wilde spelen.

Betreed je echter de wereld der cafeïne, dan leef je in een wereld waarin je schedel plotseling heel zwak en poreus wordt, waardoor er elk moment een ergerlijke, zeurende pijn kan binnensijpelen.

En slapeloosheid. Meestal was mijn gemiddelde tijdspanne tussen 'licht uit' en dromen van *Doctor Who* nog geen vijf minuten. Een late avond na een drukke dag = slapen. Dat leek vrij simpel. Nu, in de post-theewereld, veroorzaakt elk na vieren genuttigd kopje een onwelkome wakkerheid in het centrum van de hersenen, aanwezig tot lang nadat de niet-gecafeïneerden wazig naar bed wankelen. Combineer dat met cafeïneprobleem nummer drie – lichte angsten en rusteloosheid – en wat Thom Yorke van Radiohead ooit zo treffend omschreef als de 'ongeborenkippenstemmetjes in mijn hoofd' die kunnen doorkakelen tot een of twee uur 's nachts. Door niets dan thee! Echt, crack lijkt me nu helemaal niet aantrekkelijk meer.

Wat me echter vooral is opgevallen, is hoe onredelijk, egocentrisch en voortdurend verbolgen ik ben geworden door cafeïne. Per saldo is de conclusie dat de mens een hufter wordt van warme dranken. Gewoon over straat lopen met een meeneembeker koffie in de hand maakt je al tot een ruziezoekende fantast. Je krijgt echt het gevoel dat je een belangrijke rol speelt in *Sex and the City* of *The West Wing* – terwijl je natuurlijk eigenlijk gewoon een stakker met een bakkie bent, op weg naar de H&M. Die wetenschap maakt me niet prettiger in de omgang. De laatste paar maanden loop ik in mijn hoofd met allerlei mensen ruzie te zoeken.

Voorbeeldje: gisteren wilde ik op Oxford Circus een *Evening*

Standard kopen, maar ik had alleen muntgeld. Terwijl ik uit de loop ging staan om mijn kleingeld uit te tellen, had ik een gigantische, gillende ruzie met de krantenverkoper – maar dan volledig en uitsluitend in mijn hoofd.

'Waarom geef je me al die bruine muntjes?' vroeg hij op zijn volkse manier, in mijn verbeelding. 'Ik heb een portemonnee – geen jutezak.'

'Dat is dus precies waarom *The Standard* ter ziele zal gaan!' schreeuwde ik terug, als monologue intérieur. 'Hij kost vijftig bruine penny's meer dan ik voor de *Metro* neerleg, of de *London Paper*. Ik wérk bij een krant! Ik wéét hoe de wind waait! Over drie jaar staat alles online, droeftoeter, en dan word jij in je kartonnen doos ondergezeken door een stel vossen! Krijg de pest, man! KRIJG DE PEST!'

Deze felle twist werd afgebroken doordat ik de man van de *Evening Standard* in de echte, tastbare wereld 50 pence aan kleingeld gaf, waarop hij 'Bedankt, pop' zei en me mijn krant overhandigde.

Ik had voor elven drie lattes gedronken.

Cafeïne heeft natuurlijk ook voordelen. Ik ben ruim vijf kilo afgevallen, kan in exact negen minuten een blog schrijven en voel een tot nog toe onontdekte connectie met de wereld, gewoon doordat ik nu 'ik zou een moord doen voor iets warms. Iemand zin in thee?' kan zeggen in een kamer vol knikkebollende mensen. Sterker nog, ik zou zelfs zeggen dat het gevoel dat ik eindelijk net zo ben als ieder ander het aantrekkelijkste aspect is van het cafeïnedrinken. Lichtgeraakt, vermoeid, paniekerig en af en toe halfblind aan één oog dankzij migraine voel ik me eindelijk normaal.

Drie columns schrijven voor een nationale krant is net zoiets als drie kinderen hebben: je bent constant uitgeput en kribbig, je krijgt die laatste zeven kilo er maar niet af en je snapt niet waarom ze zich niet gewoon zelf kunnen redden en een eind OPLAZEREN.

Haha, nee hoor! Dat meen ik niet! Maar ik meen het wel als ik zeg dat het moeilijk is om te zeggen van welke van de drie je het meest houdt.

De tv-recensie geeft me de gelegenheid om lekker te mopperen over wat we die week met z'n allen op de buis hebben gezien – een van de grootste voordelen van het leven op een klein eiland dat grotendeels nog steeds naar een van de vier kanalen kijkt. In de tijdschriftcolumn mag ik een monoloog afsteken van het type dat je, ietwat beneveld doch gloedvol, afvuurt op een taxichauffeur die zijn best doet om je te negeren door om drie uur 's nachts 'Alone' van Heart harder te zetten.

'Wat het namelijk is met mijn man, is dat hij me nooit geen bijnaam gegeven heb, rebbelderebbel rabarberabarber TWEE KINDEREN EN ZEVENTIEN HECHTINGEN!!! Ik heb een beetje gespuugd op de autogordel maar het is niet erg geen paniek ik heb een zakdoek, ik veeg het GEWOON weg. Niet kijken.'

Maar soms denk ik, hoezeer ik ook probeer om onpartijdig te zijn, dat mijn vrijdagse column over celebrity's – heel vindingrijk getiteld 'Celebrity Watch' – mij misschien wel het meest dierbaar is. Het is feitelijk een wekelijkse stand-up comedy act over de inhoud van de roddelbladen. Het is de alternatieve carrière die ik als comedian had kunnen hebben als ik niet zo'n ernstig 'zweetprobleem' had gehad, dat mijn klamvochtige oksels van vijftien meter afstand te zien zijn als ik ook maar een paar seconden moet spreken voor meer dan negen mensen. Eigenlijk ben ik net Lenny Bruce, maar dan verlegen.

Deze aflevering van 'Celebrity Watch' was geheel gewijd aan de volslagen krankzinnige circusgekte rondom de uitvaartdienst van wijlen Michael Jackson – een opmerkelijk evenement dat, voor iedereen die het zag, door blijft spoken in zijn ongelukkige, brabbelende kop. Voor wie de column nooit eerder heeft gelezen – een gigantische demografische groep onder wie mijn moeder en minstens één senior managementfiguur van The Times die het 'dat nummerding' noemt: het volgt het format van een top 10-lijst, simpelweg omdat je een stuk minder structuur en vaardigheid nodig hebt om een top 10-lijst te schrijven. En ik schrijf in de derde persoon, als CW – kort voor 'Celebrity Watch' – omdat ik me graag presenteer als een mysterieuze, machtige organisatie die sterren beoordeelt en dit alles op wetenschappelijke wijze ratificeert in plaats van wat ik werkelijk ben: iemand die in haar badjas stukjes zit te typen terwijl ze eindeloze hoeveelheden mini-Celebrations wegstouwt. Snickers hebben mijn voorkeur. De nootjes zijn bijna een gezonde bron van eiwitten.

Celebrity Watch Special: Michael Jacksons uitvaart

10. GESTEGEN. The Jackson Four. Dit was de eerste aanwijzing dat dit niet alleen een ongebruikelijke uitvaart zou worden, maar eentje die zo gigantisch, onzinnig en gestoord was dat de kijkers thuis geregeld, laten we zeggen, hun eigen benen moesten aanraken of naar een fluitketel moesten kijken, terwijl ze zich voorhielden: 'Dit zijn de normale dingen. Ik moet niet vergeten wat de normale dingen zijn.'

Michael Jacksons gouden kist van vijftienduizend dollar werd de zaal in gedragen op de schouders van Jacksons broers terwijl een koor 'We Will See the King' zong – misschien onheilspellend, gezien de uitvaarttraditie van de open kist. Het kon niemand ontgaan dat Jacksons broers allemaal één witte, met stras bezette handschoen droegen – Jacksons kenmerkende accessoire, naast een compleet gezichtsmasker en/of woedende chimpansee. Om dit even van wat context te voorzien: het is een beetje alsof alle dragers bij de begrafenis van Elvis een grote plastic vetkuif droegen en wiebelden met hun benen zoals Elvis dat deed. Ongelooflijk.

9. GEZAKT. Congreslid Sheila Jackson Lee. In het ultieme 'Daar wens ik je veel succes mee!'-moment van 2009 tot nu toe wierp Congreslid Lee zich op als degene die begon over de tweeëntwintig miljoen dollar waarvoor Jackson de aanklacht van Jordy Chandler afgekocht had, én de zeven aanklachten wegens kindermisbruik uit 2005 en de twee aanklachten wegens het toedienen van een bedwelmend middel teneinde een misdaad te begaan. *Maar op een hartelijke manier.*

'Als vertegenwoordiger van het Congres kennen wij de grondwet. We weten dat iemand onschuldig is totdat het tegendeel bewezen is!' zei Lee in een poging dat hele gedoe van die 'hardnekkige pedofiliegeruchten' in een paar luchtige zinnetjes te smoren, voor het oog van Jacksons kinderen.

Persoonlijk zou CW het net iets veiliger hebben gespeeld met een stemmige lezing van het gedicht 'Stop All the Clocks'.

8. GESTEGEN. Kentucky Fried Chicken. Magic Johnson – voor de buitenlandse kijkers behulpzaam door commentator Paul Gambaccini beschreven als 'speler van de Lakers, het Manchester United van Amerika' – leek het podium op te komen met twee doelen: 1) Om eer te betonen aan het leven van wijlen Michael Jackson. 2) Om zo vaak mogelijk Kentucky Fried Chicken op een positieve manier te noemen.

'Ik was bij Michael thuis – en de kok bracht een emmer Kentucky Fried Chicken. Ik had iets van: "Michael, eet jij Kentucky Fried Chicken?!" Dat was het mooiste moment van mijn leven... het was heerlijk om daar op de grond samen die emmer Kentucky Fried Chicken leeg te eten. God zegen je, Michael!'

7. GEDAALD. P. Diddy. P. Diddy – door een aantal van ons ouderwetse types wellicht nog steeds hardnekkig 'Puff Daddy' genoemd, zijn oorspronkelijke, achterlijke, zelfverzonnen naam – was ook aanwezig bij de uitvaart. Als man van de eenentwintigste eeuw houdt Diddy (@iamdiddy) iedereen via Twitter op de hoogte van alles wat hij doet. De dag voor de begrafenis schreef hij: 'Ik heb nog niet geslapen! LOL. Ik zit nog steeds op de afterparty van gisteravond! Het houdt maar niet op!' De toon veranderde snel met de volgende twee tweets: 'Ik ben bij de uitvaart. RIP Michael Jackson' en 'Net weg van de uitvaart. Verdrietig! RIP MJ!!!' De volgende dag was alles echter weer bij het oude met – waarschijnlijk door de lunch ingegeven: 'Dol op zoete moppies!!!'

Interessant Diddy-puntje: zowel 'zoete moppies' als de begrafenis van de King of Pop vroeg om drie uitroeptekens.

6. GEZAKT. Brooke Shields. Met een snikkende getuigenis die welhaast drie dagen leek te duren wilde Shields aan het publiek overbrengen hoe de man die zij had gekend werkelijk was. Helaas was de man die zij had gekend Michael Jackson, dus klonk elke anekdote die ze vertelde als een kruising tussen iets wat je droomt als je waterpokken hebt en iets wat ze ter plekke verzon om hem nog meer problemen te bezorgen.

Een goed voorbeeld was het verhaal hoe ze, de nacht voor de bruiloft van Elizabeth Taylor, samen met Jackson had ingebroken in de kamer van Taylor terwijl zij lag te slapen. Ze wilden de trouwjurk bekijken omdat Michael – een zwarte, heteroseksuele man van drieëndertig – van pure opwinding niet kon wachten tot de volgende ochtend. De volgende ochtend tijdens de bruiloft hadden Shields en Jackson 'net gedaan of we de vader en moeder (van Elizabeth Taylor) waren. Het klinkt bizar,' besloot Shields met een nogal wilde blik, 'maar voor ons was het echt!'

Zou je denken? Zoals CW al eerder zei: Daar wens ik je veel succes mee!

5. GESTEGEN. Diana Ross en Elizabeth Taylor. De twee onmisbare homo-iconen in het leven van Jackson ontbraken bij dit uitvaartgebeuren – ze gaven die dag liever een persoonlijke verklaring.

Taylor merkte op dat ze niks te maken wilde hebben met alle 'hoepla' – een belangrijk eerste gebruik van een nieuw woord, gezien het feit dat de mensheid nog geen term had voor 'uitvaartdienst waarbij de dochter van het lijk "de show zal afsluiten" door wenend het podium op gedreven te worden terwijl haar ooms troost bieden door haar te strelen met strashandschoenen'.

Ross had intussen iets anders aan haar hoofd. Na de onverwachte onthulling dat Jackson de voogdij over zijn kinderen aan haar had willen toevertrouwen – wat ons deed denken aan een soort hilarische Motown-versie van de film *Baby Boom* met Ross als Diane Keaton – leek de boodschap van Ross haar standpunt in de zaak duidelijk weer te geven.

'Ik zal er zijn [in haar eigen huis, niet bij de uitvaart, ver weg van iedereen, vooral de kinderen] als ze me nodig hebben [om twintig dollar te lenen, of voor advies over enkellange cocktailjurken met een zeemeerminsilhouet, en getoupeerde kapsels],' verklaarde Ross.

4. GESTEGEN. Paul Gambaccini & Trevor Nelson. Als BBC-commentatoren bij de uitvaart bevonden Gambo en Nelson zich in een enigszins netelige situatie – gezien het feit dat ze commentaar moesten geven bij dingen die iets te vaak de simpele, nuchtere reactie ontlokten: 'Teringjantje, zie ik nou echt net een In Memoriam-fotomontage waarin een foto van Michael Jackson die Nelson Mandela de hand schudt wordt gevolgd door een foto van Michael Jackson die Kermit de Kikker de hand schudt?'

Hoe dan ook, Gambaccini en Nelson sloegen zich er goed

doorheen – ze wisten zelfs een halfuur vol technische problemen te vullen met een ongeëvenaard stukje speculeren over
welke ster als eerste zou gaan huilen: 'Of Jennifer Hudson [van
wie kort daarvoor drie familieleden waren vermoord door haar
ex-zwager] of Usher. Hij is nog érg jong,' zei Gambaccini wijs.

3. GEZAKT. Usher. Nou, Paul Gambaccini bleek een ware Nos-
tradamus van de sterrensmart: Usher huilde inderdááad tijdens
zijn vertolking van 'Gone Too Soon'. Usher – die bij deze plech-
tigheid ironisch genoeg niet de rol van *usher* (plaatsaanwijzer)
toebedeeld had gekregen – had een vreemdsoortig, dwangma-
tig moment in zijn optreden: bij het verlaten van het podium
liep hij naar de kist van Jackson en raakte de zijkant even aan,
voordat hij in een soort trance een beetje *aan het deksel wrikte*.
Bijna alsof hij de kwaliteit van de scharnieren wilde controleren.

Ironisch genoeg kan Celebrity Watch zich voorstellen dat
Usher *Jiggle the Lid* als titel voor zijn volgende album zou gebruiken. Het heeft iets suggestiefs, op een urban manier.

2. GESTEGEN. *The Mirror.* In een week waarin de voltallige media iets hadden van: 'Goed, hij is nu dood en zijn familieleden
hebben geen van allen nog tijd, geld of zin om ons aan te klagen, dus we kunnen alles schrijven wat in ons opkomt. Allerlei
krankzinnig gel*l. Chimpansees, sperma, drugs, spoken. Alles.
Hoppa!' – won *The Mirror* nipt de strijd om 'Meest overbodige en
ondergeschikte aandachtspunt'.

In hun verhaal over hoe Jackson begraven zou worden zonder zijn hersens omdat die tijdens de sectie waren verwijderd,
liet *The Mirror* geen detail ongenoemd; vandaar de zin, niet zonder genoegen: 'De hersens zullen in een plastic emmer worden
gelegd.'

Het verslag eindigde, op een aparte regel, met: 'In 1978 speelde Michael Jackson een hoofdrol in de musical *The Wiz* als de Vogelverschrikker, een personage zonder hersens.'

I. GEZAKT. Shaheen Jafargholi. Als Michael Jackson ergens 'aan' is overleden, was het – en ik denk dat we het daar allemaal over eens zijn – een combinatie van een paar dingen: dat hij werd behandeld als kruising tussen een kermisattractie en een halfgod omdat hij zo'n bovenmenselijk talent had; dat hij vanaf zijn zesde jaar een volwassen carrière had; dat hij zodanig gefixeerd was op zijn eigen verziekte jeugd dat hij er gek van werd, waarna die gekte meedogenloos in de mediaspots werd gezet. Er worden hele oorlogen uitgevochten die minder publiciteit krijgen dan de kleurveranderingen van Michael Jacksons huid.

Als er één ding is dat we kunnen leren uit het leven van Michael Jackson, dan moet dat toch zijn – naast het gegeven dat militaire kostuums vol lovertjes verrassend snel gedateerd raken – dat het kindsterrendom een slecht idee is.

Dus tijdens de uitvaart van Michael Jackson, die dinsdag, was het interessant om te zien dat een van de twaalf live optredens werd verzorgd door Shaheen Jafargholi – het twaalfjarige finalistje van *Britain's Got Talent* uit Wales.

Smokey Robinson kondigde hem aan met 'Who's Lovin' You' – een liedje dat Jackson, zoals Robinson behulpzaam uitlegde, als negenjarige met 'zoveel inzicht en leed' had gezongen. HALLO! DAT IS EEN AANWIJZING! – en Jafargholi moest een wereldwijd miljoenenpubliek overbluffen én, vlak voor zijn neus, de complete familie Jackson, Stevie Wonder, Mariah Carey, en de dode Michael Jackson drie meter bij hem vandaan. Helemaal geen druk of verlammende emoties dus.

Het is onmogelijk om ook maar één aspect te noemen dat niet verbluffend ongepast was. Het was een supernova van foutheid. Het is bijna de volgende evolutionaire fase van onjuist handelen. Optredende kinderen tijdens de begrafenis van Michael Jackson?

De volgende dag vertelde talkshowhost Larry King dat Motown-oprichter Berry Gordy, op de vraag wie Shaheen was, zei: 'Ik zou het bij god niet weten, maar als ik nog in het vak zat, zou ik hem morgen een contract aanbieden.'

Uiteraard. Want Michael Jackson lag dan wel voor hem in een kist, gestorven op zijn vijftigste, maar het was toevallig wel voor een *miljoenenpubliek*. En daar gaat het om.

Natuurlijk was wijlen Michael Jackson niet de enige met een verslavingsprobleem. Ook ik had een duister verleden vol drugsmisbruik dat ik aan de lezers van The Times wilde opbiechten – daartoe aangezet door de mediahype over Julie Meyersons controversiële boek The Lost Boy: A True Story, waarin ze uitlegde waarom ze haar tienerzoon het huis uit had geschopt toen hij weigerde te stoppen met zijn cannabisgebruik. (Het boek veroorzaakte in 2009 zo'n korte vlaag van mediakoorts waardoor de vijftig idiootste columnisten allerlei stukken konden schrijven over dat alle vrouwen eigenlijk vreselijk zijn en dat ze vooral niks zouden moeten mogen, vooral geen kinderen krijgen.)

Zoals ik in het volgende stuk uiteenzet, had ik mezelf, tijdens de jaren dat ik stoned was, zelf uit huis moeten trappen, alleen was ik daar te stoned voor.

Ik ben Caitlin Moran en ik was verslaafd aan skunk

Ik ben vier jaar verslaafd geweest aan skunk wiet. Dat het me drie weken van schreeuwende krantenkoppen over de zoon van Julie Meyerson heeft gekost om me dat te herinneren, zegt vrijwel alles wat je moet weten over dope-rokers.

Maar goed, 'verslaafd' is ook nogal een extreem woord. Het is zo... definitief. Was ik 'verslaafd'? Ja, ik blowde elke dag, dubbel zo veel in het weekend, kon geen tv-kijken, platen luisteren of eten zonder een *bifter spritzer*, maakte een hasjpijp van een colablikje en nog eentje van een oud aquarium, had drie dealers, nauwelijks vrienden die niks gebruikten, koos de bands die ik wilde interviewen op basis van het gegeven of ik stoned met ze kon worden of niet, en heb ooit een keer een wesp een waterval gegeven. Maar ben je dan echt 'verslaafd'? Je zou kunnen zeggen dat ik het gewoon heel lekker vond. Eerlijk gezegd gedroeg ik me ongeveer net zo toen ik couscous ontdekte. Wat is dat spul lekker rul.

Dat is natuurlijk een ander probleem met dope-rokers. Ze kunnen nergens echt een stevig standpunt over innemen – want alles is relatief, hun mond is te droog om in discussie te gaan en hun synapsen lijken op een pudding waar iemand met een stok op geslagen heeft.

Ik wil erbij vermelden dat ik nu niet meer blow. Ik heb niks meer gebruikt sinds m'n tweeëntwintigste omdat ik, en daar zal ik eerlijk over zijn, uiteindelijk volslagen waanzinnig werd en met een fiets over Holloway Road heen en weer scheurde in een poging om 'het gif eruit te zweten'. In die tijd was ik dankzij een gebruikersdieet van Chinese afhaalbief en Solero-ijsjes met mangosmaak zo dik dat ik die fiets – de stevigste, onverwoestbaarste mountainbike in de winkel – had gekocht met het idee dat ik daarop 'dunner' leek dan op al die andere, kleinere, aerodynamischere fietsen. Het gevolg was dat ik er amper meer dan vijftig meter op vooruitkwam zonder in iemands voortuin te moeten gaan liggen uitrusten. Ik werd in die tijd gedreven door behoorlijk spannende en vernieuwende logica.

Ik begon wiet te roken toen ik zeventien was, want dat doe je gewoon als je The Beatles goed vindt. Als dit Amerika was, zou ik nu waarschijnlijk proberen schadevergoeding te krijgen van Paul McCartney, puur gebaseerd op die gedachte.

Vanaf het begin was ik een waardeloze blower. Niet in de zin dat ik hardcore en woest was, als een soort eenling-met-wildeblik op weg naar het Walhalla. Ik bedoel letterlijk waardeloos. Elke keer als ik blowde, ging ik van mijn stokje. Ik werd een keer zo stoned tijdens een interview met Radiohead dat ze me in bed moesten stoppen in de logeerkamer van de bassist. Maar ik was zo stoned dat ik de deur van de logeerkamer miste, doorliep naar boven en op zolder ging slapen – waar onlangs een wespennest was uitgerookt en de vloer vol lag met knisperende dode wespen. De volgende ochtend was mijn lieve, stinkend rijke, geniale gastheer helemaal bezorgd.

'Je hebt op de wespenzolder geslapen!' gruwelde hij.

'O, geeft niks,' zei ik vrolijk. 'Ik was stoned!'

Ik trok een gezicht van: 'We weten allemáál hoe het is als je zo stoned bent dat je de grootste band ter wereld interviewt door alleen maar tegen ze te knikken, waarna je inbreekt op hun zolder en op een of ander insect gaat slapen'. Hij staarde me aan alsof ik gek was.

Het was natuurlijk een wonder dat ik überhaupt werk had. Wat werkproductie betreft, is een heftige skunkverslaving geen probleem voor iemand die kan leven van de opbrengst van hooguit zes, misschien zeven uur werk per week. Dan heb je het over muzikanten 'tussen twee albums', huisvrouwen, peuters, koninklijk huis, etcetera. Ondanks de lovenswaardige pogingen van Michael Phelps op dit gebied is het nooit echt de ideale drug geworden voor olympische sporters – of eigenlijk iedereen die eindelijk eens iets van zijn leven zou moeten maken. Alles komt knarsend tot stilstand als je gaat blowen. In de vier jaar dat ik van de wereld was, kende mijn leven één enkele vernieuwing: de uitvinding van de Schoenenmuur – een muur in de gang waar ik twintig spijkers in had geslagen, in mistroostig ongelijke rijtjes, waar ik vervolgens al mijn schoenen aan ophing. Het hoeft geen betoog dat ik, toen ik eindelijk ophield met blowen, het hele huis ging verbouwen, 27 kilo afviel, de Schoenenmuur weghaalde en binnen een halfjaar mijn werkproductie verviervoudigd had.

Tegen het einde van mijn vier jaar lange skunkfestival begon het aantal tekenen van het Einde der Tijden zich op te stapelen.

Een vriend die sinds zijn dertiende blowde, flipte compleet en werd schizofreen. Hoewel ik met hem meeleefde, dacht ik vooral: sommige mensen kunnen het aan en anderen niet, waarna ik zelfvoldaan een grote, dikke joint opstak. Het begon me ook op te vallen dat ik grote hoeveelheden skunk nodig had om half zo gaar te worden als eerst – wat mij noopte tot de uitvinding van de colablik-hasjpijp, gevolgd door de aquarium-hasjpijp, aangezien mijn blowen een schier industriële omvang had aangenomen. Aangezien ik paranoïde was voor oplichting 'testte' ik hoe sterk de skunk was door een wesp onder een glas te vangen en hem een waterval te geven. De wesp bleef op de grond liggen, duidelijk overwegend om een stevige fiets aan te schaffen, dus ik wist dat het helaas gewoon aan mij moest liggen.

Toen ik op een dag aquariumpijp zat te roken terwijl ik naar *Later... with Jools Holland* keek, kwam het einde. Zodra The Beautiful South opkwam, werd ik om de een of andere reden helemaal gek. Niet in de zin van 'Hoera! Geweldig! The Beautiful South!', maar in de zin dat ik binnen een uur hysterisch was, me aan de fluitketel vastklampte terwijl ik mezelf alsmaar 'Dit is normaal! Dit is normaal!' toeriep.

Het bleek 'slechts' een paniekaanval te zijn – de eerste van anderhalf jaar vol met dat soort aanvallen, maar hoe ik mezelf ook probeerde te kalmeren met een aquarium vol razend psychoactieve cannabis, het leek de situatie verbijsterend genoeg alleen maar erger te maken. Uiteindelijk moest zelfs ik erkennen dat mijn blowtijd voorbij was, en toen ben ik ermee gestopt.

Heb ik spijt dat ik vier jaar van de wereld ben geweest? Nee, niet echt – maar alleen omdat ik me er eigenlijk niks van kan herinneren. Dat bedoel ik niet lollig. Mijn geheugen is naar de gallemiezen. Het schijnt dat we een keer een week naar Montpellier zijn geweest. Ik weet daar helemaal niets meer van.

Heb ik ook maar iets geleerd van vier jaar dwalen door de konijnenholen in mijn geest, zoals Alice in Wonderland? Daarop

kan ik in elk geval 'ja' zeggen. Ik heb geleerd dat wespen vier no-
ten lager zoemen als ze gaar zijn. En dat ik een volstrekt waardeloze blower ben.

In 2009 interviewde ik de toenmalige premier Gordon Brown. Het zou verkeerd zijn om te zeggen dat dit een langetermijntactiek was om in contact te komen met Obama. Heel verkeerd. Niet alleen heeft Gordon – die een schat was – me op geen enkele manier met Obama in contact gebracht, maar ik had bijna Downing Street niet eens gehaald. Het was een UITERMATE ergerlijke dag.

Ik kom te laat voor mijn interview met de premier

Natuurlijk ga ik niet te laat komen voor mijn interview met Gordon Brown. Doe niet zo achterlijk. Hij is de premier van Groot-Brittannië, verdorie. Ik ga om half twaalf van huis.

'Half twaalf?' zegt mijn man. Hij kijkt ontsteld. Hij is in het algemeen een zorgelijk man – hij heeft zakjes Heinz Ketchup in zijn portefeuille omdat hij het een ondraaglijk idee vindt dat hij ooit in een situatie kan belanden waar huismerktomatensaus de enige optie is. 'Dat interview is om half een! Laat die taxi om kwart over tien komen!'

Ik ga niet met de taxi naar Downing Street. Stel dat Gordon Brown me vraagt hoe ik daar gekomen ben, dan wil ik zeggen: 'Ik heb de reis gemaakt via het metrosysteem van Londen, Engeland, zoals Het Volk dat doet.' Ik weet niet goed wat voor punt ik hiermee zou maken, maar het voelt belangrijk. Iets waar ik hoog mee ga scoren.

Om kwart over elf ga ik naar mijn werkkamer om mijn 62 zorgvuldig voorbereide vragen uit te printen. Ik benader de printer uiterst sereen. In het verleden is er tussen de printer en mij onmin geweest die generaties terugging. Ik maakte zijn grootmoeder af toen de tonercassette halverwege het printen van een stratenkaart bleef hangen. Zijn moeder is op de website van de Ruilwinkel gezet toen elke functie behalve zwart-wit kopiëren dienst weigerde. Maar deze HP Photosmart C480 zal me niet in de steek laten. Het is net als met Engeland en Frankrijk. We zijn eindelijk tot een overeenkomst gekomen. Tussen ons geen moord en doodslag meer.

Negentien minuten later trek ik schreeuwend alle kabeltjes uit de achterkant van dat f***ing klootzakkerige godvergeten stuk stront.

'Hoezo, *"cartridge alignment sheet has not been detected"*? Wat betékent dat? Ik moet verdomme DE PREMIER gaan interviewen!'

Ik heb mijn trein gemist. Ik heb een taxi gebeld. En het is nu al heel erg duidelijk dat de coördinator, toen hij zei 'Ja, we hebben taxi's vrij!' eigenlijk bedoelde 'Ja – we hebben taxi's vrij! Vrij... om te doen waar ze zin in hebben! In het zonnetje spelen; oftewel heel langzaam rondjes om het park rijden. Ga zitten en geniet van de geneugten van Noord-Londen.'

Ik ga naar buiten en wacht op straat. Over veertig minuten begint mijn gesprek met Gordon Brown. Ik sta in een totaal verlaten woonwijk. Als er een rijlesser de straat in kruipt met haar zilvergrijze AA Driving School-voertuig, denk ik: Ik ga de premier interviewen. Dat houdt waarschijnlijk in dat ik die auto mag aanhouden en haar mag dwingen om me naar metrohalte Archway te rijden.

Als de taxi eindelijk arriveert, is het een oud, gedeukt busje. Ik besef tot mijn ontzetting dat hij erg lijkt op het busje van waaruit de Iraanse terroristen in *Back to the Future* Doc beschieten. Er zitten gordijntjes in, en die zijn dichtgeschoven. Het lijkt wel een Acme zelfmoordbom. Het lijkt me níét iets waar de politieagenten bij het hek van Downing Street gerust op zullen zijn.

Terwijl we richting stad scheuren, worden de chauffeur en ik het al snel eens. Ik ben de bezwete vrouw met waanideeën die steeds maar zegt: 'Ik moet over achtendertig minuten de premier interviewen!' Hij is de man die mij de dood injaagt als hij zegt: 'Ik weet niet waar Downing Street is.'

Ik geef toe dat ik die informatie maar moeilijk kan bevatten. Aan de ene kant schrik ik ervan dat de taxichauffeur niet weet waar Downing Street 10 – een van de beroemdste adressen ter wereld – is. Aan de andere kant weet ik het eigenlijk ook niet. Is het ergens bij The Strand?

Ik heb een gruwelijke, paniekerige gortdroge mond. Er zit een literfles water in mijn tas. Die drink ik leeg. Qua emotie volg ik in deze situatie de sjabloon van de film *Clockwise* uit 1986, met John Cleese als een man die vecht om op tijd op een afspraak te komen, ondanks een reeks gevallen van domme pech.

Dit is beurtelings 'handig' en 'niet handig'. Aan de ene kant kwam Cleese uiteindelijk op tijd voor zijn afspraak. Aan de andere kant arriveerde hij vol schrammen en blauwe plekken, in een monnikspij met één schoen aan, en was zijn toespraak opgegeten door een geit. Dat is niet echt een optie die ik wil overwegen.

Ik verlaat de taxi bij metrostation Euston, ren de Victoria-lijn in, stap over op de Jubilee-lijn en race dan Whitehall uit. Het is twee voor half een. Inmiddels heeft die liter water die ik in de taxi heb gedronken het jammerlijke maar onvermijdelijke gevolg. Ik moet mezelf de vraag stellen: maakt de Pulitzer Prize genoeg goed als ik op Downing Street aankom met een natgeplaste broek? Dus niet. Ik degradeer mijn tempo naar een paniekerig drafje.

Als ik eindelijk arriveer is Gordon Brown uiteraard twintig minuten achter op schema. Mijn vest is drijfnat van het zweet, besef ik. Ik ben nog bezig het in mijn tas te proppen als hij eindelijk de kamer binnenloopt.

'Meneer de premier!' zeg ik terwijl ik opsta. 'Goedemiddag! Fijn dat u dit interview wilde doen!'

Die avond was ik mijn vest op de hand. Als ik het uit de tas trek, merk ik dat het vreemd ruikt. Heel sterk.

Zo ruikt angst, denk ik bij mezelf terwijl ik eraan ruik. Dit is de geur die mensen uitstoten als ze de uiterste grens van hun verschrikking bereiken.

Dan kijk ik in mijn tas en besef dat het niet de geur van angst is, het is de geur van een monstertje Fructis Hair Serum dat opengebarsten is. Ik weet nog steeds niet echt hoe angst ruikt.

Zo zie je dus wat een slechte reiziger ik ben. Downing Street is elf kilometer van mijn huis en die tocht leidde al bijna tot een gierende stuip. Daarom zijn al mijn vakantiebestemmingen ook zo dicht mogelijk bij huis: Brighton. Aberystwyth. Soms Bath. Naarmate je verder leest, zul je merken dat er weinig exotische reizen naar verre, vreemde oorden in dit boek voorkomen. Dat is omdat ik eigenlijk niks moet hebben van 'het buitenland'. Volgens mij is de enige keer in het hele boek dat ik me het land uit waag die keer dat ik naar Berlijn ga om Lady Gaga te interviewen – iets waar mijn onderbewustzijn zo overduidelijk van baalt dat ik op passiefagressieve wijze mijn vliegtuig mis en haar drie uur laat wachten. Ja, Gaga, dat was je straf omdat je niet in Leicester zat. Hoe dúrf je in een ander land te zitten. Ik ben geen geboren paspoortaanreiker.

Wat ik deze zomer boven op een berg heb geleerd

Een wijs man zei ooit dat het er tijdens een reis niet om gaat wat je bestemming is, maar wie je wordt. Afgezien van het feit dat dit laat zien dat hij kennelijk zijn vrouw – of misschien zijn moeder – had laten opdraaien voor kleine, 'niet-van-belange' reisdingetjes zoals tickets, logies, inpakken, uitzoeken bij welke restaurants je voor half zeven 's avonds kunt reserveren met drie kinderen en een eierallergie, en waar en wanneer een opportuun moment zou zijn voor een sanitaire stop, is het duidelijk wat voor soort reizen hij wérkelijk bedoelde: vakanties. Bij gebrek aan regionale afscheiding en massamigratie zijn dat de enige grote reizen die wij tegenwoordig ondernemen. De gedachte is dat een vakantie – mits het een goede vakantie is – ons een beetje verandert. Het is de bedoeling dat we er betere mensen van worden. Het is de bedoeling dat we zowel een blozende, zonverschroeide boerenteint als de nodige kennis opdoen. Kort gezegd, het is de bedoeling dat we slímmer van onze vakantie terugkeren.

Nou, ik ben bang dat dit een idee is waar ik me niet bij kan aansluiten. Ik wil niet slimmer worden op mijn vakantie. Ik wil stommer worden. Buiten werktijd wil ik helemaal niet hoeven denken. Als ik meer dan één gedachte per dag moet toelaten – liefst de gedachte: Ja, ik denk dat ik bést een broodje kaas wil eten in bad, met de *Cosmo* erbij – dan heb ik dus niet de juiste vakantie geboekt. Op de juiste vakantie zou ik zes dagen lang alleen maar leuke dingen meemaken, en op de zevende dag zou ik in coma gebracht worden en naar Londen worden opgestuurd, per expresse.

Tegen de tijd dat ik thuiskom, wil ik dat mijn hersens totaal verkalkt zijn door extreme verwaarlozing. Dan wil ik zo dom zijn als het achtereind van een varken, vol met zand zitten omdat ik te futloos en hersenloos ben om het eraf te vegen, en zo relaxed zijn dat ik anderhalf uur lang midden in de woonkamer naar mijn eigen voeten sta te staren terwijl ik almaar 'Hoestie?' zeg.

Dus je kunt je voorstellen hoe teleurgesteld ik was toen ik besefte dat ik in de loop van mijn zomervakanties toch echt een paar dingen had geleerd. Gelukkig waren het bijna allemaal stomme dingen.

1. Je kunt een kind een berg op laten klimmen als het denkt dat er bovenaan een Disney-winkel zit. Uiteraard kun je niet onder aan de Schotse berg Stac Pollaidh gaan staan en simpelweg zeggen: 'Er zit een Disney-winkel op de top van die berg. Dat zijn geen wolken daarboven, dat is Disney-magie!' Nee... de truc is gewoon niet zeggen dat er níét zo'n winkel zit. Suggereer dat je er normaal gesproken eentje zou verwachten boven op een berg in de Schotse Hooglanden, maar dat je het alleen zeker kunt weten door je gezicht vol te spuiten met dat antimuggen-spul, je regenponcho aan te trekken en bijna zevenhonderd meter omhoog te klauteren. Eenmaal boven jammeren de kinderen natuurlijk 'Maar er is hier geen Disney-winkel!', waarna je de tweede helft van het Bergbeklimmen voor Recalcitrante Kinderen-programma moet starten. Dan moet je zeggen: 'JEZUS! Ze zijn OPGEHEVEN! De crisis komt KEIHARD aan in de winkelbranche!' Dan hermotiveer je de kinderen voor de tocht omlaag door niet te zeggen, maar toch min of meer te suggereren dat er weleens een opheffingsuitverkoop zou kunnen zijn op de parkeerplaats, met High School Musical-poppetjes voor de halve prijs. Maar alleen als ze snel zijn.

2. Als het over slaaptreinen gaat, zijn er twee soorten mensen op de wereld. De eerste soort geniet van de poppenhuisachtige netheid van de coupé. Ze zijn dol op de opgemaakte stapelbedjes en laten zich in slaap sussen door het geratel van de voortrollende locomotief, de hele nacht. De tweede soort trekt meteen bij het instappen al een vuile blik. Zij liggen de hele nacht te zuchten en verpesten 's ochtends het croissant-in-een-zak-ontbijt door te jengelen: 'Het leek wel alsof ik de hele nacht in die video van The Cure zat, van 'Close To Me'! Ik ben blij dat ik dat niet nog een keer hoef te doen – o, wacht, dat moet wel, over zeven dagen. Misschien ga ik DE REST VAN DE VAKANTIE ELKE TIEN MINUTEN verzuchten hoe dodelijk moedeloos ik daarvan word.'

3. Tegenwoordig krijgt iedereen gedonder als hij rookt. De laatste keer dat ik door een van mijn kinderen werd betrapt op een heimelijk rokertje, kon ik – met een James Bond-achtige ninja-snelheid – antwoorden: 'Die is niet van mij, schat! Ik hou hem alleen even vast voor oom Nathan!' Toen ik die noodsprong afgelopen zomer herhaalde, wist ik helaas niet dat 'oom Nathan' zes maanden eerder gestopt was, en dat ik hem zojuist had verlinkt aan zijn kinderen. Die begonnen meteen te brullen dat hij kanker zou krijgen, en te jammeren dat ze geen halve wezen wilden worden, en ze waren slechts te sussen door bijna het complete voor-gin-bestemde-potje van die dag uit te geven aan ijsjes en bellenblaaszwaarden. Het ziet ernaar uit dat ik zal moeten teruggrijpen naar het excuus uit hun kinderjaren: 'Het is geen sigaret, schatten, het is een poppentoverstafje! Een stout jongetje heeft hem in brand gestoken en mama was bezig om hem te blussen.'

4. Schotten merken wel degelijk of je Schots bent of niet. Als je absurd ontvankelijk/een grensgeval van menselijke klei/ mij bent, kun je na een paar uur in een regio met een zwaar accent 'besmet' raken met 'autochtoniteit'. Je kunt jezelf aanpraten dat het hartelijk en charmant is om er woordjes als *lassie* of *pet* tussen te gooien, en dat de plaatselijke bevolking dan denkt dat je thuis ook altijd zo praat. In werkelijkheid denken ze natuurlijk: 'Waarom praat die rare Londense vrouw met d'r blotebillengezicht als C.U. Jimmy, the Noo, dat typetje van Russ Abbott?' Afgelopen augustus heb ik op triomfantelijke wijze al mijn eerdere accentfout-records gebroken. Meestal kost het een paar uur en een paar whisky's voordat het idiomatische 'na-aapreflex' zich laat gelden. Dit jaar stapte ik om acht uur 's ochtends uit de trein van Londen naar Edinburgh en liep naar de taxistandplaats. 'Taxi?' zei de chauffeur. '*Aye*,' antwoordde ik. Mijn man draaide zich om en liep diep beschaamd weg.

5. Vossen verafschuwen bordspellen. Mocht om twee uur 's nachts een potje scrabble in de buitenlucht worden gestaakt wegens overmatige 'knikkebollerigheid', haal het spel dan naar binnen. Als je het op het gazon laat liggen, schijnt dat een soort provocatie te zijn voor stadsvossen, die er vervolgens een kribbige hoop op leggen – alsof ze willen zeggen: 'Dit is mijn dedain wat betreft die leutige, zelfgenoegzame, burgerlijke, van wijn doortrokken woordspelletjes van jullie. En het ligt op een dubbele woordwaarde.'

Bij The Times *laten ze me graag rare dingen doen. Daarom werk ik ook zo graag voor ze. Wie wil er nou niet om negen uur 's ochtends worden gebeld met de vraag of je je wilt verkleden als Kate Middleton / met Keith Richards wilt praten op* International Talk Like a Pirate Day / *het* Single Ladies-*dansje van Beyonce leren?*

In dit geval behelsde het ochtendtelefoontje van de redactie de vraag of ik een denkbeeldige dwerg wilde worden om het gamefenomeen World of Warcraft *te spelen. Uiteraard zei ik 'ja' – nadat ik had opgezocht wat Dwergs is voor 'ja' ('Ai', schijnt).*

Een week later mocht ik – vanwege dit artikel – in de ochtendtv-show Richard & Judy *komen vertellen over* World of Warcraft, *als een soort 'deskundige'. Zoals dit artikel beslist laat doorschemeren, was ik dat bepaald niet. Maar goed, om te illustreren waar we het over hadden, stelden ze voor dat ik het spel live tijdens de uitzending zou spelen, om de kijkers een blik te gunnen in een online fantasy-wereld. Zodra we in de uitzending waren, drukte ik in paniek op de verkeerde knop en stuurde mijn dwerg van een perron af, onder de Deeprun-trein naar Stormwind City, waar hij terstond overleed.*

'Goh,' zei Richard Madely na een korte stilte. 'Het leven van een dwerg is best zwaar, wreed en kort, hè?'

Ik ben een dwerg genaamd 'Scottbaio'

Als Keith me op kantoor World of Warcraft geeft en opdraagt 'er wat tijd aan te besteden – het is erg verslavend', doe ik dat ene dingetje dat vrouwen kunnen, waarbij je heimelijk, in je hoofd, met je ogen rolt om te laten zien dat je meer weet dan de mannen. Ja hoor, túúrlijk raak ik verslaafd aan World of Warcraft. Ja hoor, túúrlijk word ik lid van een wereldwijde online community van meer dan acht miljoen mensen, die draait om een gigantische en complexe fantasy-wereld met allerlei queesten.

Ik zeg je meteen, Keith, in mijn hoofd: dat is dus erg onwaarschijnlijk. Ik heb niks met elfenonzin. Ik ben dol op het echte leven. Als ik móést trouwen met een personage uit *Lord of the Rings*, dan zou het Sam Gamgee zijn – de enige totaal prozaische, normale, niet-magische van het stel, die overkomt als de garagehouder in Cricklewood met een bijzonder slechte dag, gezien die verrekte epische queeste en zo.

In een notendop: ik vind draken gênant.

De doos met de gamesoftware paste net niet in mijn handtas en ik had het licht onbehaaglijke gevoel dat mensen het zouden zien toen ik in de metro stapte. De laatste keer dat ik me zo geneerde voor wat er uit mijn handtas stak, was vorig voorjaar, toen ik een gigantisch boek over de geschiedenis van de Ku Klux Klan met me meedroeg. Twee maanden lang wilde ik vanwege dat boek steeds 'Ik lees dit omdat ik weet dat ze stuitend waren, niet omdat ik tips wil!' schreeuwen in een volle metro. Zo wil ik dankzij dit zichtbare exemplaar van World of Warcraft roepen: 'Ik probeer heus niet mijn welig tierende seksuele stoornissen teniet te doen door te spelen dat ik een Paladin genaamd Thrusthammer Orcbash ben! DIT IS VOOR MIJN WERK!'

Natuurlijk wil ik dit vooral tegen mezelf roepen. Ik ben hier degene met de vooroordelen. In grote lijnen komt mijn theorie erop neer dat mensen die in kobolden en tovenaars geïnteresseerd zijn, mensen zijn die de utopische seksuele en raciale gelijkheid die geboden wordt door, zeg, sf, beangstigend vinden. Al die zwarte meiden in lycra jumpsuits die filosoferen over de onvolmaaktheid van de mens, en mogen stemmen? Brr!

Kort gezegd is het hele fantasy-genre het domein van de zweterige, blanke, niet-intellectuele Herbert, en is het niet echt iets voor mij – een pittige, grootstedelijke militant feministe met een aversie tegen a) kledingstukken gemaakt van gevilde Gnoll-huid en b) uithalen naar iemand met een bijl met een dubbele kling.

Ik keek er dan ook zeer van op dat ik de volgende zin kon neerpennen: de eerste dag dat ik World of Warcraft had, heb ik zitten spelen tot twee uur 's nachts. Ik ging om tien uur naar bed, zette de elektrische deken aan en deed mijn laptop open met de simpele gedachte dat ik me een kwartiertje zou 'gaan oriënteren'. Drie uur later was ik bezig de gestolen geschriften van Grelin Whitebeard terug te halen uit een grot vol Rockjaw Troggs, terwijl ik een zeer lucratieve bijverdienste had met het doden en villen van zwijnen. Toen kwam ik per ongeluk in de Deeprun Train naar Stormwind City terecht en moest ik me terugtrekken omdat ik besefte dat ik veel te armlastig was om in een stad te zijn waar een 'Zware Mithril Broek' zevenentwintig zilverlingen kost. Twee uur 's nachts! Ik was er zo in verdiept dat ik vergat mijn contactlenzen uit te doen en in slaap viel terwijl ze aan mijn ogen vastgeplakt waren.

Hoewel ik pathologisch en noodlottig geneigd ben tot overdrijven, is het gewoon een feit als ik zeg dat World of Warcraft ongeveer even verslavend is als methadon. Sterker nog, toen Robbie Williams onlangs naar een afkickkliniek ging vanwege een ogenschijnlijk bespottelijke verslaving aan Red Bull en espresso, dacht ik: het is maar goed dat jij nooit op Coldridge Pass bent geweest om een pakket Koboldverslagen af te leveren aan Senir Whitebeard. Pas dan weet je echt wat oncontroleerbaar hunkeren is, vriend.

Zoals alle goede drugs heeft World of Warcraft mijn wereldbeeld op zijn kop gezet. Neem bijvoorbeeld het begin van het spel, als je besluit wat voor personage je gaat spelen. Persoonlijk had ik nooit eerder een personage bedacht om een spel mee te spelen – joh, dat moet ik in de echte wereld elke ochtend voor de klerenkast doen, en ik denk dat elke vrouw weet wat ik bedoel. Maar als het voor een onbeduidend internetspelletje is en je een schier oneindige keus hebt wat je wilt worden – goed, slecht, man, vrouw, menselijk, bizar minotaurusachtig ding met probleemhaar – dan brengt dat wel het nodige diepe zelfinzicht aan het licht. Mijn innerlijke zelf blijkt een gespierde, roodharige dwerg te zijn, met een enorme baard. Hij is wat ik wil zijn. Hij is de geheime Caitlin. Getroebleerde sterren betalen tv-therapeuten goudgeld voor dat soort ontdekkingen. Ik had het binnen zeven minuten voor elkaar, en ook nog met een niet geringe keuze aan baarden.

Ik noemde hem 'Scottbaio' – je weet wel, Chachi uit *Happy Days*. De aangewezen naam voor een roodharige dwerg, en ik lanceerde hem de wereld in. Hoewel ik op dat moment nog steeds enorm sceptisch was over het spel, had ik vooraf een plan bedacht om het hele gebeuren dragelijk te maken. Waar het hoogste doel van de meeste deelnemers is dat ze de snode Horde weten te overwinnen in een reeks afgesproken veldslagen en strategische queesten, had ik iets subtielers bedacht. De beste manier om de Horde de kop in te drukken leek mij het langzaamaan ver-yuppen van de Killing Fields, te beginnen met een nieuwe delicatessenzaak met gourmetkazen. De verlokking van het eindeloze, sensuele kwaad is immers niets vergeleken bij een goede, oplepelbare Vacherin. Die demonen zouden als een razende capituleren, een victoriaans herenhuis kopen en overlopen naar de Alliance.

Maar als nieuwe émigrée in het rijk van Sha'tar wist ik dat die delicatessenzaak iets was waar ik langzaam naartoe zou moeten werken. Ik was een uur op een nogal besneeuwde berg aan het rondlopen om wat boodschappen afgehandeld te krijgen – pakjes afleveren, berichten doorgeven, mooiere laarzen kopen, wat geld verdienen. Het verslavende aspect van WoW werd nu al zichtbaar – door een sluwe combinatie van snelle karweitjes en langere, complexere taken die je over langere tijd kunt uitsmeren, er is altijd wel iets waarvoor je kunt 'binnenwippen', of iets wat je 'in een minuutje of tien' afmaakt. En ik vond – in tegenspraak met het heersende beeld dat online gamen een eenzame solobezigheid is voor, ahum, 'vrijgezellen' – WoW een fijne en lonende activiteit voor het hele gezin. Mijn twee dochters – van zes en drie – vonden het geweldig om naast me te zitten en toe te kijken hoe mama varkens slachtte en over hekken sprong.

Sterker nog, ik verwonderde me er juist over hoe vrouwvriendelijk en 'on-testosteronnerig' het was, vergeleken bij wat ik had verwacht, toen een lid van de Horde genaamd 'Hellfist' m'n achterhoofd begon in te slaan. Ik heb geen idee wat ik moet doen, dus val ik terug op mijn oude speelplaatstechniek, ik probeer me eruit te kletsen.

'Ros mij alsjeblieft niet af, ik heb een astma-aanval!' typ ik in. 'Ik ben per ongeluk bezig met een queeste en als je me neerslaat, is dat moord!'

Hellfist kakelt als een kip om mijn lafheid te benadrukken en beukt op me in tot ik sterf. Als ik uit de dood opsta in een nabijgelegen kerkhof zit er een dwergstrijder naast me, Cadisfael.

'Ubent 4mij, n00b,' zegt hij.

'Ik ben eenendertig, vrees ik, en ik heb geen idee waar je het over hebt,' zeg ik zo nuffig als een roodharige dwerg die genoemd is naar het overemotionele type uit *Happy Days* maar kan.

'Het betekent dat jij een *newbie* bent, een groentje, en dat je van mij bent. Je bent mijn bitch,' legt Cadisfael geduldig uit.

'Opzouten, jij Herbert,' zeg ik en probeer over een hek te springen.

'Cait, ik ben het. Joe,' zegt Cadisfael terwijl hij met gemak over het hek springt, waarna hij een indrukwekkende Russische dans doet. Het is mijn veertienjarige broertje, het wiskundegenie Joe! Hij heeft me online opgespoord! Jezus!

'Ik moest hier regenereren met een nieuwe avatar,' legt hij

nogal pissig uit terwijl we de berg op lopen. 'Ik kom zelden in dit rijk. Sha'tar is voor stumperige groentjes. Ik zit meestal in Hellscream, met de hardcore. Daar ben ik een Level 66 magiër, met een Epix-rijdier.'

'Ik zit in een veel hogere belastingschaal dan jij,' pareer ik, terwijl ik hem een dreun probeer te geven met mijn gigantische dwergenhamer. Hij ontwijkt de klap met gemak.

Ik zou graag net doen alsof Joe en ik de daaropvolgende week of wat fijn tot elkaar kwamen in ons fantastische rijk – samen een reeks gedurfde aanvallen uitvoeren op de koboldmijnen, waarna we een kan warme Rhapsody Malt achteroverslaan in de Scarlet Raven Taveerne. In werkelijkheid vindt Joe de simpelheid van mijn rijk zo walgelijk dat hij na een uur uitlogt met een vrolijk 'Ubent 4mij, n00b! Pwnz!', waar hij dan weer voor moet inloggen om uit te leggen dat dat staat voor een soort 'zappend geluid dat je maakt als je iemand slaat'.

Toch heeft hij me een paar goede tips gegeven: een trainer zoeken om nieuwe vernietigingsspreuken te leren, geld verdienen met het villen van zwijnen, dat geld uitgeven aan een wapenrusting en niet te vaak mensen aanpreken – dat vinden ze raar.

Ik ga tien minuten later al schromelijk tegen die regel in als ik in een bar in Anvilmar een gesprek probeer aan te knopen met een kroeg vol zwaarmoedig uitziende dwergstrijders.

'Ze zouden hier een jukebox moeten nemen,' stel ik voor, om het debat aan te zwengelen. 'Paar dingen van Queen, wat Bowieklassiekers. Guns N' Roses. En misschien zo'n frozen-margarita-apparaat. Dat zou de zaak aardig opleuken.'

Een paar onvermurwbare vechtersbazen komen met een beleefd 'LOL', maar wenden zich dan weer naar de wapenhandelaar om enorme en dodelijke zwaarden aan te schaffen. Een klein gnoommeisje genaamd Flopsey komt echter schuchter naar me toe.

'Ja, misschien een pubquiz, of een vleesverloting?' stelt ze voor. We gaan aan een tafeltje zitten en raken een dik kwartier in gesprek over wat we zouden willen zien in WoW om vrouwen wat meer aan te spreken. We zouden graag de optie hebben om ons te prostitueren, besluiten we – dat zou een heel snelle manier zijn om geld te verdienen. We zouden graag kinderen willen kunnen verwekken en grootbrengen, kijken of ze op hun vader lijken, onze toverspreuken doorgeven. We zouden graag een grotere keuze in kleding en kapsels willen, en de mogelijkheid om punten te verdienen door simpelweg grappig te zijn, of wijs. Of met een goede outfit weg te komen.

Het begint echt een uitermate gezellig gesprek te worden als Flopseys avatar me plotseling de boodschap 'flirting' stuurt en aan mijn kant van de tafel komt zitten. Natuurlijk! Ze denkt dat ik een stoere, roodharige strijder-priester ben – genaamd Scottbaio! Dat hele gesprek over virtuele prostitutie heeft een heel andere insteek aan haar kant van de tafel! Ze wil mijn lekkere dwergenlijf!

Daar zit ik dan, een 31-jarige moeder van twee kinderen, in bed om twee uur 's nachts met mijn Bliss Spa-sokken aan – midden in een polymorfe cyberseksuele flirt met een vijftienjarig gnoompje dat Flopsey heet en in Antwerpen woont.

Wat is de moderne tijd toch wonderlijk.

Ik doe een hoop voor goede doelen, maar daar heb ik het liever niet over,
behalve dan in deze column uit 2009, en vervolgens dus in dit boek waar-
in hij opnieuw verschijnt, zo ontzettend graag wil ik het niet hebben over
hoeveel ik doe voor goede doelen. Gebruik ALSJEBLIEFT *nooit de zin*
'Haar hart is gewoon té groot' over mij. Dat zou GÊNANT *zijn voor mij-*
mijmijmijmijmij.

Ik doe een hoop voor goede doelen, maar daar zou ik nooit over beginnen

Een marathon wandelen is een eitje vergeleken bij het normale
tempo. Dat is zonneklaar. Daarom zei ik ja tegen een wandelmarathon, de Moonwalk, in mei.

Dat schijnt allemaal voor het goede doel te zijn – maar ik luisterde eerlijk gezegd niet echt naar de details. Ik hoorde mijn
vriendinnen Dent, Hughes en Kennedy alleen zeggen dat ze
zich, als ze de Moonwalk hadden uitgelopen, op 'een gigantisch
champagneontbijt bij Claridge's!' zouden trakteren.

In mijn hoofd zag ik alleen een reusachtige ontbijtworst –
zo'n 42 kilometer lang – en een heel kort wandelingetje – zo'n 14
centimeter, en dan op een bord, naast wat gebakken aardappel-
tjes. Een wandeling van 42 kilometer leek eigenlijk een minder
belangrijke overweging als je vervolgens zo'n ontbijt zou krijgen. Lopen? Dat kunnen peuters nog wel! Bejaarden! Kippen!
Hoe moeilijk kan het zijn?

'Schrijf mij maar in voor de bacon – de wandeling, bedoel ik!'

zei ik opgewekt. 'Wat trekken we aan? Kleed je je voor een ontbijt? Acht uur 's ochtends lijkt een beetje vroeg voor hakken en een jurk, maar ja, het is wél Claridge's.'

'Het kan je straks niks schelen wat je aanhebt,' zei Kennedy, op plots onverbiddelijke toon. Kennedy heeft meer marathons gelopen. Verder wilde ze niets zeggen. Ik voelde mijn worst wat kleiner worden.

De week daarop stuurde Kennedy een e-mail met ons trainingsschema. De titel van de e-mail was 'De woorden des onheils'. Na het doorlezen was er weinig tegen die uitspraak in te brengen. Er stonden zinnen in als: 'Je zult een paar teennagels kwijtraken – wen er maar vast aan' en 'Als je niet traint, kan ik je garanderen dat de marathon een van de ellendigste ervaringen van je leven zal worden. Feit'.

Nu was tot dan toe mijn toppunt van 'ellendige ervaringen' het bijwonen van een rave in Warrington waar traangas werd gespoten door een kwade uitsmijter en ik dat uit mijn ogen moest laten spoelen, met melk, door een man die stijf stond van de xtc, die mijn tanden steeds maar zijn 'parels' bleef noemen, dus ik wilde liever niets aan die eregalerij toevoegen. Ik maakte de volgende dag een trainingswandeling.

Vierentwintig kilometer leek een redelijk streven. Na vijf kilometer besefte ik dat een kanten panty feitelijk het midden houdt tussen 'een linnen washandje met scrubwerking' en 'een puntige boetegordel'.

Na zes kilometer besefte ik dat ik met mijn iPhone stappenteller-app – hoewel gratis en ook nog fraai – niet tegelijk naar muziek kon luisteren of bellen. Dat betekende dat ik, met een snelheid van zes kilometer per uur, de komende drie uur slechts kon lopen in volledige stilte.

Gewoon de ene voet voor de andere zetten heeft iets heel meditatiefs. De Aboriginals volgden hun Droomsporen door heel Australië. Pelgrimstochten naar Mekka, Knock, Lourdes of de

Ganges brengen een sterke connectie teweeg tussen een schijnbaar inactief brein en een continu kuierend lichaam. Ook ik voelde die diepe, oeroude band tussen lichaam en landschap, van het begin tot het eind van Camden Road. Toen verveelde ik me zo ongelooflijk dat ik een vogel uit een boom had kunnen stompen.

Om de tijd door te komen – want tijd had ik genoeg – probeerde ik uit te dokteren wanneer ik voor het laatst zoveel uren van onafwendbare eentonigheid had moeten doormaken. Ik concludeerde dat dat in 1988 geweest moest zijn, toen ik dertien was, zonder kabel-tv, internet of iPod, en ik nog niet had leren masturberen. In die dagen – die ik me herinner als een vol jaar van zondagen – bracht ik mijn tijd liggend op bed door, kijkend hoelang ik naar de telegraafpaal voor mijn raam kon staren zonder te knipperen.

Mijn moeder kwam regelmatig binnen en trof me dan op bed aan terwijl de tranen over mijn gezicht stroomden.

'Wat is er?' vroeg ze dan.

'Twee minuut eenenvijftig seconden!' zei ik dan, high van de pijn in mijn ogen.

Het begon te regenen, heel hard. Ik sleepte me voort over Waterloo Bridge terwijl de bussen trefzeker hele plassen over mijn rechterkant uitstortten. Op de South Bank ging ik een chique caférette in voor een kop koffie. De barista keek geschrokken. Toen ik mezelf in de spiegel zag, snapte ik waarom. Mijn nepluipaardjas was doorweekt. Mijn haar was druipnat. Mijn sneakers klonken niet zomaar zompig als ik liep – ze klotsten. De barista had al het bewijs bekeken en concludeerde dat ik vast zojuist tevergeefs had geprobeerd zelfmoord te plegen door in de Theems te springen – en dat ik nu met een kopje koffie zat te wachten op hoog water.

Toen ik ging afrekenen, gaf hij me een gratis brownie. Ik vertaalde die brownie naar de boodschap: 'Niet meer springen, hoor.' Het was 486 calorieën aan menselijkheid.

Toen ik eindelijk thuiskwam, was het donker. Ik had vijf uur gelopen. Ik was nat, bebloed en bijna geen mens meer van pure verveling. Ik had zo veel saaie, halflege, verregende straten gezien dat ik begon te geloven dat ze daadwerkelijk effect op mijn persoonlijkheid zouden krijgen en dat ik permanent zwaarmoedig zou blijven. Ik ging, amper bij bewustzijn, op de bank liggen. Mijn broer was op bezoek.

'Ik train voor de marathon,' zei ik bij wijze van verklaring.

'De marathon?' zei hij, onder de indruk. 'Jemig. Goed zo, Paula Radcliffe.'

'Niet de hardloopmarathon,' zei ik. 'Het is de Moonwalk. Een wandelmarathon.'

'Ha!' zei hij. 'Dan is het dus geen echte marathon, hè. Dat is gewoon een wandeling.'

Op dat moment besefte ik hoe het zat: een marathon wandelen is veel, héél veel moeilijker dan het hele eind hardlopen. Omdat iedereen denkt dat het makkelijk is.

Nog een van mijn edelmoedige campagnes om de mensheid te verbeteren: ditmaal pleit ik voor internationale erkenning van de superioriteit van Ghostbusters *boven alle andere films. Ik heb al jaren een pact met mijn zus dat we, mochten we ooit genomineerd worden voor een Oscar, ons zullen onthouden van baljaponnen, diamanten en make-overs van twintigduizend dollar om de rode loper over te gaan als Venkman en Spengler uit* Ghostbusters *– ieder met een échte nucleaire versneller zonder vergunning op onze rug.*

Voor ons bestaat er geen look die meer glamour uitstraalt. Dat is onze sekskleding.

Ghostbusters is de beste film aller tijden. En spreek me niet tegen

Vorige week kondigde iTunes aan dat het feest was, ter ere van het feit dat *Ghostbusters* vijfentwintig jaar geleden uitgebracht was. Voor de gelegenheid verhuurden ze hem voor 99 pence, als 'Film van de Week'.

Ik had twee uiterst heftige en gelijktijdige reacties op dit nieuws.

De eerste was zwaarmoedig. Als ik eerlijk ben, was het op het randje van sentimenteel.

'Vijfentwintig jaar? *Vijfentwintig jaar?* Mijn god, dit is erger dan toen ik besefte dat het tien jaar geleden was dat *Vogue* van Madonna op één stond. Vroeger kon ik me dingen van vijfentwintig jaar geleden helemaal niet herinneren. Ik begin de geheugenspanne van een oude vrouw te krijgen – en het vermogen om herinneringen op te halen.'

De tweede reactie was gelukkig een stuk kordater. Die ging zo: '99 pence! Voor de beste film die ooit gemaakt is? Dat is een BELEDIGING! Dat is net alsof iTunes zegt dat je met de koningin naar bed mag voor een pond! Dit kan niet waar zijn, in godsnaam! DIT KAN NIET waar zijn!'

Maar – bij nadere beschouwing – ontmoetten de twee reacties elkaar ergens in het midden. Want het is gewoon de simpele waarheid: *Ghostbusters* ís de beste film aller tijden – en toch durft de wereld dat op dit moment niet toe te geven. Als je nu, in 2009, zou opstaan op een feestje en de feiten op tafel zou leggen – '*Ghostbusters* zou nog steeds elk jaar een Oscarnominatie moeten krijgen, zelfs nu nog, zo goed is die film' – dan zou je waarschijnlijk worden overvallen door enorme gevoelens van bedremmeling en gêne.

En dat komt doordat de generatie vóór ons via uitstekend propagandawerk *Star Wars* tot beste film aller tijden heeft gebombardeerd, en wij – hun jongere broers en zussen – nooit beseft hebben dat het een beetje mosterd na de maaltijd begon te worden. Als we ons iets eerder hadden gerealiseerd dat er verdorie vijfentwintig jaar voorbijgegaan waren, hadden we een beetje haast kunnen maken met het ondermijnen van dat overschatte, humorloze stukje ruimteprut van George Lucas. Maar volgens mij dachten we allemaal dat het nog 1992 was of zo, en dat er tijd genoeg was om te pleiten voor *Ghostbusters* als we uitgejubeld waren over hoe goed het nieuwe album van Blur was.

Dus met de ontstellende schok van het vijfentwintigjarig jubileum was ineens duidelijk hoe dringend de zaak was. De Grote Ghostbusters Campagne moet vandaag van start. Hier. Te beginnen met dit onweerlegbare wetenschappelijke feit: *Ghostbusters* is nog steeds de succesvolste filmcomedy aller tijden, met een kaartverkoop van 229,2 miljoen dollar in 1984. Maar dat maakt het natuurlijk op zijn beurt DE SUCCESVOLSTE FILM ALLER TIJDEN, PUNT – gezien het feit dat comedy het hoogste genre is en boven elke andere stijl verheven, zoals 'serieus', 'buitenlands' of 'zwart-wit'.

Natuurlijk zijn er mensen die stellen dat comedy níét het beste genre is. 'Kunst moet ergens over gaan,' zullen zij zeggen, 'en intense en diepe menselijke waarheden blootleggen.'

Nou, laten we eerlijk zijn – niet dus. Ik bedoel, dat kán het weleens doen, als het wil; maar echt, hoeveel diepgravende inzichten in de menselijke natuur heb je nodig in één leven? Twee? Drie? Als je eenmaal doorhebt dat verder ook niemand anders enig idee heeft waar hij mee bezig is, en dat liefde volkomen zinloos kan zijn, worden verdere inzichten in de menselijke natuur eigenlijk vrij deprimerend.

Aan de andere kant, wat mensen wél nodig hebben, is 'dingen om te zeggen'. Daar hebben ze een enorme hoeveelheid van nodig. Amusante, in wezen onbelangrijke dingen die zoveel mogelijk aanwezigen een ontspannen en gezellig gevoel geven. In die zin bewijst *Ghostbusters* zich opnieuw als beste film aller tijden. Toen ik op Twitter over deze column begon, kreeg ik ruim vijftig suggesties over wat de beste tekst uit de film is – bijna allemaal bruikbaar in het leven van alledag.

'*Back off man, I'm a scientist*' is de zin die ik zelf het meest gebruik; pas nog, toen de logica van het openen van een fles warme rosé om drie uur 's nachts in twijfel werd getrokken. '*Listen, do you smell something?*' is al net zo handig. '*I think he can hear you, Ray*' is bruikbaar als je denkt dat een indiscreet gesprek door een ander is opgevangen, maar ook als een groot dier plotseling opkijkt alsof het elk moment op je af kan rennen om je aan te vallen. Als je eten afhaalt, is het traditie om elk gesprek over toekomstplannen af te kappen met de tekst: '*This magnificent feast represents the last of the petty cash.*' En er is geen bondigere manier om uit te leggen waarom bepaalde tafelschikkingen onverstandig zijn dan '*Don't cross the streams*'. Er zitten letterlijk nog twintig geweldige teksten in; maar een daarvan gaat over een piano en voor een andere moet iemand over sponzen beginnen voordat je hem kunt gebruiken.

Wat heeft *Star Wars* daarbij vergeleken te bieden? '*Luke, I am your father.*' Ik zal je dit zeggen – dat krijg je nóóit in een gesprek gewurmd.

Want als dit de start is van de campagne om *Ghostbusters* zijn verdiende plaats als beste film aller tijden te geven, is *Star Wars* de film die verslagen moet worden. Het is Connors tegen Borg, waarbij *Ghostbusters* Borg is.

Degenen die nog steeds de illusie hebben dat ze *Star Wars* beter vinden dan *Ghostbusters*, hoef ik alleen het volgende te vragen: Je zou toch niet écht een Jedi willen zijn, hè? Met een grijzig-beige monnikspij je zuster pakken, en niet één grap in drie hele films? Als je er iets langer over nadenkt, zul je beseffen dat je veel liever een Ghostbuster zou willen zijn: een nerd in New York met een nucleaire versneller zonder vergunning op je rug, en een kans van één op vier dat je Bill Murray bent.

Ik wil ervoor pleiten dat de wereld *Ghostbusters* zo snel mogelijk zijn ware plek in de filmcanon geeft, want in deze onzekere tijden gebeuren er vreselijke dingen. Vorige week werd het vijfentwintigjarig jubileum van de film gevierd met een sterrenparty in aanwezigheid van – in aflopende orde van bekendheid: Dizzee Rascal, Nikki Grahame uit Big Brother 7, DJ Ironik, Dave Berry en Rick Edwards. Ik weet het. Ik wil niet bot zijn, maar werkelijk, als je dat niveau van sterrendom hebt bereikt en iemand je uitnodigt voor een feest ter ere van iets wat je geweldig vindt, is wegblijven de meest effectieve manier om je gevoelens te tonen.

De rest van ons – de mensen die zich bewust zijn van de Grote Waarheid over de Beste Film Aller Tijden – moet nú serieus campagne gaan voeren. We zullen die prehistorische bitch eens laten zien hoe wij hier in de stad de dingen aanpakken.

En toen, een paar maanden later, interviewde ik Keith Richards. Ik werkte op dat moment als een krankzinnige aan Vrouw zijn – hoe doe je dat?, en werkte al maanden zeven dagen per week, maar ik kon de kans niet laten lopen om te mogen praten met de man die, meer dan wie dan ook op aarde, kon claimen dat hij rock-'n-roll in eigen, zeer dunne, persoon was. Vooral zijn benen waren echt heel erg dun. Het leken wel twee eindjes touw bedekt met denim.

Ik was op dat moment ook net bezig met de zoveelste poging om te stoppen met roken, maar werd van het pad gebracht door een levende legende die me een sigaret aanbood. Toen ik daarna weer een poging deed om te stoppen, bood Benedict Cumberbatch, gekleed als Sherlock, me een Marlborootje aan voor de deur van Baker Street 221 b. WIE ZEGT ER NOU NEE TEGEN ZULKE SIGARETTEN?

Keith – Noddy Holder zegt dat je een pruik draagt

Ik spreek Keith Richards op International Talk Like a Pirate Day. Ik vind dat ik die informatie met hem moet delen.

'International Talk Like a Pirate Day?' zegt Keith genietend, met die wolvengrijns van hem. 'ARRRGHH! ARRRHHH! O, ik kan dit niet zonder ooglapje,' zucht hij, zogenaamd mokkend. 'Ik kan niet als een piraat praten zonder ooglapje. Of zonder ladderzat te zijn... HARGH! HARGH!'

Maar dat kan hij natuurlijk wel: wees eerlijk, alles wat Keith Richards zegt, heeft een piratencadans. Met zijn zwarte ogen, bandana en oorbel heeft hij, zelfs op zijn zevenenzestigste, de uitstraling van een zwierige heer die zich gedwongen ziet een fregat te stelen en de hogere kringen achter zich te laten – vanwege een of ander betreurenswaardig misverstand rond een maagdelijke dochter, een schatkaart en een inmiddels smeulend admiraliteitsgebouw. Je ziet meteen waarom hij de inspiratie was voor Johnny Depp's kapitein Jack Sparrow in *Pirates of the Caribbean*. Richards schijnt Depp geleerd te hebben hoe je dronken een hoek omgaat: 'Je houdt te allen tijde je rug tegen de muur.'

Tegenwoordig is Richards een piraat in aan-wal-modus. De sfeer is taveernerig. Ook al zitten we in de Royal Suite van Claridge's, compleet met een concertvleugel ('Zal ik even? Dat kun je illegaal uitbrengen... HARGH HARGH HARGH.') en zoveel kamers dat we de helft niet eens vanbinnen zien, Richards heeft toch iets van een man die zijn papegaai, sabel en Smee in de gang heeft achtergelaten – voor het geval hij er snel vandoor moet. Als hij binnenkomt, merkt hij me op met een soort vertraagde reactie.

'Ik wist niet dat ik met een dáme van doen had,' zegt hij, en bestelt een wodka sinaasappelsap. 'Daar heb ik iets te drinken bij nodig.'

Hij ziet een pakje Marlboro op tafel liggen, neemt er geen maar haalt zijn eigen voorraad tevoorschijn.

'Dát zijn dus die dingen waarvan ze zeggen dat je eraan doodgaat,' zegt hij, wijzend op het pakje op de tafel met het grote ROKEN IS DODELIJK-etiket. 'Dat zijn Engelse en die zijn beslist dodelijk; zo smerig zijn ze.'

'Zijn ze anders dan Amerikaanse?' vraag ik.

'O, zeker. Als je ze uit elkaar haalt om een joint te rollen, zie je dat er allemaal steeltjes en andere dingen in zitten. Dat is ónaanvaardbaar voor een roker.'

Hij haalt een sigaret uit zijn zak en steekt hem aan. De geur van de rook vermengt zich met zijn aftershave.

'Wat is dat voor een luchtje?' vraag ik.

'Ik heb een stijve... ik wist niet dat je dat kon ruiken,' zegt hij, en begint dan weer te lachen in een wolk van rook. 'Dat is een rock-'n-rollgrap – eentje van Jerry Lee Lewis,' legt hij bijna verontschuldigend uit. 'We zitten in de Rock and Roll Hall of Fame en Jerry is compleet uitgedost – shirt met ruches en een smoking – en hij komt de trap af, komt er zo'n meid die zegt: "Wat ruik je lekker, wat is dat voor een luchtje?" Zegt Jerry: "Ik heb een stijve – ik wist niet dat je dat kon ruiken." Pure rock-'n-roll.'

Keith neemt nog een trekje van zijn sigaret en straalt.

'Hé,' zegt hij plotseling bezorgd terwijl hij naar de sigarettenrook kijkt. 'Ik hoop dat je er niet... allergisch voor bent.'

Excuses voor een schuine mop en bezorgd zijn dat een journalist misschien een kriebelhoestje krijgt van het meeroken, dat is wel even heel iets anders dan de interviews die Richards gaf op het toppunt van zijn bandietenperiode; hij heeft ooit veertig slapeloze uren lang met NME-journalist Nick Kent door Londen heen en weer 'geflipperd' in een Ferrari terwijl hij moordende hoeveelheden cocaïne en heroïne tot zich nam – een cocktail die Richards schilderachtig *the breakfast of champions* noemde.

Maar goed, Richards is door de jaren heen een stuk makkelijker geworden, misschien omdat hij wel moest, als je bedenkt hoe moeilijk het zou zijn om in het moderne Londen te fileparkeren met 1,5 mg cocaïne en heroïne achter je kiezen. Met heroïne stopte hij in 1978, na zijn vijfde arrestatie, en nu onthult Richards dat hij eindelijk ook gestopt is met cocaïne – in 2006, nadat hij op Fiji uit een boom viel en een hersenoperatie moest ondergaan.

'Ja, daarvoor heb ik met cocaïne moeten stoppen,' zegt hij, gelaten zuchtend. 'Dan heb je zoiets van: "Ik heb het begrepen, Heer."' Hij klopt op de metalen plaat in zijn hoofd. Het maakt een dof, bonkend geluid.

'Ik ben nu overal mee gestopt, wat op zich een trip is,' zegt hij terwijl hij theatraal met zijn ogen rolt om aan te geven hoe interessant het kan zijn om gewoon nuchter uit bed te stappen, na veertig jaar excessief innemen. Niet dat Richards iets tegen high worden heeft, integendeel.

'Ik wacht nog tot ze iets interessanters uitvinden, hahaha,' zegt hij. 'Ik sta klaar als proefkonijn, als het zover is.'

Richards heeft het imago de laatste man te zijn die nog overeind staat na het lange feest van de jaren zestig – en bovendien degene die iedereen hoogstpersoonlijk had uitgenodigd.

In zijn junkie-tijd stond Richards ruim tien jaar op de lijst van 'Mensen Die Het Vast Niet Lang Meer Maken'. 'Ik keek af en toe of ik er nog op stond. Ik heb er langer op gestaan dan wie dan ook. Een ereteken, haha.'

Maar waar iedereen van 1968 tot 1978 verwachtte dat hij elk moment het loodje zou leggen in een hotel (de klassieke Richards-uitspraak: 'Dat heb ik nooit gedaan: het is het toppunt van onbeleefdheid om blauw te worden in andermans badkamer.'), is Richards ironisch genoeg een van die mensen geworden van wie we nu denken dat ze... het eeuwige leven hebben. Zijn taaie, getaande, onverwoestbare uitstraling suggereert dat heroïne, whisky en cocaïne, mits in grote hoeveelheden, een soort... conserverende werking hebben. Richards is gerookt in een marinade van farmaceutica. Hij vertoont de uitstraling én een onmiskenbare gelijkenis met de gedroogde Inca-mummies van Chachapoya.

'Ach, ik zet de dood niet op de agenda,' zegt hij, weer grijnzend. 'Ik hoef mijn oude vriend Lucifer nog even niet te zien, hurgh hurgh. Hij is degene bij wie ik terechtkom, ik ga niet naar Die Andere Plek, laten we eerlijk zijn, HARGH!'

We zitten hier vandaag omdat Richards – die resoluut, halsstarrig en in veel opzichten onwaarschijnlijkerwijs niet gestorven is – nu eindelijk zijn autobiografie *Life* uitbrengt. Toen Richards het project aankondigde, kreeg hij te maken met een enorme strijd tussen uitgeverijen, met als resultaat een voorschot van 4,8 miljoen pond, een erkenning van het feit dat Richards, zolang Bowie of McCartney hun verhaal niet neerpennen, de jackpot is op het gebied van de duiding van dat onvoorstelbare decennium – de jaren zestig – van binnenuit, verteld door iemand die zelf met het geestverruimende botsautootje tegen de grenzen van de 'betamelijke' maatschappij stuiterde.

'Heb je het gelezen?' vraagt hij – in een poging nonchalant over te komen, maar zonder wat tegenstrijdige nieuwsgierigheid te kunnen onderdrukken.

'God, ja,' zeg ik. 'O man, het is een giller. Echt heel geweldig.'

'Mooi zo,' zegt hij, en ontspant. 'Weet je, als je begint, denk je dat je een paar verhaaltjes gaat ophangen, en tegen de tijd dat je bij het einde komt, is het zoveel meer geworden. De ene herinnering geeft aanleiding tot de volgende en voor je het weet, barst er een spervuur los.'

'Wilde je jouw versie schrijven omdat andere boeken over jou en de Stones ernaast zaten?' vraag ik.

'Ik heb het boek van Bill Wyman gelezen, maar na drie of vier hoofdstukken – als hij begint van [op de doffe, pedante, monotone toon van Wyman]: "En tegen die tijd had ik nog maar zeshonderd pond op de bank staan" – had ik zoiets van: "Bill toch." Snap je wat ik bedoel? Jij bent veel boeiender dan ik hier lees. Doe me een lol, zeg. En Mick heeft het een keer geprobeerd en uiteindelijk het geld teruggegeven. Dat was tien, vijftien jaar geleden en toen belde hij steeds, zo van [imiteert Mick]: "Zeg, wat deden wij op 15 augustus negentien-zoveel-en-zestig?" En ik: "Mick, jíj schrijft het toch. Ik weet er niks meer van." En Mick kennende zou dat een moerás van lege hoofdstukken geworden zijn, want dan had hij een hoop dingen terzijde willen schuiven, haha.'

Richards heeft weinig op met Stones-boeken van niet-Stones-leden – omdat de schrijvers 'te bang' zouden zijn om de waarheid te schrijven: 'Wie gaat er nou Mick Jagger of Keith Richards tegen de muur zetten en zeggen: "Ik eis dat je hier antwoord op geeft"?' zegt hij, zijn ogen plotseling zwart vonkend.

'Want weet je...' Hij neemt een trekje van zijn sigaret. 'Dat kan je dood worden.'

De reden dat *Life* zo'n uitgeversstrijd opleverde was dat het leven van Keith Richards en de Stones – zelfs in het hedendaagse moderne, moet-kunnen popklimaat – een bron is van een nog steeds verbijsterende hoeveelheid schandalen, bij gebrek aan een beter woord. De krantenkop: 'Zou u uw dochter laten trouwen met een Rolling Stone?', de drugsinval op Richards' landgoed Redlands, Marianne Faithfull in haar bonttapijt, de nog immer controversiële dood van Brian Jones, de Hells Angels die door het lint gingen in Altamont, de Marianne Faithfull/Mick Jagger/Anita Pallenberg/Richards-vierhoeksverhouding; cocaïne, lsd, whisky, ontrouw, groupies, Margaret Trudeau, rellen, miljarden dollars en vier decennia vol zweterige, almaar schreeuwende fans.

En te midden van dat alles misschien wel de grootste rockband aller tijden. 'Gimme Shelter', 'Jumpin' Jack Flash', 'You Can't Always Get What You Want', 'Wild Horses', 'Brown Sugar', 'Start Me Up', 'Sympathy for the Devil', 'Satisfaction' – stuk voor stuk het antwoord op de vraag: 'Mama, wat is dat, rock-'n-roll?', en, dat alles bij elkaar, de reden voor Keith Richards' bijna feitelijke bijnaam *The Living Riff*.

Als je een explosief verhaal verwacht, stelt *Life* beslist niet teleur: het boek begint in 1975 als Richards in een *diner* zit, in Fordyce, Arkansas, vlak voordat hij voor de vierde keer gearresteerd wordt. Het is geschreven als een soort *Fear and Loathing in Las Vegas* met oneindig veel meer middelen om in de vernieling te raken – Richards gaat per auto naar het volgende concert omdat hij 'uitgekeken is' op de privéjet van de Stones – en we zien Richards op het hoogtepunt van zijn drugsjaren.

Zoals Richards het beschrijft: hij is de enige langharige man in een zaak vol *rednecks*, en draagt een hoofddeksel dat in feite bestaat uit drugs ('Er zat een flap aan de zijkant waar ik hasj, barbituraten en coke in bewaarde'), en rijdt in een auto die bestaat uit drugs ('Ik was uren bezig geweest om het zijpaneel vol te proppen met coke, wiet, peyote en mescaline.').

High van de cocaïne ('Cocaïne van Merck – het zachte, farmaceutische spul' zoals hij het liefdevol beschrijft) wordt Richards gearresteerd en voor de rechter gesleept, wat leidt tot een internationaal nieuwsincident rondom hem ('Er stonden vijfduizend Stonesfans buiten de rechtbank'), totdat Mick Jagger de plaatselijke gouverneur weet te paaien en Richards op borgtocht vrij krijgt.

'Mick was altijd goed met de lokale bevolking,' schrijft Richards deels bewonderend, deels laatdunkend – als een piratenkapitein die een knappe scheepsjongen prijst omdat hij zo goed 'sjiek kan praten' met de hogere standen.

In de daaropvolgende 620 pagina's neemt hij nauwelijks gas terug. Hoewel het allemaal wat minder wordt halverwege de jaren tachtig – zoals altijd in de verhalen over idolen uit de jaren zestig, ze hebben zich dan inmiddels vanuit het oog van de storm teruggetrokken naar hun villa's en kijken alleen nog van de zijlijn, in verwarring, naar Madonna – de eerste helft van *Life*, tot 1984, kent zijn weerga niet. Wat rockmemoires betreft kan alleen Bob Dylans vorstelijke, ontzagwekkende *Chronicles* daartegenop.

Ik mocht het lezen bij Richards agent op kantoor – de geheimzinnigheid eromheen is immens; ik moet vertrouwelijkheidsovereenkomsten tekenen voordat ik zelfs maar een blik op het manuscript mag werpen – en het voelde alsof je in een tijdmachine stapt en getuige bent van gebeurtenissen die eerder alleen de ronde deden 'van horen zeggen'.

Een van de eerste verhalen is het meest verbijsterend – Richards citeert uit een brief die hij in 1961 aan zijn tante schreef: 'Vanochtend kwam er een jongen naar me toe die ik van de lagere school kende. Hij heeft alle platen van Chuck Berry. Mick Jagger heet hij.'

Het is alsof je Cleopatra's agenda ontdekt, met daarin: 'Dinsdag, 16:30 uur: bespreking met Marcus Antonius.'

En zo gaat het verder, de Stones worden een voor een geworven, Bill Wyman wordt zuchtend gedoogd omdat hij een betere versterker heeft dan de rest. Ze werken hard, maar het gaat allemaal belachelijk makkelijk: het eerste nummer dat ze samen schrijven – door hun manager opgesloten in de keuken tot ze iets verzonnen hebben – is 'As Tears Go By', dat Nummer 1 wordt en waar Jagger de beeldschone Marianne Faithfull mee vangt. Ze kopen huizen. Ze kopen drugs. Dan de inval op Redlands, verteld door de eigenaar van het huis, waarbij hij terloops een van de gasten noemt: David Schidermann, een lsd-dealer. Als uitvinder van zowel Strawberry Fields-lsd als Purple Haze-lsd voorzag Schidermann de hitparade van twee van de grootste psychedelische singles in de geschiedenis.

Keith vertelt ons dat het verhaal van Marianne Faithfull en de Marsreep een mythe is, maar voegt daar tussen neus en lippen door aan toe dat hij degene was die een Mars op de salontafel liet liggen, als snack voor als hij stoned was.

Daar heb je John Lennon – 'Johnny. Een rare vogel, in veel opzichten' – die op bezoek komt met Yoko en in de badkamer tegen de grond gaat.

'Ik geloof niet dat John ooit anders dan horizontaal mijn huis verlaten heeft,' verzucht Richards, die Lennon – een godheid voor een hele generatie – naast het toilet aantrof terwijl hij fluisterde: 'Laat me hier liggen, die tegels zijn prachtig.'

Op een andere avond probeert Richards Lennon uit te leggen wat The Beatles – The Beatles, godbetert! – al die jaren verkeerd hebben gedaan: 'Jullie houden je gitaar te hoog. Het is geen viool. Geen wonder dat jullie niet swingen. Geen wonder dat jullie wel kunnen *rocken*, maar niet *rollen*.'

Redlands brandde tot de grond toe af en Richards – high – wist te ontsnappen met niets dan 'een korte sabel en een doos lekkertjes, haha. Dan maar geen paspoorten'.

Allen Ginsberg – de hogepriester der beatniks – wordt gezien als een hufter: bij Keith thuis begon hij 'op een trekharmonica te spelen en "Ommmmmm" te hummen', vertelt Richards, die zich na dertig jaar nog getart lijkt te voelen door een onwelkome gast. Brian Jones wordt weggezet als niet veel meer dan 'iemand die zijn vrouw slaat'.

In de roes van dit boek is Altamont – waar de Hells Angels, high van lsd en speed, Meredith Hunter doodsteken – slechts een bijkomstigheid. Voor hele generaties luie documentairemakers was dat altijd het punt waarop het misging met de jaren zestig: de dood van het flower power-idealisme; het onmiskenbare begin van de duisternis.

Voor de man op het podium, die op het moment dat Meredith sterft 'Under My Thumb' staat te spelen, is het echter een verhaal dat nauwelijks twee alinea's waard is. In 1965 was de eerste Stones-fan overleden – van een zaalbalkon gestort tijdens een van de eerste concerten. In 1969 had Keith Richards alles al gezien. Hij keek nergens meer van op.

Maar ondanks alle drugs, achtervolgingen, vliegtuigen, stadions, presidenten, knokpartijen en doden is de kern van *Life* een klein, menselijk, tijdloos verhaal. Het levensverhaal van Keith Richards draait om twee dingen: de vriend die hij nooit echt begrijpt en het meisje dat hem ontglipte: zijn mede-bandlid Mick Jagger, en Anita Pallenberg, zijn ex-vrouw en de moeder van drie van zijn kinderen.

Bij het lezen van *Life* vond ik het schokkend hoe eerlijk Richards is over zijn relatie met zowel Jagger als Pallenberg. Bij twee verhalen stokte mijn adem zelfs. Terwijl ik ze las, dacht ik:

Keith Richards, hier krijg je gedonder mee.

'Gedonder?' zegt Richards lachend. 'Haha. Hoezo?'

Nou, neem bijvoorbeeld Mick Jagger. Je onthult dat je geheime bijnaam voor hem 'Uwe Majesteit' is, of 'Brenda', en dat je openlijk gesprekken hebt gehad met de andere Stones, waar Mick bij was, over 'dat takkewijf Brenda'. In je recensie van Micks soloalbum *Goddess in the Doorway* – door jou 'Dogshit on the Doorstep' genoemd – staat: 'Het is net als *Mein Kampf*: iedereen had het, maar niemand las het ooit.' Je zegt over een irritante huisbeo: 'Net of je met Mick samenwoont.' Een hoofdstuk begint als volgt: 'Begin jaren tachtig werd Mick onverdraaglijk.' Er staan dingen in als: 'Mick speelt harmonica vanuit zijn hart, maar zo zingt hij niet.' 'Mick Jagger wil graag Mick Jagger worden.' 'Volgens mij denkt Mick dat ik zijn eigendom ben.' 'Ik was ooit dol op Mick, maar ik ben al in geen twintig jaar in zijn kleedkamer geweest. Soms denk ik: Ik mis mijn vriend en dan vraag ik me af waar hij gebleven is.'

Heeft Mick het boek gelezen?

Keith lijkt bewust onverstoorbaar.

'Ja,' zegt hij gelaten. 'Volgens mij heeft het hem de ogen wel een beetje geopend.'

'Staan er dingen in die hij eruit wilde hebben?' vraag ik.

Keith begint weer te lachen. 'WURGH WURGH WURGH.' Het klinkt als een kraai die vastzit in de schoorsteen.

'Ja! Heel grappig, hij wilde er iets heel raars uit hebben. Ik bedoel, echt. Je weet het, ik ben dol op hem. Ik ken hem sinds ik vier was, ja. Maar wat hij eruit wilde hebben, was dat hij een zangcoach had.'

'Echt?'

'Ja! En dat wist iedereen allang. Dat heeft in talloze interviews gestaan, maar om de een of andere reden had hij iets van: "Joh, kunnen we dat eruit laten?" En ik: "Nee! Ik probeer hier eerlijk te zijn." '

Ik ben even stil. Ik schraap mijn keel.

'Dus hij vroeg niet of dat stukje eruit mocht over hoe klein zijn lul is?' vroeg ik met een nogal preutsig stemmetje.

'Hé... dat heb ik ook maar van anderen gehoord,' zegt Keith schouderophalend, met een sluw glimlachje.

Dat is het toppunt van achterbaksheid, want de 'andere' persoon over wie Richards het heeft, is Marianne Faithfull – destijds Jaggers vriendin – en het verhaal is een van de grote 'o, mijn god!'-momenten in het boek.

Er gingen jarenlang geruchten over wat er gaande was in 1969 – het jaar dat er twee grote glamourparen op de wereld waren: Keith Richards en Anita Pallenberg, en Mick Jagger en Marianne Faithfull.

Toen Pallenberg en Jagger aan de film *Performance* begonnen, waarin ze geliefden speelden, was Richards ervan overtuigd dat regisseur Nicolas Roeg – aan wie hij de pest heeft – bezig was om Mick en Anita in het echt tot elkaar te brengen, voor de nodige 'hardcore pornografie' in zijn film.

In een van de indringendste stukken van het boek beschrijft Richards hoe zijn jaloezie en de angst dat hij Anita aan Jagger zal verliezen, in combinatie met zijn escalerende drugsgebruik, hem op een akelige, stormachtige dag aanzetten tot het schrijven van 'Gimme Shelter' – starend uit het raam van zijn huis, wachtend tot hij Anita's auto hoort aankomen. Dat gebeurt niet. Ze komt die nacht niet thuis. Hij neemt aan dat ze bij zijn mede-bandlid in bed ligt.

Deels uit wraak gaat Richards vervolgens naar bed met Marianne Faithfull. Ondanks de ontegenzeglijk donkere bijsmaak van broedermoord bij het neuken van Jaggers vriendin doet Richards er in *Life* verslag van in piratenstijl, en hij sluit tevreden af met 'mijn hoofd genesteld tussen die twee prachtige memmen'.

Als Faithfull en Richards Jagger horen thuiskomen, springt

Richards het raam uit, als in een sekskomedie uit de jaren zeventig, zijn sokken en de vriendin van zijn bedrogen mede-bandlid achterlatend. Als laatste dolkstoot merkt Richards veertig jaar later nog op: '[Marianne] beleefde geen lol aan [Micks] piepkleine piemeltje. Ik weet dat hij een enorm stel ballen heeft – maar dat vult de leemte niet echt op.'

Voor een Stones-fan is dat echt een quitte-of-dubbelmoment. Aan de ene kant, als beschrijving van hoe het voelt om de eerste levenstekens van een legendarische song binnen te krijgen, zijn Keith Richards' herinneringen aan het schrijven van 'Gimme Shelter' ongeëvenaard. Aan de andere kant is er het enorme risico dat die song – na het lezen van dat hoofdstuk – elke volgende keer dat je hem hoort gepaard zal gaan met het beeld van Mick Jaggers vermeende piepkleine piemeltje, genesteld op een stel gigantische testikels.

Dat is zo'n bijwerking van rock-'n-roll waar niemand je ooit voor waarschuwt.

'Nou ja, ik heb wél gezegd dat hij enorme ballen had,' zegt Richards nu ruimhartig. 'Ik denk dat hij wel ergere dingen heeft gehoord, van vrouwen. Ik bedoel, Jerry Hall heeft weinig van hem overgelaten.'

'Het klinkt wel alsof je je best doet... om hem op de kast te krijgen,' zeg ik.

'We hebben onze conflicten gehad, maar ach, wie niet. Probeer zelf maar eens om vijftig jaar lang iets bij elkaar te houden,' zegt Richards, die het duidelijk worst is.

Er klinkt een soortgelijke, adembenemende eerlijkheid in zijn verhaal over de relatie met Anita Pallenberg. Tijdens haar relatie met mede-Stone Brian Jones, die haar mishandelt, valt zij voor Richards, en Richards valt voor Pallenberg. Als Jones het ziekenhuis in draait vanwege astma, belanden Richards en Pallenberg samen in een auto die hen van Barcelona naar Valencia brengt. Zonder dat er een woord wordt gesproken begint Pallenberg hun relatie door Richards spijkerbroek open te ritsen en hem te pijpen.

'Ik weet nog hoe de sinaasappelbomen in Valencia roken,' schrijft Richards veertig jaar later, nog steeds alsof de coïtus net heeft plaatsgevonden. 'Als je voor het eerst door Anita Pallenberg geneukt wordt, onthou je die dingen.'

'O... die geweldige pijpbeurt in de auto?' zegt Keith vandaag als ik erover begin – weer nogal preutsig.

'Wat deed jullie chauffeur intussen?' vraag ik ongelovig.

'Hij moet zijn ogen op de weg houden,' zegt Keith schouderophalend. 'Eerlijk gezegd denk ik dat ie iets had van "het werd tijd". Het hing al tijden in de lucht.'

Hoewel Richards degene was die ten slotte een einde maakte aan het huwelijk toen Pallenbergs latere heroïneverslaving uit de hand liep, komt Pallenberg in *Life* nog steeds over als een 'onafgedane zaak' – als Richards Pallenberg meermaals direct vanaf de pagina's aanspreekt, haar vraagt te bedenken hoe het zou zijn gelopen als ze het samen gered zouden hebben, in schommelstoelen 'naar de kleinkinderen kijkend'. Hoewel Richards nu getrouwd is, en twee kinderen heeft met Patti Hansen, rijst Pallenberg uit het boek op als een parfum; een melodie; een schim. Waar Richards uitvaart tegen Jagger, zucht hij bij Pallenberg. Het meisje dat zichzelf weggaf.

Misschien kom je steeds terug op Anita en Mick, geef ik Richards in overweging, omdat je als kunstenaar weinig te melden hebt over de mensen die je liefhebt en begrijpt. Juist degenen die je een raadsel zijn heb je nodig om songs en boeken over te schrijven. Op die manier probeer je te begrijpen hoe ze in elkaar zitten.

'Ja,' knikt Richards. 'Je hebt niets te melden als alles duidelijk is.'

Dat kun je maar het beste concluderen – want anders zou je denken dat Richards nog steeds een beetje verliefd is op de vrouw wier kleren hij draagt op de hoes van *Their Satanic Majesties Request*.

Je zou makkelijk kunnen denken dat Keith Richards, zevenenzestig, wereldschokkend rijk en beroemd geworden in een van de meest controversiële bands van het contraculturele tijdperk, een piraat is geworden *dankzij* de rock-'n-roll – ergens in de tijd dat de Stones gingen toeren en nooit echt meer terugkwamen: 'Een piratennatie, opererend onder onze eigen vlag, met juristen, clowns en een gevolg.'

Maar de andere openbaring van *Life* is dat Richards zo is grootgebracht: Richards is altijd een piraat geweest. Hij beschrijft het naoorlogse Dartford als een oord waar 'iedereen een dief is'. Dartford: waar de struikrovers de diligence naar Londen aanhielden, explosies uit de vuurwerkfabriek 'tot kilometers ver de ramen deden sneuvelen', en patiënten uit het gesticht geregeld de benen namen.

'Dan vond je 's ochtends een gek op de hei, in z'n nachthemdje,' herinnert Richards zich weemoedig.

De familie van Richards was niet respectabel of godvrezend. Het waren muzikanten, acteurs en prostituees. Zijn moeder 'stak de straat over' om de priester te ontlopen, en liet zich van zijn vader scheiden om met een jongere minnaar te trouwen.

Doris, de moeder van Richards, was een klassieke matriarch uit de arbeidersklasse – toen Keith op haar sterfbed voor haar speelde, waren haar laatste woorden tegen hem: 'Je klinkt vals' – en als enig kind van een arm, onconventioneel echtpaar werd Richards slechts grootgebracht met respect voor de plaatselijke bibliotheek en muziek. Toen hij zijn eerste gitaar kreeg, nam hij die 's nachts mee naar bed.

Gasten op Redlands weten nog dat Richards' verzameling gitaren twintig jaar later op alle banken en stoelen uitgestald stond, waardoor je alleen op de vloer kon zitten.

Dus als je met Keith Richards komt praten, lijkt het alsof je tegenover díé man zit: niet de Rolling Stone, de miljonair met huizen in Suffolk, Connecticut en De Turks en Caicoseilanden, maar die kerel uit Dartford die sowieso niet in de pas had gelopen binnen de normale maatschappij – hoe zijn leven ook verlopen was. Je krijgt sterk het gevoel dat Keith Richards zo zou zijn, zelfs als we in een pub zouden zitten in plaats van Claridge's, en als Keith met de bus gekomen was – niet in de laatste plaats omdat zijn bandana, als je goed kijkt, nogal smoezelig is, en hij een versleten trainingsbroek aanheeft, met van die uit de toon vallende fel turkooizen sneakers waar je meth-drinkende zwervers vaak mee ziet.

Vraag je hem naar zijn dochter – de 24-jarige Alexandra – die naakt in de *Playboy* heeft gestaan, dan lijkt hij volkomen verbijsterd bij de gedachte dat hij daar iets op tegen zou hebben.

'Weet je... mijn meiden lijken op mij,' zegt hij. 'Ze proberen werken te vermijden zoveel ze kunnen, hahaha. Een beetje modellenwerk is een beetje vrijheid. Joh, als je zo'n lijf hebt, moet je ermee pronken.'

Het verhaal over hoe het kwam dat hij met Johnny Depp aan *Pirates of the Caribbean* werkte, is een typisch voorbeeld.

'Het kostte me twee jaar voor ik doorhad wie hij was,' zegt Keith terwijl hij nog een sigaret opsteekt. 'Hij was gewoon een vriend van mijn zoon Marlon en hing bij ons thuis rond met een gitaar. Ik vraag Marlons vrienden nooit wie ze zijn, want tja, "ik ben een dopedealer", hahaha. Toen at hij op een dag bij ons,' – Richards imiteert Johnny Depp met een mes en vork in zijn handen – 'en ineens had ik iets van: "Ho even! *Scissorhands!*" Hahaha. Blijkt dat ie acteur is, en een van de grootste Keith Richardsfans ter wereld – en wat moet ik daar nou mee? "Zet je er maar overheen, Johnny." HURGH HURGH.'

Depp en Richards zijn op dit moment bezig met *Pirates of the Caribbean 4*, waarin Richards voor de tweede maal de vader van kapitein Jack Sparrow speelt – 'Het kost twee uur om de pruik en de make-up te doen. Terug in de harige gevangenis. "Oooo, sorry voor mijn zwaard, pop", hahaha.'

Voor het filmen van een scène in een kroeg heeft Richards 'een paar vrienden opgetrommeld. Tja, het is een kroeg, hè'.

Tussen de vorige film en deze heeft Depp een documentaire over Richards gemaakt: 'Beetje achter de schermen en zo. Johnny doet de interviews. Geen idee wanneer het klaar is.' Hij haalt de schouders weer op. Alsof het volkomen normaal is om achtervolgd te worden door een documentaireploeg en een van de beroemdste acteurs ter wereld.

Misschien vanwege zijn jeugd – 'Ik ben eigenlijk gewoon een achterlijke gangster. Misschien had ik het boek zo moeten noemen, *Retarded Gangster*' – lijkt Richards oprecht op zijn gemak met al zijn roem. Hij leeft nu, zoals hij sinds zijn jeugd heeft gedaan, in een wereld die ver van de meeste mensen af staat – hij kijkt geen tv ('*Lovejoy,*' zegt hij eindelijk, nadat hij een paar minuten heeft zitten piekeren wat zijn lievelingsprogramma is), leeft op ouderwets troostvoer (in het boek staat zijn recept voor worst met aardappelpuree: 'Mik die dingen in de pan en laat ze rocken'), heeft nog nooit gestemd ('Democratie zal de beste optie wel zijn. Maar voor een hoop mensen is het alsof je tegen slaven zegt dat ze vrij zijn. "Hé man, waar komt de volgende maaltijd vandaan?"') en als je vraagt wanneer hij voor het laatst het openbaar vervoer gebruikt heeft, fronst hij het voorhoofd en vraagt wazig: 'Hebben ze nog trams?'

Zo is hij op zijn gemak in het gezelschap van andere notoire lieden. ('Mijn favoriete staatshoofd? Václav Havel. Erg onder de indruk van die man. Hij had een telescoop in zijn kantoor, gericht op zijn voormalige gevangeniscel. Die noemde hij "mijn oude huis". Ik mocht Clinton. Hij is een waardeloze saxofonist. Een beetje indiscreet, maar als mens... ik zou hem zo aannemen. Hij is te gek.' Wat Tony Blair betreft: 'Ik heb hem een brief geschreven [over de oorlog in Irak] waarin ik zei dat hij voet bij stuk moest houden. Kreeg ik een brief terug met: "Bedankt voor de steun." ') Hij beziet de recente gevangenisstraf van George Michael gelaten, en stoïcijns.

'Roem kost meer grote talenten het leven dan drugs,' zegt hij zuchtend. 'Jimi Hendrix overleed niet aan een overdosis, maar aan roem. Brian [Jones] ook. Ik heb vrienden verloren aan roem. Er staat een stukje in het boek over hoe ik omga met roem, daar zeg ik: "Mick ging voor vleierij en ik voor heroïne." Want ik heb beide benen op de grond gehouden, zelfs toen ze in de goot lagen. Weet je? Volgens mij geniet George Michael zich gek. Ik zeg: "Blijf in de bak, George." Er zijn daar vast wel wat drugs, en een paar homo's. Straks wil hij niet meer weg, het is de beste plek voor hem. Hij speelt met roem. Ik kan me geen van zijn nummers herinneren. Ik wil niet op die jongen afgeven, maar ik ben onsterflijk en legendarisch, zeggen sommigen,' en hij haalt zijn schouders op.

Hiermee impliceert Richards dat hij, hoezeer hij ook van de wereld was, nooit op een fotozaak ingereden was onder invloed van zoiets flauws als een joint.

Keith Richards is een man zonder berouw. Als ik hem vraag of hij – als hij alles kon overdoen – weer met heroïne zou beginnen, aarzelt hij geen moment. 'O, zeker. Ja. Het leverde een hoop ervaringen op; je ontmoet een hoop rare mensen met een andere kijk op het leven, dat kom je nooit tegen als je het niet probeert. Ik was graag goed high. En als je dat maar lang genoeg blijft, krijg je de songs binnen die verder iedereen mist omdat ze liggen te slapen. Er zoeven overal songs rond. Er zoeven hier nu ook songs door de lucht.'

Hij kijkt op alsof hij ze ziet zweven, boven de concertvleugel.

'Je hoeft je hand maar uit te steken om ze te vangen.'

Tijdens ons gehele gesprek lijkt hij zich alleen oprechte irritatie te laten ontlokken als ik hem de vraag stel die volgens mij misschien wel de meest geweldige vraag is uit mijn hele journalistieke carrière. Dankzij een gesprek op een feest, een jaar eerder, kan ik tegen Keith Richards – een van onze grootste nog levende rocksterren – zeggen: 'Keith. Ik kwam vorig jaar Noddy Holder tegen en hij is ervan overtuigd dat jij een pruik draagt.' (Voor niet-Britse lezers: Noddy Holder is de altijd stralende frontman-met-marktkoopman-longen van de Britse glamrocklegende Slade. Denk Robert Plant van Led Zeppelin, maar dan gekleed als een glitterende clown.)

'Nog niet!' zegt hij met oprecht verontwaardigde blik. 'Hé man, wat is er mis met pruiken?'

'Hij denkt dat jij én Mick ze dragen,' zeg ik met gespeelde afkeuring.

'Sodemieter op!' brult Richards. Hij trekt zijn bandana omlaag en laat me zijn haar zien – grijs, een beetje piekerig, maar onmiskenbaar echt. 'Hé Noddy, er zijn belangrijkere dingen in het leven dan haar, weet je. Mick draagt absoluut geen pruik. DAT WEET IK! IK HEB AAN ZIJN HAAR GETROKKEN! Wat mankeert Noddy?'

'Volgens mij is Noddy gewoon heel trots dat hij nog steeds een gigantische afro heeft,' probeer ik.

'Nou, veel meer heeft hij niet,' zegt Keith smalend. 'Goed gedaan, Nod.'

Ons uur zit erop. Keith gaat zich voorbereiden op een nieuwe opnamedag voor *Pirates* – misschien wel het meest nieuwswaardige uitstapje in de showbiz.

'Nog toekomstplannen?' vraag ik terwijl hij zijn sigaretten pakt – waarbij hij nog steeds het Britse pakje ontwijkt.

'Ach weet je, we zullen in de toekomst wel weer gaan toeren,' zegt Keith terwijl hij zijn aansteker in zijn zak steekt. 'Ja. Op tournee. Dat zie ik wel gebeuren. Ik heb een babbeltje gemaakt met... Hare Majesteit. Brenda.'

En Richards verlaat het pand lachend. Hij is weer bezig. Mick op de kast jagen, doen waar hij zin in heeft; Keith Richards zijn, alweer zevenenzestig jaar.

'Ik heb deze baan moeten uitvinden, weet je,' zei hij eerder. 'Er hing geen bordje in de etalage met: GEVRAAGD: KEITH RICHARDS.'

En dat heeft hij verdomd goed gedaan.

Ik denk niet dat ik nog langer kan wachten: volgens mij zou het weleens tijd voor Sherlock kunnen zijn. Sherlock blies me omver zoals ik omvergeblazen wilde worden – hard, snel, grondig en hoewel ik te zeer aan het lachen was om het te merken was het stilletjes en tegelijkertijd ook hartverscheurend.

Ik vond het te gek hoe de show binnenkwam – de deur opentrappend met een keihard 'BAM! En ik ben binnen!' met zoveel zelfvertrouwen dat Twitteraars, toen de eerste aflevering twintig minuten bezig was, riepen: 'Dit zou weleens een van de beste tv-series aller tijden kunnen worden.' Na twintig minuten! Dat is nog eens een betoverende aura voor een tv-serie.

Toen mensen zelfvoldaan zeiden: 'O, dat is alleen omdat je Benedict Cumberbatch een lekkere Sherlock vindt,' was het alsof ze tegen een plant zeiden: 'O, jouw fotosynthese werkt alleen maar dankzij de zon.' Ja, eh... DUH. Dat is wat Cumberbatch/de zon voor mij/een plant doet. Waarom wil je een wonder der natuur wegredeneren? Dan kun je net zo goed een boom een dreun geven. Koop de dvd-box maar gewoon.

Afijn. Hier is mijn recensie van de eerste aflevering, geschreven met een tollend hoofd en een overlopend hart, en een bod op eBay voor een Sherlock-jachtpet-met-kleppen.

Sherlock Recensie 1: Als een jaguar in een cello

O jee. Slechte timing was dat.

In de week waarin cultuurminister Jeremy Hunt zich afvroeg of de kijker 'waar voor zijn BBC-kijk-en-luistergeld' kreeg, heeft zijn theorie een behoorlijke dreun gehad door de komst van *Sherlock*. Het is een tikje gênant om op een zeepkist te staan en een bedrijf af te kraken en wezenlijk verkwistend en zieltogend te noemen, net op het moment dat ze een frisse, geniale knaller van een show over het land uitstorten voor een bedrag van 39 pence per huishouden. En daar krijg je de rest van de BBC-uitzendingen van die dag – in theorie – gratis bij.

De casting was perfect. Benedict Cumberbatch – de eerste Sherlock Holmes-vertolker in de geschiedenis wiens naam belachelijker is dan 'Sherlock Holmes' – was zowel perfect als verbazingwekkend: een acteur die aan een iconisch personage sleutelt en merkt dat hij oneindig veel energie heeft om het geheel voort te stuwen. Hij is zo goed dat ik – al na tien minuten – hardop begon te lachen omdat hij zo heerlijk was om naar te kijken.

Hij ziet er verbijsterend uit, zo bizar als je zou verwachten van De Intelligentste Man Ter Wereld. Met zijn witte ogen, een teint als porseleinklei en een stem alsof er iemand een sigaar rookt ín een concertvleugel, heeft deze Holmes, zoals Cumberbatch in interviews beschreef, 'een bereikbare superkracht'. Hij heeft dan wel geen röntgenogen, maar met zijn superieure deductiegave is Londen voor hem een soort Duplo-spoorbaan: een eenvoudig te analyseren systeem, bevolkt door eenvoudige, plastic mensjes.

Op een bepaald moment scheurt een verdachte van hem weg in een taxi. Holmes kan zich de stratengids en de enige mogelijke route van de taxi voor de geest halen: 'Rechtsaf, stoplichten, oversteekplaats, wegwerkzaamheden, stoplichten.'

Door over het juiste dak te klimmen, een stukje af te snijden via de juiste steeg en heel erg hard te rennen terwijl hij er lekker uitziet, weet Holmes eerder dan de taxi de bestemming te bereiken: zo eenvoudig alsof hij zo groot was als de Telecom Tower, of de Big Ben, en over de stad, die op Baker Street 221b op het tapijt uitgespreid ligt, heen stapt.

Uiteraard maakt een dergelijke opvatting over de mensenmenigte hem een hoog functionerende Asperger/borderline sociopaat. Als hij zich afvraagt waarom iemand nog steeds kapot zou zijn van de dood van haar baby, veertien jaar eerder – 'Dat was eeuwen geleden!' roept hij, driftig als een kind. 'Waarom zou ze daar nog steeds kapot van zijn?' – merkt Holmes dat er een stilte valt.

'Niet goed?' sist hij tegen Watson.

'Niet écht goed, nee,' antwoordt Watson.

Daarom heeft Holmes Watson dus nodig; ze verschijnen in elkaars leven met drie volmaakte pennenstreken in het script. Ja, Watson is onder de indruk van Holmes: 'Dat is ongelooflijk!' zegt hij met stokkende adem als Holmes slechts uit krassen op zijn mobiele telefoon deduceert dat hij een drankzuchtige broer heeft.

'Dat zeggen de mensen meestal niet,' zegt Holmes, blij verrast knipperend. 'Meestal zeggen ze: "Lazer op".'

Maar deze Watson is niet de gebruikelijke brede, conservatieve handlanger. In een rol die zijn optreden als Tim in *The Office* naar de kroon steekt, is Martin Freemans Watson veel complexer en overtuigender. Ja, hij is hier als drakentemmer, om Holmes met een stok te slaan als hij monsterneigingen gaat vertonen en op de meubelen gaat staan. Maar hij is net zo stilletjes verslaafd aan 'het spel' als Holmes, het is een Watson die zenuwachtig bibbert omdat hij de actieve dienst in Afghanistan mist, een gewapende Watson.

Sherlock zit vol vreugde en verrassingen, de lijst is zo lang dat je hem bijna zou afraffelen: Una Stubbs als heimelijk drugsverslaafde hospita Mrs Hudson ('Het was maar een kruidenmiddeltje – voor mijn heup!'), Mycroft Holmes met zijn mysterieuze, kakkineuze, sms'ende, superbeheerste assistente 'Anthea'. De kleine hints dat Holmes wellicht gay zou kunnen zijn. De krankzinnig ruimhartige casting van Rupert Graves als inspecteur Lestrade. De zin: 'Ik ben dol op seriemoordenaars... altijd iets om naar uit te kijken!' En de perfecte plaatsing van de vermoedelijke grote lijn van de serie: 'Holmes is een groot man. En, naar ik hoop, ooit, ook een goed mens.'

'Waar voor je geld' zegt nog niks. Elk detail van deze *Sherlock* is opwindend. Als je bedenkt dat Steven Moffat het schreef in het jaar waarin hij ook de verpletterende, elegante en energieke reboot van *Doctor Who* voor elkaar kreeg, heb je alleen al met Moffats scripts waar voor je £ 142,50 per jaar.

Als de financiering ooit wordt betwist, zal ik het zelf wel betalen. Contant. Afgeleverd aan zijn voordeur. Met een stralend, hopelijk niet-stalkerig 'Bedankt'.

En toen, twee weken later, was het allemaal voorbij: het eerste seizoen telde slechts drie afleveringen. En ik had op eBay de jachtpet-met-kleppen verloren aan iemand in Leicester. Ik was er kapot van.

Sherlock Recensie 2: De smaakmakelijke Cumberbatch

'Maar waarom zijn er maar drie afleveringen?' vroeg Groot-Brittannië, rondneuzend in de tv-gids voor het geval er nog een *Sherlock* onderaan stond die ze over het hoofd hadden gezien. 'Drie maar? Waarom zou je maar drie *Sherlocks* maken? Teevee komt per ZES. ZES is het aantal van teevee. Of TWAALF. Of, in Amerika, ZESENTWINTIG – want dat is een groter land. Maar je hebt nooit drie van teevee. Drie van teevee is VAN DE DUIVEL. WAAROM hebben ze dit gedaan? IS DIT EEN REUS-ACHTIG RAADSEL DAT WE MOETEN DEDUCEREN ZOALS SHERLOCK ZELF?'

Ja dus. Zondag kwam er een einde aan *Sherlock* na een rappe, voorbijflitsende looptijd. Als een soort Usain Bolt van tv werd de finish misschien zo vroeg bereikt omdat de plot simpelweg sneller was dan alle anderen. Hoe dan ook, er bleven schroeiplekken op de renbaan achter: binnen drie weken had de serie alles op zijn kop gezet. Zondagavond was de beste avond van de week geworden. Martin Freeman was niet langer 'Martin Freeman, je weet wel: Tim van *The Office*', maar 'Martin Freeman, je weet wel: Watson uit *Sherlock*'. Steven Moffat had – heel bijzonder – iets in elkaar gedraaid dat zijn eigen *Doctor Who* naar de kroon stak als een serieuze rivaal voor de positie van meest gewaardeerde en rabiaat geadoreerde serie van het land. En Benedict Cumberbatch was uiteraard opgeklommen van gerespecteerde, voor een BAFTA genomineerde acteur naar pin-up, prototype, lekker ding, avatar en roem: de smaakmakelijke Cumberbatch.

'The Great Game' opende met Holmes – onderuitgezakt in een stoel, benen zo lang als de tv breed was – verveeld, schietend op de muur zonder zelfs maar te kijken. Gaatjes schietend in dat beeldige jaren zeventig-behang van Baker Street 221 b; looiig van luiheid.

'Wat jij nodig hebt, is een fijne moord,' tuttelde Una Stubbs als Mrs Hudson meelevend vanuit de gang, 'om je op te vrolijken.'

Dus toen Moriarty kwam spelen, was de vreugde van Holmes over de ophanden zijnde chaos infaam, maar oprecht. Hij kreeg telefoontjes van wenende onschuldigen, vastgebonden met TNT. Moriarty vertelde hun wat ze moesten zeggen: ze geven Holmes elk een cryptische aanwijzing over een onopgeloste misdaad en zeggen dat hij twaalf, tien, acht uur heeft om die op te lossen, anders gaan ze eraan.

Met groeiende verbluffendheid lost Holmes elke zaak op. Aan de waterkant bij Southwark Bridge, met Londen ijzig en grijs achter hem, bekijkt Holmes het aangespoelde lijk dat voor hem ligt en concludeert binnen een minuut dat, omdat deze man dood is, een pas ontdekte Vermeer – die de volgende dag tentoongesteld zal worden – vals moet zijn. Zijn stortvloed aan gevolgtrekkingen is buitengewoon, zijn intellect heeft antizwaartekrachtlaarzen; hij stuitert van het ene inzicht naar het volgende tot hij boven alles uitstijgt.

Tien minuten later staat hij in de museumzaal naar de Vermeer te staren. Hij weet dat het schilderij vals is, maar niet hoe hij dat moet bewijzen. Dan belt Moriarty's nieuwste, met TNT gelardeerde slachtoffer. Er klinkt een klein stemmetje.

'Het is een kind!' Lestrade, Watson en de kijkers gruwelen. 'Een kind!' Het kind begint terug te tellen vanaf tien, Holmes heeft tien seconden om te bewijzen dat de Vermeer vals is. De spanning is krankzinnig – ik bijt van pure narigheid in mijn polsen – maar als het antwoord tot Holmes komt, roept hij het bijna niet op tijd uit: het genoegen dat hij beleefde aan het kraken van de zaak heeft hem in een roes gebracht. Hij is er high van.

Maar er is het hele seizoen toegewerkt naar een ontmoeting tussen Holmes en Moriarty en daar is hij dan eindelijk, in een verlaten zwembad: Jim Moriarty. Jong, glad, Iers.

Sherlock lijkt vreemd genoeg ópgelucht dat hij Moriarty eindelijk ontmoet. Oké, hij is het kwaad zelf, maar hij is tevens ook de enige ter wereld die Holmes niet verveelt. Dankzij hem was de afgelopen week opwindend. Moriarty brengt Holmes tot leven – zelfs als hij hem probeert om te leggen. En Moriarty weet dat.

'Is dat een Browning, daar in je zak, of ben je gewoon blij me te zien?' vraagt hij.

'Allebei,' zegt Holmes in een scène die een onmiskenbare ondertoon van hitsigheid had.

Maar dan verandert alles plotseling. Moriarty weet dat Holmes slecht is voor zijn zaken. En – o ja – Dr Watson staat nog steeds in de hoek, behangen met TNT. Moriarty dreigt hem te laten ontploffen. Dat was ik in alle hitsigheid even vergeten.

'Genoeg geflirt, schat,' zegt Moriarty, als waarschuwing voor Holmes.

Holmes is het met hem eens. 'Er zijn doden gevallen.'

En plotseling komt de akeligheid van Moriarty brullend naar buiten. 'DAT doen MENSEN,' schreeuwt hij – de ogen zo groot en zwart opengesperd dat ik me afvroeg of dat met computeranimatie gedaan was. 'Ik zal je HART eruit BRANDEN,' vervolgt hij, als waarschuwing dat Holmes uit zijn territorium moet blijven, kokend van waanzin. Het was net als die keer dat Christopher Lloyd zijn kwaadaardige cartoonogen laat zien in *Who Framed Roger Rabbit?* Echt afschrikwekkend. Andrew Scott weet van wanten.

En daar lieten we ze vijf minuten later achter, met een cliffhanger. Moriarty's scherpschutters met hun laservizier op de borst van Holmes en Watson; Holmes met zijn wapen gericht op een berg TNT terwijl hij tegen Moriarty zegt dat hij iedereen met alle plezier aan stukken knalt; 'The Great Game' eindigde in schaakmat. Niet echt zo verbazingwekkend als de eerste aflevering – die het televisie-equivalent was van iemand die de deur uit zijn voegen trapt terwijl hij schreeuwt: 'Ik KOM jullie van je stoel BLAZEN!' – maar van een andere klasse dan aflevering twee; en nog steeds met ruime, voelbare, meetbare afstand de beste tv van de hele week.

Met *Sherlock* komt er een einde aan een ronkend charismatische serie die zijn kersenrode zijden voering laat zien in duizend ingehouden details: Holmes die naar *The Jeremy Kyle Show* zit te kijken – 'Natuurlijk is hij de vader niet! Kijk dan naar de omslag van zijn spijkerbroek!' Het strakke een-tweetje van '*Meretricious!*' '*And a happy New Year!*' Een overvloed aan geweldige momenten van Cumberbatch, die met die stem als een jaguar in een cello en dat gezicht als een parelmoeren luiaard, absoluut, echt absoluut een BAFTA zal krijgen voor zo'n enthousiaste, oprechte, sterrenstralende reboot van een icoon.

Niemand twijfelt ook maar een moment dat de BBC doorgaat met *Sherlock* en dat de serie – zolang Steven Moffat en Mark Gatiss over de scripts gaan, zoals bij de eerste en laatste aflevering – alle kijkers zal blijven verrukken.

Maar volgende keer graag in zessen, of twaalven, of vierentwintigen. Niet in drieën. Drieën gaan echt veel te snel voorbij. Nu is de zondag gewoon... weer normaal.

Ik ben nog steeds niet toegekomen aan wat ik voorstel in het volgende stuk. Dat moet ik echt eens doen. Ik word nog steeds achtervolgd door het jongetje op het speelplein. Ik vraag me af wat hij is gaan doen. Ik hoop dat hij zijn look met elk voorbijgaand jaar evenredig heeft laten escaleren, en nu gekleed als fucking Batman door Solihull loopt.

Hallo. Wat zie jij er geweldig uit

Toen ik veertien was, liep ik, als ik me dodelijk verveelde, vaak de acht kilometer naar het centrum, waar ik op het grasveld bij de St. Peterkerk ging zitten om mensen te kijken. Uiteraard keek ik op die leeftijd voornamelijk naar jongens. En uiteraard, gezien het feit dat ik in de motregen naar ze zat te staren, met – het is een lang verhaal – een rood geruite badjas in plaats van een jas, staken ze de straat over en liepen ze een winkel in om me te ontwijken. Maar toch bleef ik kijken. Ik keek en keek en keek. Ze konden me letterlijk niet tegenhouden. Wie de docu *De Mensentuin* van Desmond Morris heeft gezien, zou zeggen dat ik mensen bestudeerde alsof het dieren waren, maar ik weet beter. Het was veel structuur- en gedachtelozer. Ik zat werkelijk gewoon te staren, als een beuzelaar met een doorgetrokken wenkbrauw zat ik naast de dorpsput een stukje onbehagen te creëren.

Volgens mij dacht ik in die tijd dat ik, als ik maar lang genoeg naar mensen – vooral jongens – keek, 'het' op de een of andere manier door zou krijgen. Dat ik geen idee had wat 'het' was, is natuurlijk een van de kenmerken van de puberteit. Als ik per se geld had moeten inzetten op wat 'het' zou kunnen zijn, dan was het helaas niet geweest: 'Of mijn leven oneindig veel beter zou zijn als ik die badjas niet meer zou dragen, normaal probeerde te zijn en toch maar een jas zou aanschaffen.' Ik was, dat moge duidelijk zijn, volstrekt kansloos.

Nu kijken we natuurlijk allemáál naar mensen. Dat kunnen we niet helpen. De mens heeft heteluchtballonnen, klimijzers, mijnschachten en onderzeeërs. De mens is op de maan geweest. Waar we ook kijken, staan mensen in de weg; ze hangen aan ladders, vallen uit ramen, komen met hun gezicht iets te dicht bij dat van jou om te vragen of alles goed met je is. Overal waar we kijken, staan mensen in beeld. De mens is een soort screensaver van de natuur.

Maar een van de dingen die ik zo heerlijk vind in dit land is dat we niet, nóóit, naar elkaar staren. De Britten zullen elkaar nooit de hele dag staan aangapen in de miezerregen, hoe raar we er ook bij lopen. De complete cast van *Priscilla, Queen of the Desert* zou bij Starbucks kunnen binnenlopen terwijl er zuurstokkleurige valkparkieten uit hun kapsel opstijgen, en – na een korte blik omhoog – zou iedereen zich weer vlijtig op zijn krant storten, alsof de deur slechts was open geblazen door de wind. Wij weten dat, in een krap, druk land, de essentie van beleefdheid het negeren van zowat iedereen om ons heen is.

En toch... toch bedroeft mij dat ook. Want het betekent weliswaar dat we geen paniek veroorzaken in het hart van hen die zweterig, gekweld of misvormd zijn, maar het betekent dat wij, met het Olympisch Staarcomité, ook geen gouden medailles uitreiken aan hen die het kijken wáárd zijn.

Jawel. Ik heb het over mensen die er smakelijk uitzien. Mensen die er heel erg lekker uitzien. Niet per se klassieke schoonheden als model Kate Moss of voetballer George Best. Maar mensen die een geweldige outfit hebben samengesteld, iets leuks met hun haar hebben gedaan, hun schoenen artistiek met hun armbanden laten vloeken of er echt voor gaan en hun pony touperen tot die eruitziet als een pet. Heterojongens in roze Nu Rave hoodies. Bejaarden met knalrode ballerinaatjes. Serveersters met jaren veertig-kapsels. Ghanese meisjes met vlechtjes en paardrijbroeken die door de Topshop draven alsof het een dressuurwedstrijd betreft. Dat zijn mensen die wíllen dat je naar ze kijkt. Zij volgen het motto van Quentin Crisp – ze leven hun leven alsof ze in een film spelen. Maar het tragische is dat het, doordat ze in Groot-Brittannië wonen, een film is die tersluiks wordt bekeken, een enkele seconde maar, en daarna nadrukkelijk genegeerd.

Voor wie, net als ik, gelooft dat de volgende stap in de menselijke evolutie geen enorme sprong in intelligentie of een gedeeltelijke DNA-vermenging met robots zal zijn, maar dat we ons met z'n allen consequent beter gaan kleden, is dat een misdaad tegen Moeder Natuur zelf.

Voorbeeld: ik was vorige week in een park in Solihull. Het begon langzaam – zoals alle parken uiteindelijk halverwege een natte septembermaand – een beetje te lijken op een bord sufgekookte kool, met een paar schommels erin. Aan de rand van het skatepark zat een jongen van een jaar of vijftien die duidelijk ergens in de maanden daarvoor de film *The Dark Knight* had gezien, en die nu graag de Joker wilde zijn. Die dag gaf hij daar uiting aan door zich geheel in het zwart te steken – skaterbroek, knielange jopper, gebreide muts. Toen hij zijn jas uitdeed, bleek hij een kort, zwart giletje over een wit shirt aan te hebben – een overhemd dat opwindend dicht bij een blouse kwam.

Terwijl de andere kids aan het skaten waren – met nietszeggende broeken en grauwbeige T-shirts aan – leunde hij tegen het klimrek, rookte een sigaret en fotografeerde de anderen met een indrukwekkend ouderwetse Nikon. Nu maak ik mezelf heus niets wijs. Ik weet dat die foto's waarschijnlijk bar slecht waren, er een kans van één op drie was dat hij kanker zou krijgen van die sigaretten en dat hij naar alle waarschijnlijkheid nogal een eikel was. Maar ik vond hem geweldig. Ik vond het geweldig dat hij zijn outfit benaderde als een klimaatgecontroleerd ruimtepak dat hem afschermde van de wereld waarin hij zich feitelijk bevond. Ik vond het geweldig dat zijn kleding een signaal was voor enigszins gelijkgestemden – de openingszin van een gesprek, die je aan het andere eind van het park kon horen.

Maar terwijl ik naar hem keek, werd ik bekropen door een zekere melancholie. Ik was bang dat hij, zonder de steun van een toekijkende wereld – een paar opgestoken duimen hier, een 'leuk, joh' daar; misschien een paar knipogen van een buschauffeur – op den duur de loodzware verleiding van de trainingsbroek en de Nike-hoodie niet zou kunnen weerstaan, en dat hij het mooi zijn zou opgeven. Cool zijn heeft een paradox in zich, zo leerden mij de jaren dat ik popsterren, acteurs en meer van dat soort culturele bakens interviewde. Allemaal hebben ze als een van de kleine drama's van cool zijn ervaren dat mensen die net zo cool zijn te cool zijn om je te komen zeggen dat je cool bent – want dat is nou eenmaal niet cool. En zo wordt geleidelijk de hele aardigheid van cool zijn uitgehold.

Dus wat coole mensen nodig hebben, is een starend, onnozel, beslist on-cool persoon die ze komt vertellen dat zíj wél cool zijn.

Daarom ben ik van plan duizend ouderwetse visitekaartjes te bestellen – ecrukleurig, lettertype Verdana, eenzijdig bedrukt. Er komt op te staan: 'Ik wou je even laten weten dat je look mij bijzonder aanspreekt.' En dan ga ik door Londen wandelen en ze uitreiken waar en wanneer daar duidelijk behoefte aan is.

Deel 2

Homoseksuelen, transseksuelen, dames en internet

Waarin we met een wijdlopige analogie over een pelikaan eisen dat er vrouwenquota komen bij bedrijven en diensten, lekker de nerd uithangen bij de gayste SF-serie aller tijden – Doctor Who – en te berde brengen dat internet is uitgevonden door mensen en niet door dystopische robots of Satan.

Maar eerst terug naar mij en Pete in bed.

Je zou kunnen denken dat er te veel van dit soort gesprekken plaatsvinden. Op basis van die gedachte zou je onmiddellijk een hartelijk en wederzijds bevredigend gesprek met Pete kunnen beginnen.

'First Time Ever I Saw Your Face'

Het is 23:38 uur. De kinderen slapen eindelijk. De vossen zijn nog niet begonnen met hun nachtelijk spektakel van container-duiken, vuilniszakscheuren en ruige vossenseks. Dit is het Gouden Uur. Het is vredig. Het is tijd om te slapen.

'Pete?'

'Nee.'

'Pete?'

'Nee.'

'Pete?'

'Ik slaap. Nee.'

'Pete... waar denk je als eerste aan als je aan mij denkt?'

'Wat?'

'Als iemand mijn naam noemt, of als je aan me denkt, welk beeld komt er dan als eerste in je op?'

'Vergeet alsjeblieft niet dat ik net "ik slaap" zei. Doe me een lol.'

'Bijvoorbeeld,' zeg ik, terwijl ik mijn 'Interessant Gesprek'-positie inneem. Ik heb mezelf nieuwsgierig gemaakt met die vraag. Het is een goede vraag. 'Als ik bijvoorbeeld aan jóú denk, dan zie ik je meteen – razendsnel – bij de keukentafel staan met een vest aan, kijkend naar een stapel nieuwe platen die je net gekocht hebt. Je hebt er eentje opgezet en je stuitert een beetje mee met de beat terwijl je een stuk brood met boter eet en wacht tot het theewater kookt. Misschien neurie je er een beetje bij. Dat is mijn eerste beeld van jou. Dat is je essentie. Dat is waar ik aan denk als ik aan jou denk. In de keuken, met je platen, helemaal tevreden.'

Er valt een lange stilte. Pete lijkt een voorzetje nodig te hebben.

'Dat is waar ik aan denk als ik aan jou denk,' herhaal ik. 'En hoe zit dat met mij? Wat zie jij voor je als iemand mijn naam noemt? "Cate." Wat gaat er dan door je hoofd? "Cate." "Cate." Wat zie je? "Cate." "Cate." "Cate." "Cate." Wat krijg je door? "Cate."'

Het blijft weer stil.

'"Cate,"' zeg ik behulpzaam. Derde stilte.

'Je gezicht?' antwoordt Pete ten slotte.

'Mijn gezicht?'

Ik ben ontzettend teleurgesteld.

'Mijn gezicht?' herhaal ik. 'Ik zie een compleet decor met jou erin, ik zie zelfs welke plaat je in je hand hebt: *The Best of Atlantic Psychedelic Funk*. Het is een uitklaphoes – en dan zie jij alleen... *mijn gezicht?*'

Ik ben vastbesloten Pete ervan te overtuigen dat hij meer ziet. Het kan niet wáár zijn dat hij alleen mijn gezicht ziet. We zijn zeventien jaar bij elkaar. Ik heb een rijkdom aan beelden in zijn kop geblazen. Ik heb hem een visueel liefdespakhuis voorgeschoteld. De hoeveelheid materiaal is oneindig. Voorbeeld: hij heeft me verkleed gezien als 'sexy Santa' waarbij ik van een poef op wieltjes viel. Hij heeft genoeg voer.

'Oké,' zeg ik geduldig. 'Laat je blik van mijn gezicht omláág glijden. Wat heb ik aan?' Wat mij betreft zijn dit strategische vragen. Ik wil weten wat, in Pete's hoofd, mijn 'klassieke tijdperk' is – mijn majesteitelijke fase. Herinnert hij me het duidelijkst uit de eerste jaren van onze relatie, toen ik een jonge, enigszins bekommerde tiener was met een succesvolle lijn zelfgemaakte hasjpijpen, maar ook met de bedauwde aantrekkingskracht van de onschuld, en de jeugd? Of verkiest zijn onderbewustzijn mij zoals ik nu ben, een veel rationelere moeder van twee kinderen wier knieën het langzaam begeven, en die 'Oeff!' zegt als ze gaat zitten, maar die hem ook nooit meer wenend zal wakker maken omdat de verwarming midden in de nacht is aangesprongen en ze denkt dat haar benen vastgesmolten zijn aan de radiator?

Er valt weer een stilte.

'Je hebt je blauw-met-wit gestreepte pyjama aan,' zegt hij uiteindelijk zelfverzekerd.

Dit keer ben ik even stil.

'Een blauw-met-wit gestreepte pyjama?' herhaal ik gekwetst. 'Ik heb nooit een blauw-met-wit gestreepte pyjama gehad.'

'Wel waar!' Pete klinkt wat paniekerig. 'Vroeger! Een blauw-met-wit gestreepte pyjama.'

'Pete,' zeg ik uiterst koel, 'ik ben een vrouw. Ik kan me elk kledingstuk dat ik ooit heb gehad nog exact herinneren. En ik kan je zeggen... ik heb nooit een blauw-met-wit gestreepte pyjama gehad. Weet je zeker dat je me niet verwart met dat jongetje uit *The Snowman*?'

'Het is veel te laat op de avond om me te laten beschuldigen van denkbeeldige pedofilie met een cartoonjongetje,' zegt Pete wanhopig. 'Voor de zoveelste keer. En bovendien, je had wél een blauw-met-wit gestreepte pyjama.'

'Ik heb ooit een blauw-met-witte *paisley* pyjama gehad,' zeg ik knarsetandend.

'Dat zeg ik!' zegt hij triomfantelijk. 'Daar doe ik het voor!'

'Nee!' zeg ik woedend. 'Dat is geen *herinnering*. Dat is geen echte *herinnering*. Je hebt die pyjama verzonnen. Je hebt gewoon maar een... fantasieversie van mij in je hoofd.'

'Een fantasieversie van jou! Net of ik mijn brein ingegaan ben, een plaatje van je gezicht heb uitgeknipt en dat op een foto heb geplakt van... Carol Chell van *Playschool*,' zegt Pete geagiteerd.

'Carol Chell van *Playschool*?' vraag ik.

'Dat is een heel mooie, vriendelijke vrouw,' zegt Pete op ferme toon die elke onderhandeling uitsluit.

'Carol Chell. Zo,' zeg ik, mijn blik naar het plafond gericht. 'Carol Chell dus. We zijn vanavond een hoop wijzer geworden, hè. Echt een stuk wijzer.'

Ik vul de kamer met een geërgerde sfeer. Eens kijken of dít je bijblijft, denk ik.

De gay maanlandingen

Vorige week was ik een snelle YouTube-compilatie aan het samenstellen van de mooiste momenten van de mensheid – ach ja, wat kan ik zeggen? De kinderen zijn nu zeven en negen; weekendactiviteiten behelzen niet langer cupcakes en kleurboeken – en toen kwam ik op een penibel feit: er is geen gay maanlanding.

Er zijn iconische foto's van ieder ander verpletterend moment in de ontwikkeling van de mensheid. De Burgerrechtenbeweging heeft Martin Luther King met zijn toespraak. De Engelse beweging voor het vrouwenkiesrecht heeft Emily Wilding Davison die zich voor het renpaard van de koning wierp, met dodelijk gevolg. De triomfen der medische wetenschap: de muis met het oor op zijn rug. En de ruimterace heeft natuurlijk de maanlanding – met Neil Armstrong die de duurste voetafdruk in de geschiedenis achterlaat.

Maar er is geen iconische nieuwsfoto voor homorechten. Je kunt geen clipje van vijf seconden gebruiken om een moment aan te geven dat het beter begon te worden voor de LGBT'ers. De Stonewall-rellen in New York, in 1969, vormen natuurlijk een duidelijk keerpunt, maar de beeldopnamen ervan hebben onderschriften nodig om uit te leggen wat er aan de hand is. Zonder dat lijkt het gewoon een menigte mannen aan het eind van de jaren zestig met een bovengemiddelde uiterlijke verzorging tijdens een uiterst ongewenste evacuatie wegens een discobrand, waarbij ze klappen krijgen van een hoop politiemannen.

Wie in die tijd ging stappen in de ruigere gedeelten van de Engelse Midlands, of in Essex, zal soortgelijke taferelen hebben gezien. Bijzonder gay is het allemaal niet.

Verontrust door het gebrek aan relevante nieuwsbeelden heb ik op Twitter de vraag gesteld wat mensen zouden beschouwen als hypothetische 'gay maanlanding'. Er kwamen tientallen reacties: David Bowie en Mick Ronsons homo-erotische schermutseling in *Top of the Pops*, John Hurt als Quentin Crisp in *The Naked Civil Servant* – stom door lipstick, blind door mascara en moedig als een leeuw. Rudimentair tienergefoezel/ontluikende emancipatie in *My Beautiful Laundrette* en *Oranges Are Not The Only Fruit*. Cindy Crawford – hetero – die op de voorkant van de *Rolling Stone* heel dienstbaar een stralende k.d. lang inzeept met scheerschuim.

Al die voorbeelden denderden de woonkamers in en zetten dingen in gang: gesprekken; inzichten over seksualiteit; voor het eerst het idee dat er een toekomst mogelijk was. In die zin – miljoenen lichtjes die in miljoenen hoofden aangingen – waren dát nieuwsfeiten; al haalden ze dan feitelijk nooit het nieuws.

Want het opvallende was dat bijna elk aangedragen voorbeeld van een gay maanlanding uit de wereld van popmuziek, tv, tijdschriften of film kwam. De geschiedenis van homorechten en homo-ontwikkeling omvat belangrijke toespraken, wetgeving, demonstraties en rellen, maar de meerderheid van de grote omwentelingsmomenten vond plaats in de culturele wereld. In *Top of the Pops* kon je prima gay zijn, jaren voordat je gay kon zijn in het parlement, of gay in de kerk, of gay op het rugbyveld. En niet alleen in de homowereld werkt de vooruitgang op die manier: in 24 zat al een zwarte president, jaren voordat die in Amerika werd gekozen. Jane Eyre was al een feministe voordat Germaine Greer geboren werd. *Le Voyage dans la lune* zette in 1902 al mensen op de maan.

Daarom hebben de recente discussies over het belang van de

cultuursector in de kern een ongelukkige beoordelingsfout. Zowel aan de bezuiniging op cultuur – een groot deel van de subsidies op kunst en cultuur is afgeschaft – als aan de aanname dat door de bezuinigingen op het onderwijs de vakken kunst, drama en muziek 'weggedrukt' zullen worden, ligt onbewust het idee ten grondslag dat cultuur een soort... sociale luxe is: het nationale equivalent van de aanschaf van een stel veel te dure sierkussens en een grote kaars van een duur warenhuis. Openbare orde en defensie zijn natuurlijk nog steeds 'essentiële zaken' – de koelkasten en dekbedden in de hypothetische twee-onder-een-kapwoning van ons land.

Maar cultuur – schilderkunst, poëzie, film, tv, muziek, boeken, tijdschriften – is een wereld die gelijktijdig en parallel loopt met onze eigen wereld, en waar we ons andere toekomsten voorstellen – met miljoenen tegelijk – en die uitproberen. Fantasiepersonages kunnen zoenen en wij, als natie, kunnen voor onszelf uitvogelen wat we daarvan vinden zonder echte verlegen, lesbische tieners met vreselijke truitjes te moeten inzetten, waardoor iedereen beleefd kan blijven.

Twee van de gay maanlandingen die op Twitter werden voorgesteld waren de tv-serie *Queer As Folk* uit 1999 en Captain Jack die in 2008 Doctor Who zoende – bij toeval allebei geschreven door Russell T. Davies. *Queer As Folk* werd een gay maanlanding genoemd omdat het destijds de eerste gay dramaserie was, wat aanleiding was voor totale, vrolijke verontwaardiging. De homozoen in *Doctor Who* was een gay maanlanding omdat die totaal niet leidde tot verontwaardiging. Er zat maar negen jaar tussen die twee tv-programma's. Dat zou ik absoluut een nieuwe grote stap voor de mensheid noemen.

Maar misschien heb ik het hier bij het verkeerde eind. Misschien hoef ik helemaal niet te zoeken naar een gay maanlanding. Op Twitter betoogde iemand: 'De maanlanding is op zich behoorlijk gay. Een hecht groepje mannen landt in een zilveren raket, er wordt een zeer theatrale toespraak gehouden en dan springen ze een halfuur op en neer? Hou op, zeg.'

Laten we het stuk over de 'gay maanlandingen' in dit boek naast mijn stuk over transseksuelen zetten – zo krijgt dit boek een klein LGBT-getto. Op deze pagina's vind je veel betere deli's en bars dan in de rest van het boek, en bovendien een taxibedrijf dat wordt gerund door een drag queen die een Grease-act doet onder de naam 'Sandra Wee'. Op vrijdagavond kun je me meestal op deze pagina's vinden – met maar één schoen aan, terwijl ik 'Womanizer' van Britney Spears zing met een mannelijke verpleegkundige met een sombrero, en met poppers in het rond zwaai.

Wij hadden in Wolverhampton maar twee transseksuelen

In 1991 hadden we in Wolverhampton twee man-naar-vrouw-transseksuelen, die altijd en eeuwig om twee uur 's nachts, na een avond stappen, in de snackbar aan het einde van Victoria Street stonden te ontnuchteren met een patatje currysaus.

Als ik langsreed in bus 512 voelde ik een zekere verwantschap met ze – een verwantschap die ik door het glas heen probeerde over te brengen.

Ik heb ook het gevoel alsof ik in het verkeerde lichaam ben geboren! dacht ik keihard in hun richting. Jullie zaten ongelukkigerwijs opgesloten in een mannenlichaam. Ook ik zit ongelukkigerwijs opgesloten – in het lichaam van een dikke maagd met een beroerd geknipt kapsel. Kon *ik* me daar maar voor laten opereren, net als jullie, jongens – dames, bedoel ik.

Afgelopen september werd ik eraan herinnerd hoe achterlijk ik toen was, toen een tienjarige jongen na de zomervakantie op school terugkwam als meisje. Zoals de media lieten zien claimden sommige ouders van die school dat het een 'schande' was.

'Ze hadden met ons moeten overleggen,' zei een van hen – waarschijnlijk denkend aan een scenario waarbij de ouders geregeld de opvoeding van hun kinderen ter discussie stellen voor een schoolcomité van andere ouders; mogelijk via een Facebookpagina met de titel *Penis of vagina: kiest ú maar wat het beste bij mijn huilende kind past.*

Toen kondigde het ministerie van Onderwijs vorige week aan dat ze overwogen schoolkinderen voor te lichten over gelijkheid voor transgenders – wat opnieuw aanleiding was tot een voorspelbare reeks klachten.

Margaret Morrissey, oprichtster van de campagnegroep *Parents Outloud*, zei: 'Wij overladen onze kinderen met kwesties waar ze zich niet mee bezig zouden moeten houden.'

Dat is een interessant standpunt, vooral vanwege de onappetijtelijke en extreme lompheid. We moeten bedenken dat de term 'onze kinderen' zowel transgenderkinderen (0,1% van de bevolking) inhoudt als kinderen die leven in een wereld met transgenderkinderen (de andere 99,09%) – dus 100% van alle kinderen op de wereld.

Met dat soort cijfers lijkt het een goed idee om kinderen de kans te geven om er lekker vroeg over te horen – voordat ze die rare ideeën van veel volwassenen krijgen. We onderschatten kinderen in dit soort situaties altijd. Ik weet nog dat in mijn tienertijd de suggestie van 'lessen' over homoseksualiteit werd afgekeurd, ook toen omdat dat 'te ingewikkeld' zou zijn. Een generatie later zie ik kinderen op de speelplaats ruziën over wie de biseksuele Captain Jack Harkness uit *Doctor Who* mag spelen – die viel op Rose én Doctor Who. Niet alleen lijken ze dat idee heel makkelijk te hebben geaccepteerd, maar ze gebruiken het zelfs in hun spel over tijdreizen, wormgaten en paradoxen.

En trouwens, als algemene stelregel denk ik niet dat we ons

erg bezorgd hoeven maken dat we kinderen overbelasten met interessante filosofische onderwerpen die hen helpen begrip en tolerantie voor andere mensen te ontwikkelen. Dat is alsof je je zorgen maakt dat The Beatles *Sgt. Pepper* 'te goed' gemaakt zouden hebben. Dat is de bedoeling. Door met je leven! Niks aan de hand!

Een van de minder lieflijke trekjes van de mensheid is de gave om gekwetst, zelfingenomen en arrogant te reageren op andermans problemen. Het is ongelooflijk dat 'normale' mensen tegen een transgenderkind zouden zeggen: 'Maar ikke-ikke-ikke dan? En mijijijijijijijn kinderen?' Dat is net zoiets als vaders die op de kraamafdeling klagen dat ze uitgeput zijn.

Als militant feministe vind ik het altijd triest om andere feministen te zien uitvaren tegen man-naar-vrouw-transgenders – omdat ze claimen dat je alleen als vrouw gebóren kunt worden, je kunt geen vrouw wórden.

Teringjantje, dames... wat denken jullie dat hier mis is? Je mannelijke genitaliën tot vrouwelijke laten verbouwen en daarna vastzitten aan levenslange hormoontherapie, dat alles klinkt als ietsje meer toewijding aan het vrouw-zijn dan toevallig als vrouw geboren worden. En trouwens, het is een onvoorstelbaar onhartelijk standpunt. Wat mij betreft is iedereen die wil toetreden tot de Damespartij van harte welkom. Hoe meer zielen, hoe meer vreugd! Iedereen die wordt afgewezen door De Man is mijn vriendin!

Maar afijn. Sinds de tijd dat ik als beroerd geknipte zestienjarige in die bus zat, heb ik geleerd dat 'normaal' niet het juiste woord is, dat is 'cis'. In het Latijn is het tegenovergestelde van 'trans' dus 'cis' – waardoor het grootste deel van de mensheid 'cisgender' is. Daarmee biedt de taal een mogelijke nieuwe stap: dat we het 'anders-zijn' van transgenders eindelijk fascinerend en nuttig gaan vinden. We zullen satellieten de ruimte in schieten, op zoek naar nieuwe en verrukkelijke wonderen, maar we zouden ook gewoon mensen om ons heen kunnen aanspreken en vragen naar hun leven. We discussiëren eindeloos over wat het is om een man te zijn, of wat het is om een vrouw te zijn, terwijl er mensen op aarde rondlopen die het allebei zijn geweest. Als er geen transgenders waren, zouden we waarschijnlijk miljarden uitgeven om ze uit te vinden. In plaats daarvan vertellen we kinderen niet eens dat ze bestaan.

Is het nu tijd voor mijn Lady Gaga-interview? Laten we mijn Lady Gaga-interview doen – dit is immers het homogetto van het boek en Gaga is de homovriendelijkste popster aller tijden.

Gaga interviewen was een van de opmerkelijkste momenten van mijn leven. Niet alleen die avond stappen met haar, waarover je alles in het artikel kunt lezen, maar ook de reactie achteraf. De dag dat het uitkwam, zette ik het op Twitter met de boodschap: 'Ik zeg dit niet om jullie te dollen, maar je zult echt nergens een beter interview met Lady Gaga lezen dan het mijne.' Dat kwam vooral omdat ik dronken was toen ik dat twitterde, maar ook omdat de lupusprimeur erin zit, en een seksclub, en dat ze gaat piesen, en een stimulerend gesprek over feminisme, en dat we ons klem zuipen, en dat ik exclusief mocht ontdekken dat ze geen penis had, en dat ik een couturecape verruïneer. Alles wat je wilt, eigenlijk.

In de drie dagen na verschijning zijn mijn tweet en de link naar het artikel ruim twintigduizend keer ge-retweet. Het ging de wereld rond. Ik heb geen idee hoeveel mensen het gelezen hebben en zeiden dat ze het goed vonden – vooral omdat ik een waardeloos korte- én langetermijngeheugen heb. Mijn favoriete complimentgever was een of andere knappe, oranje kerel die ik tegenkwam bij de Glamour Awards in 2010. We stonden in de rookruimte met een sigaretje en toen ik vertelde wie ik was, zei hij: 'O, jij! Jij bent naar die seksclub geweest met Gaga!' en we raakten gezellig aan de praat. Tijdens ons hele gesprek was ik me bewust van een vreemde sfeer om ons heen. Vrouwen verzamelden zich in een halve cirkel en keken ons aan met een blik die alleen te beschrijven valt als 'hongerig'.

Toen we eindelijk ons sigaretje ophadden en elkaar adieu zeiden en Mr Oranjio wegliep, riep een vrouw die eruitzag alsof ze elk moment kon *flauwvallen:* 'Hoe IS ie nou? NIET TE GELOVEN DAT JE MET HEM STOND TE PRATEN!'

Bleek dat ie een of andere vent was uit Sex and the City van wie alle meiden gek zijn. Ik had geen idee. Ik heb een schurfthekel aan die serie. Ik dacht dat ie de pr-man was van Vaseline Intensive Care, de sponsor van het gala. Geen wonder dat hij vaag keek toen ik vroeg of hij zijn werk mee naar huis nam en gebruikte om zijn ellebogen zacht te houden.

Op datzelfde feest sprak ik trouwens tien minuten lang met een vrouwtje met een tiara, denkend dat ze de moeder van de hoofdredactrice van Glamour was – en dat bleek de minister van Binnenlandse Zaken te zijn, Theresa May. Ik ben niet zo goed met gezichten.

Kom feesten met Gaga

Als je een vliegtuig zonder jou ziet vertrekken, raak je pas echt gefocust op hoe graag je erin had willen zitten. Terwijl vlucht BA987 scherp opstijgt en de reis naar Berlijn begint, kijk ik het vliegtuig na door een raam in de vertrekhal – het ticket voor stoel 12A nog in mijn hand.

Door een reeks nogal onwaarschijnlijke gebeurtenissen kwam ik drie minuten na het sluiten van de incheckbalie op Heathrow aan. Hoewel het nooit leuk is om een vlucht te missen, is het dit keer helemaal een stemmingsverzieker omdat ik over vijf uur een interview moet doen met misschien wel de beroemdste vrouw ter wereld – Lady Gaga – voor een exclusief artikel dat maanden van telefoontjes, konkelen en manipuleren heeft gekost om het voor elkaar te krijgen.

Het is niet eens zozeer dat ik nu bijna zeker ontslagen zal worden. Sinds ik erachter ben hoeveel het model Sophie Anderton verdiende als chique callgirl is mijn overtuiging dat ik verder wil als schrijver bij *The Times* toch al aan het wankelen, als ik eerlijk ben.

Het is meer dat ik er oprecht kapot van ben dat ik zo spectaculair heb misgekleund. Sinds ik Gaga vorig jaar op het Glastonbury Festival 'Poker Face' zag spelen, ben ik een echte, rabiate bewonderaar.

Halverwege de set van drie kwartier, met vijf kostuumwisselingen, kwam Gaga het podium op in een jurk die geheel was opgetrokken uit doorzichtige plastic bollen, gezeten aan haar bijpassende, doorzichtige plastic-bollenpiano. Je kunt alleen maar respect hebben voor een vrouw die haar outfit aan haar instrument kan aanpassen. Hoewel de single 'Poker Face' een energieke, onrustig bonkende Euro-house hit is, begon Gaga het op haar piano te spelen als een authentieke blues – allemaal omgekeerde akkoorden en rollende kwinten, met tuimelende, hartverscheurende *blue notes* van haar linkerhand; weeklagend als Bessie Smith om vier uur 's nachts op de stoep.

Het was al ongelooflijk vóór ze de tweede helft van het nummer inzette, staand op haar pianokruk, op één been, als een piepkleine travestie-ballerina.

Twintig minuten later beëindigde ze haar set letterlijk achterovergebogen om haar publiek te behagen, met vuurwerk dat uit de tepels van haar puntbeha schoot terwijl ze schreeuwde: 'Ik vind je lekker, Glastonbury... Vinden jullie mij ook lekker?' Het publiek ging volledig, totaal, krankzinnig voor haar uit zijn dak.

Dat bracht mij op deze – nooit eerder vertoonde – gedachte: bij haar vergeleken is Madonna een tikje slap en fantasieloos. Ga maar na, toen Madonna drieëntwintig was, werkte ze nog bij Dunkin' Donuts in New York. Toen speelde ze echt geen rollende kwinten.

Sindsdien volg ik haar carrière zoals jongens een sportclub volgen. Als cultuuricoon bewijst ze vrouwen een enorme dienst: het zal immers lastig zijn om een generatie te onderdrukken die is opgegroeid met popsterren met vuurspuwende tieten.

Ze is duidelijk intelligent en duidelijk heel geestig – ze verscheen op de Royal Variety Performance met een vijf meter hoge piano naar het voorbeeld van Dali's olifanten op spinnenpoten – maar heeft de lol er nooit afgehaald door te zeggen: 'Ik ben overigens intelligent en heel geestig,' zoals bijvoorbeeld Bono zou doen.

En het belangrijkste is dat het haar duidelijk geen f*** uitmaakt wat mensen over haar zeggen. Toen ze in *X-Factor* kwam spelen, had Simon Cowell een week eerder gezegd dat hij 'zocht naar de nieuwe Lady Gaga'. Ze zong 'Bad Romance' in een badkuip van vijfenhalve meter, met zes dansers, en speelde vervolgens een pianosolo op een toetsenbord dat verstopt zat in een namaakwastafel, zittend op een namaaktoilet. Zoiets zou Simon Cowell natuurlijk in geen miljoen of miljard jaar een contract aanbieden. Ze zette hem zwaar op zijn nummer.

Dus ja, ik ben een Gaga-fan. Ik ben van Team Gaga. Ze is mijn meissie. Mijn Arsenal van de popmuziek; Red Sox van de dans; Engeland van de mode.

Terwijl ik op Heathrow bezig ben met de rompslomp van het boeken van de eerstvolgende beschikbare vlucht – waarmee ik twee uur later dan mijn geplande interview in Berlijn aankom – weet ik wat me aan de andere kant zal wachten. Kwade Amerikanen. Zeer kwade Amerikanen van haar managementteam.

Want in het jaar sinds Glastonbury heeft Gaga semilegendarische proporties aangenomen, zoals Prince of Madonna. Sinds ze vijftien miljoen albums en veertig miljoen singles heeft verkocht en vaste gast in de roddelpers is geworden, geeft ze nog maar zelden interviews. Het laatste interview dat ze in Engeland deed – met *Q Magazine* – liep erop uit dat ze halverwege in tranen vertrok. Paparazzifoto's waarop ze er spichtig uitziet – vol schrammen en blauwe plekken – suggereren die uiterst vrouwelijke kant van stress: eetstoornissen, zelfverminking. Er zijn inzinkingen geweest: last minute annuleringen van concerten in

Indiana, West Lafayette en Connecticut na hartritmestoornissen en uitputting; een bijna-inzinking op het podium in Auckland.

Als je net door *Time Magazine* bent uitgeroepen tot een van 'De Honderd Invloedrijkste Mensen Ter Wereld', is het traditie dat men verwacht dat je een tikje... Jackson wordt.

Het is ongelooflijk dat ik überhaupt ooit toestemming heb gekregen voor een gesprek – en nu laat ik haar zitten, niet te geloven.

Ik zou oprecht, schreiend dankbaar zijn als ik ook maar tien minuten mag praten met een gepikeerde megaster die een gigantische scène trapt en al mijn vragen beantwoordt met eenlettergrepige 'ja/nee' eenduidige ergernis.

Dit is de ergste dag van mijn leven waar geen gynaecologische inknipperij aan te pas komt.

'HOI!'

Gaga's kleedkamer, backstage in de 02 World Arena in Berlijn. Door de zwarte draperieën aan de muren en het plafond lijkt het net een pop-gothic harem. Maar kerkachtige geurkaarsen, een prachtige vintage platenspeler op de vloer – omgeven door stapels vinyl – en kunstwerken aan de muur geven het geheel een vrolijke sfeer. Er staat een tafel, gedekt met mooi servies. Er staan bloemen te groeien in het donker. En aan het hoofd van de theetafel, tussen de bloemen: Gaga.

Twee dingen vallen onmiddellijk op. Ten eerste dat ze écht niet casual gekleed is. Ze draagt een zilvergrijze pruik tot op haar borst met een zwart kanten sluier om haar gezicht gewikkeld en zit daar, omlijst door een immense, speciaal voor haar gemaakte, unieke cape van Alexander McQueen. Dat geeft je het gevoel alsof je bent binnengeleid voor een audiëntie met een uiterst machtige sprookjeskoningin: mogelijk eentje die onlangs de legendarische leeuw Aslan heeft omgebracht op de Stenen Tafel.

Het tweede dat je opvalt is dat ze aardig doet. Ontzettend aardig. Zowel letterlijk als figuurlijk is degene onder de sluier en cape een piepklein, goed opgevoed, katholiek meisje uit New York uit een rijk middenklassegezin, met fonkelende bruine ogen en een brutaal gevoel voor humor.

'Daar ben je eindelijk!' zegt ze, terwijl ze me een dikke, warme knuffel geeft. 'Wat heb jij een vreselijke dag! Wat ontzettend fijn dat je kon komen!'

Ik hou haar even vast en – door de tafzijden dampkring van opbollende McQueen – voelt ze bijna zo minuscuul als Kylie Minogue, maar warm en robuust. Als een slanke tiener, een cheerleader. Dat is een grote verrassing, gezien de eerder genoemde aanname dat ze aan het instorten is.

Dus als Gaga gezellig en welgemanierd zegt: 'Hier is je thee', en gebaart naar een handbeschilderd porseleinen kopje met viooltjes erop, kan ik me niet inhouden en antwoord lomp: 'Ik weet dat je piepklein bent en vast heel erg moe wordt... maar waarom stort je steeds in?'

'Mijn schema is zo vol dat ik niet veel tijd heb om te eten,' zegt Gaga terwijl ze bevallig haar theekopje vasthoudt. Ik geloof niet dat dit kopje haar beruchte 'geliefde theekopje' is dat ze eerder dit jaar overal mee naartoe nam – ook naar nachtclubs. Misschien is dat kopje inmiddels te beroemd om er alleen maar uit te drinken. Misschien heeft het een eigen kleedkamer.

'Maar ik heb beslist geen eetstoornis,' gaat ze verder. 'Een beetje MDMA af en toe, daar is nog nooit iemand aan doodgegaan, maar ik doe niet echt aan drugs. Ik raak geen cocaïne meer aan. Ik rook niet. Nou ja, misschien een enkel sigaretje – bij een glas whisky – als ik aan het werk ben, omdat het dan wat losser wordt in mijn hoofd. Maar ik zorg goed voor mijn stem. Het is een heerlijk gevoel als mijn stem het goed doet als ik optreed. Ik zorg goed voor mezelf.'

Later tijdens het interview trekt Gaga de McQueen-cape uit –

misschien met enige nadruk, voor de nieuwsgierige journalist – waarmee ze onthult dat ze eronder niet meer dan een netpanty, een slipje en een beha draagt. Voor iemand die haar vrijwel naakt ziet, op nog geen meter afstand, ziet haar lijf er onbeschadigd uit, en gezond: gespierd. Ze is pezig, maar totaal niet knokig. Ze heeft het lichaam van een danseres, niet van een slachtoffer.

Ik geef Gaga een pagina die ik in het vliegtuig uit de krant van die dag gescheurd heb. Het is een artikel over haar optreden op het Met Ball in New York – een van de jaarlijkse hoogtepunten op de wereldwijde celebritykalender. In het verslag wordt beweerd dat Gaga de organisatoren 'kwaad had gemaakt' door 'haar weigering' om over de rode loper te gaan, en dat ze vervolgens een zodanig ernstige aanval van plankenkoorts kreeg dat ze zich in haar kleedkamer opsloot en 'naar buiten gepraat' moest worden door 'haar goede vriendin Oprah Winfrey'. Het is het nieuwste in de reeks 'Gaga stort in'-verhalen in de pers.

'Is dat waar?' vraag ik haar.

Ze leest het verhaal door – in eerste instantie met een lichte frons, tegen het einde met wijd opengesperde ogen.

'Ik was niet *nerveus!*' zegt ze op vernietigende toon. 'Zal ik eerlijk zijn? Ik geef geen reet om rode lopers en ik laat me er nooit op zien. Ik vind het niks. Ten eerste: hoe kunnen mijn outfits er nou ooit goed uitzien met zo'n lelijk rood tapijt eronder?'

Ik denk heel even terug aan een paar van Gaga's onvoorstelbaarste uitmonsteringen: de zilveren kreeftenhoofdtooi. De elizabethaanse crinoline van rood pvc. De tuniek van Kermithoofden. De rood kanten outfit die haar hele gezicht bedekte, uitlopend in een kroon van zestig centimeter hoog. Ze heeft een punt.

'Het is visueel gewoon gruwelijk,' vervolgt Gaga schertsend verontwaardigd. Door haar houding is ze net je vriendin in de kroeg die afgeeft op het neonkleurige jasschort dat ze aan moet voor haar werk bij Boots. 'Hollywood is niet meer wat het geweest is. Ik wil niet gezien worden als... een van de zoveel bitches in een galajurk. Ik was niet *nerveus*,' zegt de vrouw die in haar clip 'Telephone' slechts gekleed was in politieafzetlint, strategisch geplaatst over haar tepels en kruis. 'Doe niet zo IDIOOT!'

Maar toch blijven die geruchten doorgaan, over inzinkingen en neurosen. 'Je bent immers een vrouw van drieëntwintig, enorm beroemd, onder druk van de media en alleen. Je bent op dit moment het cruciale, onvervangbare element van een wereldtournee van 161 concerten. Hoe hou je depressieve of paniekerige gedachten buiten de deur?'

'Medicijnen op recept,' zegt ze opgewekt. 'Ik kan mijn gedachten totaal niet in de hand houden. Ik ben een gekweld mens. Maar dat mag ik wel,' zegt ze, vrolijk lachend. 'Lorca zegt dat het goed is om je gekweld te voelen. De gedachten zijn onstuitbaar, maar de muziek ook. Die komt continu tot mij. Daarom heb ik deze tattoo laten zetten,' zegt ze, en steekt haar witte arm door de zwarte plooien van de zwarte cape.

Het is een citaat van dichter en kunstcriticus Rainer Maria Rilke: 'Geef in het diepste van de nacht aan jezelf toe of je zou sterven als je niet mocht schrijven. Kijk diep in je hart waar het antwoord zijn wortels uitspreidt en vraag jezelf dan: "Moet ik schrijven?"'

'Ik geloof dat tattoos kracht hebben. Voor mij was dit een manier om... mezelf te injecteren met loyaliteit aan de muziek. Mensen zeggen dat ik een tijdje zou moeten stoppen, maar dan heb ik iets van: "Waarom zou ik een tijdje stoppen? Wat wil je dat ik doe? Moet ik op vakantie?"'

Later die avond op het podium – druipend van het zweet nadat ze net een versie van 'Bad Romance' heeft gespeeld waarin het refrein nog huilend-euforischer en verbazingwekkender klinkt dan anders – roept Gaga tegen het publiek: 'Ik wil liever niet doodgaan op vakantie, onder een palmboom. Ik ga liever op het podium dood, met al mijn rekwisieten, voor het oog van mijn fans.'

Aangezien een van die rekwisieten een twee meter hoge kruising tussen een cello, een toetsenbord en een drummachine is, met een gouden schedel aan de zijkant gespijkerd – vergeleken waarbij haar 'keytar' niet meer is dan een soort castagnet – snap je wat ze bedoelt.

Maar het moet gezegd, voor iemand van drieëntwintig is de dood wel een vaak voorkomend thema in haar optredens. De thematische boog voor de Fame Monster Tour was de Apocalyps. Tijdens de huidige Monster Ball Tour wordt Gaga uiteindelijk opgegeten door een gigantische hengelvis – een dier waar ze als kind doodsbang voor was – om vervolgens te worden herboren als engel. Toen ze bij de MTV-awards in september 'Paparazzi' speelde, werd ze verpletterd door een vallende kroonluchter – ongelooflijk – waarna ze doodbloedde terwijl ze bleef doorzingen.

'Wanneer ben je het dichtst bij de dood geweest?' vraag ik haar. 'Heb je ziekten die maar steeds terugkomen?'

Ze wordt even vreemd stil en zegt dan: 'Ik heb hartkloppingen en... dat soort dingen.'

'Onlangs nog?'

'Ja, maar het gaat goed. Het komt gewoon door vermoeidheid en... andere dingen,' zegt ze schouderophalend, en dan heel omzichtig: 'Ik voel me erg verbonden met mijn tante Joanne die is overleden aan lupus. Dat is iets heel persoonlijks. Ik wil niet... dat mijn fans zich zorgen maken om mij.'

Haar ogen zijn wijd opengesperd.

'Lupus. Dat is toch erfelijk?' vraag ik.

'Ja.'

'En heb je je laten testen?'

Weer die opengesperde, strakke blik. 'Ja.' Stilte. 'Maar ik wil niet dat iemand zich zorgen maakt.'

'Wanneer heb je voor het laatst een ambulance gebeld?' vraag ik.

'Laatst nog,' zegt Gaga, nog steeds zorgvuldig haar woorden kiezend. 'In Tokio. Ik kreeg nauwelijks adem. Ik heb een beetje zuurstof gekregen en toen ben ik opgegaan. Niets aan de hand. Maar ik zei al, ik wil niet dat iemand zich zorgen maakt.'

Het is een heel raar moment. Gaga kijkt me rustig, maar aandachtig aan. Lupus is een bindweefselziekte waarbij het afweersysteem het lichaam aanvalt. Het kan dodelijk zijn – al komt dat steeds minder vaak voor, dankzij de medische vooruitgang. Wat vaker voorkomt, zijn hartkloppingen, benauwdheid, gewrichtspijn en bloedarmoede, voordat het in vlagen, maar wel steeds opnieuw als een truck over je energie heen dendert, zodat je voor de eenvoudigste dingen al vaak te moe bent.

Plotseling draaien alle 'Gaga-inzinkingsartikelen' honderdtachtig graden rond en wordt het een compleet ander verhaal. De vrouw tegenover me lijkt immers mijlenver verwijderd van iemand die op het randje zit van een door roem ingegeven zenuwinzinking. Ze is hartelijk, open, intelligent, onderhoudend en volkomen zeker van haar talent. Eigenlijk is ze een soort sexy, giechelende pop-nerd.

Maar als ze werkelijk geregeld lichamelijke klachten heeft omdat ze lupus heeft – te laat op het podium verschijnen, concerten afzeggen, een ambulance moeten bellen – snap je hoe de wereldpers dat bij elkaar optelt en een heel ander beeld schetst, niet wetend dat er iets anders aan de hand kan zijn.

De dood van haar tante heeft Gaga in elk geval diep geraakt: haar overlijdensdatum, in 1976, is verweven met de Rilke-tattoo op haar arm. Als ik haar vraag of ze zich ooit 'gewoon kleedt', zegt ze dat het enige 'gewone' wat ze heeft een roze katoenen shortje is – met geborduurde bloemetjes – dat ooit van haar tante is geweest.

'Het is bijna veertig jaar oud,' zegt ze. 'Maar ik trek het aan als ik haar... bescherming nodig heb.'

Het verhaal dat ik dacht te vinden toen ik Gaga ontmoette – een duister, bovennatuurlijk, bijna autistisch diva-genie, bezwijkend onder druk van de roem – lost op in het niets, als krantenpapier in de regen.

Wat overblijft is een nukkig, poppy, sexy gevaar – de vrouw die in één jaar drie klassieke singles van ABBA-niveau uitbracht, drieëntwintig jaar oud, met een kreeft op haar hoofd. Zoals Ali G. op dit soort momenten zegt: 'Booyakasha.'

'Wat is het leukste waar je tot nu toe je geld aan uitgegeven hebt?' vraag ik op een veel vrolijkere toon.

'Ik heb mijn ouders een auto gegeven,' antwoordt Gaga. Ze heeft vaak verteld over de hechte band die ze met haar ouders heeft – vooral met haar vader, die ze bijna lijkt te aanbidden. Waarschijnlijk ziet ze zichzelf in hem; een selfmade man die begon als rock-'n-rollmuzikant in kroegen voordat hij zijn fortuin maakte als internetondernemer. Tegen de tijd dat Gaga dertien was, was het gezin rijk genoeg om haar naar dezelfde school te sturen als Paris Hilton.

Gaga's huidige positie als buitenstaander is niet geveinsd. Zelfs toen ze nog gewoon Stefani Germanotta was, was ze het goth-meisje met het zwartgeverfde haar, geobsedeerd door Judy Garland, Led Zeppelin en David Bowie, met heel korte rokjes.

'Het is een Rolls Royce,' gaat ze verder terwijl ze gracieus van haar thee nipt. Ze heeft haar sluier nu omhooggeslagen: ze zit er nu zo casual bij als mogelijk is met een pruik en couturekleding. 'Een zwarte. Mijn vader is een echte Italiaan, dus ik wilde hem een echte Godfather-wagen geven. Ik heb hem laten afleveren op hun trouwdag.'

Toen Gaga haar vader belde en 'Ga naar buiten!' zei, weigerde hij. 'Hij dacht dat ik een dansende gorilla-telegram voor hem had laten komen,' giechelt ze.

Er zat een enorme strik op de auto en een kaart met: 'Een auto voor altijd, net zoals jouw liefde.' In eerste instantie dachten Gaga's ouders dat ze de auto voor een dagje hadden, om in rond te rijden. Toen ze vertelde dat ze hem mochten houden, riep haar vader: 'Je bent gek!' waarop hij in tranen uitbarstte.

'Weet je, ik geef niet echt geld uit, en ik ben niet echt dol op beroemd zijn,' zegt Gaga. 'Ik geef mijn geld uit aan mijn shows, maar *dingen* kopen vind ik niet leuk. Ik koop geen diamanten, omdat ik niet weet waar ze vandaan gekomen zijn. Dan geef ik het wel uit aan mode.' Ze trekt de McQueen-cape teder tegen zich aan.

'Ik mis Lee elke keer als ik me aankleed,' zegt ze triest. 'Maar weet je waar ik het meeste geld aan uitgeef? Aan verdwijnen. Ik haat de paparazzi. Want het punt is – wat mensen ook zeggen – je hebt het zelf in de hand. Als je net zoveel geld in je beveiliging steekt als in je auto's of je diamanten en sieraden, dan kun je gewoon... verdwijnen. Mensen die zeggen dat ze nergens naartoe kunnen, liegen gewoon. Die houden dus blijkbaar van die... grote flitslichten.'

Het gesprek komt op de muziekindustrie. Gaga heeft de ontwapenend eerzame overtuiging dat de meeste artiesten 'lui' zijn.

'Ik heb de pest aan grote artiesten of bands die er zomaar een album uit gooien, zo van 'KOOP DIT! SCHIJT AAN JULLIE!' Dat is niet leuk voor de fans. Je moet met zo'n album gaan toeren voor je fans in India, Japan, Groot-Brittannië. Ik geloof niet in de muziekindustrie zoals die tegenwoordig werkt. Hoe het in 1982 ging, dáár geloof ik in.'

Ze legt uit dat ze het niet erg vindt dat mensen gratis haar muziek downloaden, 'want je weet hoeveel je met een tour kunt verdienen, toch? Grote artiesten kunnen minstens veertig miljoen dollar verdienen aan een tournee van twee jaar. Gigantische artiesten kunnen zeker honderd miljoen dollar binnenhalen. Eerst muziek maken, dan toeren. Zo gaat dat tegenwoordig nu eenmaal.'

Tijdens deze enorme, technisch complexe, uitverkochte wereldtournee heeft Gaga het grootste deel van haar nieuwe album geschreven en opgenomen: 'Ik snap niks van bands die zeggen dat ze een jaar lang gaan toeren... en daarna een jaar opnemen!' roept ze op een bepaald moment, weer als een soort Thatcher. 'Ik maak elke DAG muziek!'

Hoewel ze 'er nog niets over kan zeggen', is ze duidelijk erg blij met het nieuwe album. Ze wil me er steeds van alles over vertellen, maar slaat dan haar handen over haar mond en zegt: 'Het mag niet!'

'Maar iedereen zal het verdomme weten als het uitkomt,' zegt ze opgewonden. 'Ken je dat, als mensen zeggen: "Is er één zin die beschrijft wie jij bent, wat voor leven je hebt?" Dat is dit. *Het hele album.* Want ik heb onlangs een soort... wonder ervaren, waardoor ik veel dichter bij God gekomen ben.'

'Je bent katholiek opgevoed, dus als je "God" zegt, bedoel je dan de katholieke God of een meer spiritueel idee van "God"?'

'Meer spiritueel,' zegt Gaga, waarbij ze kijkt alsof ze op haar tong bijt. 'Ik wil niet veel zeggen, want ik wil dat het geheim blijft totdat het album uitkomt, maar ik wil wel zeggen dat religie heel verwarrend is voor iedereen, en vooral voor mij, omdat er niet echt een geloof is waar bepaalde groepen mensen niet gehaat of veroordeeld worden, en ik geloof absoluut in volledige liefde en vergiffenis, zonder iemand buiten te sluiten.'

'Zou je voor de paus optreden als hij dat zou vragen?'

'Ja,' zegt Gaga. Er valt een stilte. Misschien denkt ze aan haar huidige show, en dan vooral het stukje waarin haar mannelijke dansers hun gigantische, witte nep-penis vastpakken en op hun hand laten stuiteren op 'Boys Boys Boys'.

'Nou ja, voor de paus zou ik een akoestische show spelen,' verbetert ze.

Verbijsterend genoeg, als je bedenkt hoe laat ik was, heeft Gaga me een heel uur interviewtijd gegeven. Ik hoor later dat ze een video-opname van een dankwoord voor de Video Music Awards heeft afgewezen om mij in te passen. Ik vind dat ik het onvoorstelbaar goed heb gedaan, gezien het slechte begin van de dag. Dan zet Gaga haar kopje neer en kijkt me aan.

'Je moet mee uitgaan vanavond,' zegt ze hartelijk. 'Weet je, ik heb nog nooit een journalist mee uit genomen, dus je zou de eerste zijn. Het wordt vast leuk. Het is een soort oude seksclub in Berlijn. Kom feesten met Gaga!'

Het is middernacht. Gaga is een halfuur geleden van het podium gekomen. Wederom gekleed in een slipje, een beha, een netpanty en haar zwarte, tafzijden McQueen heeft ze in de ijskoude, striemende regen voor de o2 World Arena handtekeningen staan uitdelen aan haar fans.

Haar fans zijn berucht om hun ongelooflijke toewijding – wat andersom ook voor haar geldt. Ze noemt ze haar Little Monsters. Ze tekenen portretten van haar, laten net zulke tattoos zetten als zij heeft, huilen als ze hen aanraakt. Door haar akela-achtige strijd voor 'alle freaks' – dikke meisjes, homojongens, lesbische meiden, goths, nerds; iedereen die op school gepest wordt – te koppelen aan haar wereldwijde megatour heeft ze een intense relatie met haar fans gekregen. Als je ziet hoe ze met hen omgaat, zie je dat ze hen, op cultureel vlak... een plek geeft. Een plek om elkaar te ontmoeten.

Dan geeft haar beveiligingsman het teken en worden we met z'n allen in terreinwagens met geblindeerde ramen gepropt en zoeven we door Berlijn.

Paparazzi proberen ons met hun auto's te volgen, maar wat Gaga eerder zei, lijkt te kloppen: als je genoeg geld uitgeeft aan beveiliging, kunnen ze je niet volgen. Ze zet gewoon twee potige kerels voor hun auto's om ze tegen te houden tot wij verdwenen zijn.

'Het is een seksfeest, zeg maar,' legt Gaga uit. 'Je weet wel, zo-iets als in *Eyes Wide Shut*? Ik zeg alleen maar: ik ben niet aanspra-kelijk voor wat er allemaal gebeurt. En gebruik condooms.'

Als we de steeg naar de seksclub in gaan, verschijnen er beveiligingsmannen die de steeg afzetten met enorme, geblindeerde hekken.

De club – The Laboratory – is een doolhofachtig bedrijfspand. Om op de dansvloer te komen moet je door een doolhof van gangen en langs een reeks kleine, celachtige hokjes, ingericht met een verzameling bedden, badkuipen, takels en kettingen.

'Voor het neuken,' verklaarde een Duitser in onze entourage – hulpvaardig, maar een tikje overbodig.

Ondanks de onbetwiste en extreme nieuwigheid van deze gelegenheid laten Adrian – Gaga's Britse persvoorlichter – en ik meteen merken waar we vandaan komen door opgewonden op te merken: 'O mijn god. Je mag hier roken.' Dat is blijkbaar een veel spannender vooruitzicht dan... een beetje kontneuken.

Het is een kleine entourage: Gaga, ik, Adrian, haar visagist, haar beveiligingsman, en nog iets van twee mensen. We lopen de kleine dansvloer op in een club vol drag queens, lesbiennes in matrozenpakjes, jongens in strakke T-shirts, meiden in zwart leer. De muziek dreunt. Er hangt een gigantisch tuig boven de bar.

'Voor het neuken,' zegt die hulpvaardige Duitser weer.

Gaga gaat ons groepje voor. Zelfs een groep als, laten we zeggen, Keane zou op zo'n moment naar de vipruimte glippen en wachten tot er iets te drinken werd gebracht. Maar Gaga marcheert – met een golvende cape waarmee ze heel veel weg heeft van de Skeksis uit de film *The Dark Crystal* – naar de bar en leunt ertegenaan als een geoefend kroegloper. Ze brult: 'Wat wil iedereen drinken?' en bestelt.

Het doet me denken aan misschien wel het beste moment van dit jaar, in de Gaga-wereld: een foto in de roddelbladen van

Gaga – slechts gekleed in een netpanty, een beha en een leren pet – in een kroeg in Blackpool met een groot glas Stella en een bord patat.

'Ik ben echt dol op dit soort smerige, ranzige bars,' zegt Gaga. 'Daar ben ik heel ouderwets in.'

We trekken ons terug in een nis met een afneembaar bankje – 'Voor het neuken!' wederom aldus de Duitser – waar we ons kamp opslaan. Gaga doet haar McQueen-cape af en gooit hem in een hoek. Ze heeft nu alleen nog een beha, een netpanty en een slipje aan, met lovertjes rond haar ogen.

'Weet je wat dat meisje aan de bar tegen me zei?' zegt ze terwijl ze aan haar whisky nipt en een trekje bietst van iemands sigaret. 'Ze zei: "Jij bent feministisch. Veel mensen denken dat dat staat voor mannenhaat, maar dat is niet zo." Grappig, hè?'

Eerder die dag hadden we besproken of Gaga zich zou omschrijven als een feministe. Zoals dat vaak gaat met de beste gesprekken over feminisme was het als vanzelf overgegaan van robuuste verklaringen over emancipatie en zusterschap ('Ik ben een feministe omdat ik tot in het diepst van mijn ziel geloof in vrouwenrechten en staan voor wie je bent') in gemijmer over op wie ze viel. ('In de clip van "Telephone" zoen ik ene Heather, die leeft als man. En voor iemand zoals ik, die ook op vrouwen valt, voel ik me bij een wat mannelijker vrouw... vrouwelijker. Toen we gingen zoenen, kreeg ik zo'n warm, vlinderachtig gevoel.')

We waren tot de conclusie gekomen dat het raar was dat de meeste vrouwen ervoor 'terugschrikken' om ervoor uit te komen dat ze feministisch zijn, omdat het 'echt niet staat voor "mannenhaat"'.

'En zij zegt net precies hetzelfde tegen me! En het is nog een lekker ding ook!' zegt Gaga stralend. Het meisje dat ze aanwijst, ziet eruit als een androgyn Jean Paul Gaultier-matroosje met cupidolippen. 'Beeldig,' verzucht Gaga.

Dit is Gaga buiten werktijd. Hoewel de nis met het bankje een soort altaar voor haar wordt – tussen nu en vier uur 's nachts komt twee derde van de club zijn respect betuigen: drag queens, wilde meiden en superfreaks, stuk voor stuk tonen ze hun respect aan de huidige, ultieme, popculturele salongastvrouw; Gaga is afwisselend uiterst hoffelijk en uitnodigend, terwijl ze totaal lam begint te raken. Het is heerlijk om een soortgenoot te herkennen, en ik besef dat ze echt een lichtgewicht is; ze wordt lacherig na twee whisky's, danst op het bankje na de derde en gaat onbeschaamd op rooftocht na het vierde glas.

'Ben jij hetero?' vraagt ze een smakelijke Amerikaanse jongen met wie we al een tijdje staan te praten, alsof ze de rest van haar avond wil plannen op basis van het gegeven antwoord. Als hij spijtig 'nee' zegt, lijkt haar aandacht grappig genoeg af te dwalen.

Maar dat geldt alleen voor seks. Gaga's toewijding aan, en steun voor elk aspect van de homocultuur is legendarisch. Zelf is ze biseksueel, en hoewel haar muzikale achtergrond misschien ooit klassiek was, is haar culturele achtergrond homoseksueel, wat tot een hoogtepunt komt in de videoclip van haar aankomende single 'Alejandro'.

Over het bankje gedrapeerd laat Gaga me op haar BlackBerry helemaal opgetogen foto's zien van de video-opnamen. Ze is uitgedost als Jeanne d'Arc, met de strakke coupe van Purdey uit *De Wrekers*. Om eerlijk te zijn kan ik niet veel meer zien, want ze is een beetje dronken en haar duim zit steeds voor het beeld.

'De video gaat over "de puurheid van mijn relatie met mijn homovrienden",' heeft Gaga eerder uitgelegd. 'En dat ik dat bij geen enkele heteroman ben tegengekomen. Het is een viering en bewondering van gay liefde; ik kom er zo voor uit dat ik jaloers ben op de moed en onverschrokkenheid die homo's nodig hebben om samen te kunnen zijn. In de video smacht ik naar de liefde van mijn homovrienden, maar ze willen me nu eenmaal niet.'

We kijken weer naar de foto op haar BlackBerry.

'Ik ben niet echt overtuigd van dat kapsel,' zegt Gaga plotseling, starend naar de BlackBerry.

03:00 uur. Ik ben behoorlijk ver heen. Ik zit op mijn knieën op het bankje en Gaga ligt naast mijn knieën. Ik heb net een theorie bedacht: als een van je helden aangeschoten naast je ligt, moet je alle pretentieuze popcultuurtheorieën die je over hem of haar bedacht hebt vertellen. Dus ik vertel haar met dikke tong dat het verschil tussen haar en, laten we zeggen, Madonna, is dat je Gaga niet penetreert. Haar songs en video's zijn weliswaar seksueel getint, maar gaan over stoornissen, neurosen, vervreemding en het ontdekken van jezelf. Ze zijn op geen enkele manier bedoeld om je op te geilen. Hoewel ze het grootste deel van haar carrière heel weinig kleren heeft gedragen, probeert Gaga je niet op te naaien.

'Juist! Dit is niet waar heteromannen zich op aftrekken als ze thuis porno zitten te kijken,' zegt ze bevestigend. 'Dit is niet voor hen. Het is voor... ons.' En ze gebaart de nachtclub rond.

Eerder die dag zei ze – enigszins onverwacht: 'Ik voel me nog steeds echt een buitenstaander. En ik heb geen enkel benul van hoe de wereld mij ziet.' Ze is een van de meest besproken vrouwen ter wereld, dus dat verrast me. Leest ze echt haar eigen pers niet? Misschien is ze daarom zo... gewoon gebleven. Ze bestelt rondjes, kletst met iedereen. Ze is de minst pretentieuze multimegasuccesvolle artiest die ik ooit heb ontmoet.

Even later springt Gaga op en gebaart me haar te volgen. Ze zoekt haar weg door een reeks gangen en zo belanden we in – de viptoiletten.

'Je hebt een jumpsuit aan,' zegt Gaga, vanuit een feministische solidariteit. 'Die krijg je niet uit op een normaal toilet.'

Terwijl ik mezelf ijverig begin los te ritsen, gaat Gaga op de wc zitten en zegt opgewekt: 'Ik pies gewoon door mijn netpanty heen!' waarna ze een paar glazen whisky loost.

In het eerste jaar van haar carrière gonsde internet van de geruchten dat Gaga eigenlijk een man was; dat gerucht was zelfs zo sterk dat Oprah er wel naar moest vragen toen Gaga bij haar in de show kwam.

Misschien als enige van alle journalisten op deze aarde kan ik nu met zekerheid bevestigen dat Lady Gaga geen penis heeft. Dat gerucht kan nu een definitieve dood sterven.

04:00 uur. Bedtijd. We arriveren bij het Ritz Carlton in een terreinwagen met geblindeerde ramen. Gaga opent het portier en stapt wankel uit, zo op het oog – ondanks de McQueen-cape – een willekeurig, tipsy 23-jarig meisje na een zaterdagavond stappen in Newcastle. Haar grijze pruik is gehavend. Haar gezichtslovertjes zitten scheef. Haar ogen kijken niet helemaal dezelfde richting op – al moet ik zeggen dat ik zelf alleen op haar kan focussen als ik één oog dichtdoe en met mijn hoofd tegen het raampje leun. Vanavond heeft ze gespeeld voor veertigduizend fans. Morgen speelt ze op Stings regenwoudbenefiet tussen de andere goden: Debbie Harry, Bruce Springsteen, Elton John.

Ze leunt even tegen de auto, laat een klein hikje horen en draait zich dan theatraal om.

'Ik. Ben. AFGEPEIGERD!' brult ze. Dan loopt ze een tikkeltje onvast de trap van het Ritz Carlton Hotel op. Een kerel, een echte kerel.

Gaga vormt natuurlijk het perfecte bruggetje tussen 'oreren over homo's' en 'oreren over feminisme'. En zo gaan we over naar de heikele vraag waar alle kledingstukken op MTV zijn gebleven.

MTV ho's

'Ik wou,' zo twitterde mijn vriendin Jenny vorige week, 'dat er zoiets bestond als MTV Normal. Voor mensen die van popmuziek houden, maar die geen zin hebben in een hoop meiden die erbij lopen als ho's.'

Ik wist precies wat ze bedoelde. Eenentwintigste-eeuwse popmuziek brengt de moderne feminist in een uiterst netelig parket, en met 'feminist' bedoel ik eigenlijk 'alle vrouwen'; tenzij je recentelijk en doelbewust campagne hebt gevoerd om je stemrecht kwijt te raken.

Toen ik een tiener was, zaten al mijn helden in de hoek van de britpop en grunge – allemaal uniseks jeans en gympen. Ik ben opgegroeid met het vooruitzicht dat ik, als ik dat zou willen, twintig miljoen albums zou kunnen verkopen met te allen tijde bedekte bovenarmen.

Mijn dochters groeien echter op in het Tijdperk van de Pop Ho. Dit is een tijd waarin de onderste glooiing van de in een danspakje gestoken venusheuvel van Britney Spears herkenbaarder is – al doet het er vreemd genoeg wel aan denken – dan het gezicht van premier David Cameron, en videoclips van vrouwelijke artiesten zo voorspelbaar zijn geworden dat ik je zo kan vertellen hoe ze negen van de tien keer verlopen:

1. 'Even kijken of mijn benen er nog zitten.' Zelfbetasting die begint met een wellustige veeg over het sleutelbeen, overgaand in resoluut borstwrijven en uitlopend op het behoorlijk expliciet liefkozen van je eigen billen, buik en dijen. De alomtegenwoordigheid van deze move is verbijsterend: een vrouw mag nog zoveel gezonde, positieve eigenliefde hebben, maar het feit dat ze een kont heeft, zal haar op haar drieëntwintigste echt nooit zo fascineren en opwinden. Ze weet dat die kont daar zit. Dat hoeft ze niet steeds te controleren. Over het algemeen kunnen vrouwen die drie minuten dat het duurt om een videoclip te maken best hun handen van zichzelf afhouden. Ik ken zeker negen vrouwen, en geen van hen heeft zich ooit hoeven excuseren van de tafel met de woorden: 'Sorry... ik ga mezelf even bepotelen in de garderobekast. Zo terug.'

2. Seksen met een onzichtbare geest. Vroeg of laat moet elke moderne popzangeres op haar hurken gaan zitten vibreren om de Geest van de Geile Kerst te behagen. Dat doen wij dames in 2011 nu eenmaal. Wij naaien spoken.

3. 'Met je booty naar de grond.' Vrouwen in de popmuziek – als je op nummer 1 wilt komen, zul je op een bepaald moment moeten zorgen dat je *booty* (achterste) de grond raakt. Dat is in de popmuziek van de eenentwintigste eeuw net zo'n vereiste als onvoorstelbaar droog uitziend haar in de jaren tachtig. Nu is het natuurlijk niet zo moeilijk om met je booty de grond te raken – bijna elke vrouw kan het, als ze een minuut of wat krijgt om omlaag en dan weer omhoog te komen en daarbij verschillende keren 'Oef!' en 'Urgh!' mag zeggen terwijl ze zich vastklampt aan de schoorsteenmantel. In het grote wereldplan stelt het weinig voor. Maar wat de kijker na een paar uur wellicht zal bedroeven, is dat het 'booty-gronden' volledig is voorbehouden aan vrouwen. Je ziet nooit jongens die het doen; hoewel ze benen hebben die op anatomisch vlak identiek zijn aan die van vrouwen en profiteren van het enorme voordeel dat ze niet op hak-

ken van vijftien centimeter staan. Ik heb Bob Dylan nog nooit met zijn booty de grond zien raken. Niemand heeft dat ooit van Oasis gevraagd.

4. 'Een of andere vloeibare/kleverige substantie in je gezicht krijgen en dan wellustig aflikken.' Op geen enkel ander gebied van het dagelijks leven krijgt iemand die druk bezig is met haar werk – in dit geval het playbacken van haar laatste single – iets in haar gezicht zonder daarop te reageren met een luid: 'WAT? WAT KRIJGEN WE NOU? Ik ga iedereen de teringtyfus schelden als we die regenmachine/modder/vla niet uit mijn gezicht kunnen houden, Andrew. Kap ermee, geen spul in mijn gezicht gooien! Ik probeer diepzinnig te kijken! Ik heb vorig jaar vijftien miljoen singles verkocht!'

5. Begrijp me niet verkeerd. Het is niet dat ik het vervelend vind om vrouwen van leer te zien trekken in videoclips – ik ben opgegroeid met Madonna. Beyoncé en Gaga zijn mijn meissies. Zet 'I Touch Myself' van Divinyls op en ik jaag je de stuipen op het lijf op de dansvloer. Letterlijk de stuipen op het lijf. Dat je weg wilt.

Het punt is de... *alomtegenwoordigheid* van vrouwelijke popsterren die zich uitdossen als ho's, dát vind ik zorgwekkend. Het zou net zo bizar en verontrustend zijn als alle mannelijke popsterren tien jaar geleden hadden bedacht dat ze als boeren gekleed zouden gaan. De hele tijd. In elke videoclip. Stel je voor! Dat je gaat zitten kijken naar de vijfduizendste video met een hooipakker en een man in een vestje vol stro die een hoestende ooi haar medicijn toedient. Je zou denken dat al die mannen gek geworden waren. Maar zo is het dus met die vrouwen en dat geho.

Afijn, ik heb eindelijk de beste morele snelweg gevonden om samen met mijn dochters MTV te kunnen kijken zonder dat ze het idee krijgen dat ze zich als een ho moeten uitdossen als ze twintig miljoen albums willen verkopen. En dat is jammer. Elke keer dat we Rihanna op haar handen en knieën zien zitten terwijl haar stuitje uit haar onderbroek hangt, schudden mijn meiden triest het hoofd en zeggen: 'Geweldig nummer, maar we vinden het zielig voor Rihanna. Als ze echt een van de grootste popsterren ter wereld was, zou ze best af en toe een lekker vest aan mogen. Arme Rihanna. Arme, vestloze Rihanna.'

Rihanna heeft te weinig kleren. Dit terwijl je van iemand in een boerka zou kunnen zeggen dat ze er te veel heeft. Het is soms moeilijk om een vrouw te zijn. Er zou net zo goed een bord met 'sociaal-politiek mijnenveld' op je klerenkast kunnen hangen.

Ik heb een stukje uit deze column – over boerka's – uit Vrouw zijn, hoe doe je dat? *gehaald, maar hier staat het complete verhaal, want het idee van een 'door vrouwen ontwikkelde religie' blijft me enorm intrigeren, zozeer zelfs dat ik er misschien zelf wel eentje ga bedenken. Ik bedoel maar, hoeveel heeft L. Ron Hubbard binnengehaald met het uitvinden van Scientology? En dat is een* lulkoek-religie. *Mensen die van binnenuit door piepkleine aliens worden bestuurd? Dat heb je gewoon gejat uit* The Twilight Zone, *Ron. Diep triest.*

Boerka's: doen mannen het ook?

De laatste paar weken heb ik uren gespendeerd aan de gedachte hoe anders de wereld zou zijn als de grote religies – christendom, islam, jodendom, sikhisme, boeddhisme – door vrouwen waren uitgevonden. Het atheïsme is er bij mij ingeramd toen ik vijftien was en merkte dat a) al het gruwelijke, onbeantwoorde leed in de wereld en b) de eerste tekenen van een bijzonder ongewenste damessnor, mij schijnbaar waren gegeven door een wrede God, en sindsdien werd mijn interesse in theologie ingegeven door sociologische nieuwsgierigheid: de regels van een geloof bekijken en uitzoeken waarom mensen die richtlijnen duizenden jaren geleden hebben bedacht.

Veel van die regels stoelen op een helder en prijzenswaardig moraalsysteem – niet doden, niet liegen, niet stelen, je uiterste best doen om niet het bed in te duiken met je buurvrouw; of het zijn verstandige huishoudtips voor warme landen – varkensvlees en schaaldieren zullen bijvoorbeeld link zijn geweest in het pre-koelkasttijdperk in het Midden-Oosten. Dat is allemaal prima.

Dan zijn er de bedenkelijkere regels. Wie weleens naar Jerry Springer kijkt of de *US Weekly* heeft gelezen, weet dat 'eert uw vader en moeder' nergens op slaat als je vader feitelijk Frank Gallagher uit de serie *Shameless* is, of als je moeder een of andere neurotische jetsetter is die je heeft afgeschoven op een serie ongeïnteresseerde nanny's.

En dan zijn er ten slotte nog de regels – verspreid over alle religies – die alleen verzonnen kunnen zijn in een tijd waarin vrouwen tweederangs burgers waren, dus vóór de film *Working Girl* in 1986 werd uitgebracht. De waarde die aan vrouwelijke maagdelijkheid wordt geschonken; de gedachte dat vrouwelijke seksualiteit 'gevaarlijk' is; dat scheiden als een schande wordt beschouwd: begrijpelijke regels voor een maatschappij in het pre-voorbehoedsmiddelentijdperk, waar de vrouw vooral moest zorgen dat de bloedlijnen van de familie onbetwist bleven, en dat er geen lemen dorpjes uit elkaar knalden in een reeks soapachtige plotlijnen.

Dan gaan we nu over naar de boerka – op dit moment het controversieelste kledingstuk ter wereld. Vorige week kwam de Franse regering met een wettelijk verbod op de boerka in openbare ruimten, wat leidde tot ingewikkelde, maar vaak weinig overtuigende emotionele reacties, van kroegen tot serieuze kranten.

Aan de ene kant voelt het alsof er iets heel erg mis is als je in het Parijs van de eenentwintigste eeuw een vrouw over straat ziet lopen, van top tot teen bedekt alsof ze een of andere spookachtige, flakkerende projectie is van duizend jaar geleden. Een officiële oproep om dat aan te pakken lijkt me begrijpelijk.

Aan de andere kant waren de foto's die de wereld rondgingen op de dag dat die wet in werking trad, ook zeer verontrustend: Franse politiemannen die een vrouw, die in haar eentje op straat liep, grijpen en wegslepen; suggererend, ook al is dat misschien niet feitelijk waar, dat ze de boerka van haar gezicht zouden trekken, hoezeer ze ook protesteerde. Dat xenofobische regeringen immigrantenvrouwen voorschrijven wat ze mogen dragen – en hun garderobe wettelijk regelen – doet óók middeleeuws aan. Stel dat er een andere culturele verandering komt. Wat voor wettelijke verboden kunnen er dan ingesteld worden op kledingstukken die vrouwen dragen: Bont? Minirokjes? Broeken? Er zijn hartstochtelijke pleitbezorgers tegen alle drie te vinden. Maar wat betreft de Franse overheid tegen boerka's; wie vertelt wie nou eigenlijk wat ze aan mogen?

Nou, ik heb een regel om uit te zoeken of de kern van een probleem feitelijk seksisme is. En dat is: 'Doen de jongens het ook? Moeten de jongens zich hiermee bezighouden? Zijn de jongens het onderwerp van een gigantisch, wereldwijd debat over dit onderwerp?'

En op die basis besloot ik uiteindelijk dat ik zowel tegen de Franse wetgeving ben áls tegen vrouwen met boerka's. Frankrijk was het laatste land in Europa waar vrouwen kiesrecht kregen, de Franse senaat bestaat voor 76,5% uit mannen en er is nooit een wet aangenomen over wat Franse mannen al dan niet aan mogen. Niet eens over bootschoenen; of afschrikwekkende ski-overalls van felroze nylon. Dus hier is duidelijk enig seksisme aan de orde.

Ten tweede is de logica van de boerka een paradox. Ja, het idee is dat zo'n ding je zedigheid beschermt, en zorgt dat mensen je zien als mens in plaats van als seksobject. Dat is allemaal best.

Maar tégen wie word je beschermd? Mannen. En stel dat jij je aan de regels houdt en de correcte kleding draagt, wie beschermt jou dan tégen mannen? Mannen. En wie ziet jou in eerste instantie als seksobject in plaats van als mens? Mannen.

En belangrijker nog, van welke helft van de bevolking is nooit geëist dat ze van top tot teen bedekt rondlopen om zich een normaal mens te kunnen voelen? Mannen.

Juist ja. De boerka lijkt me dus een probleem dat door mannen wordt veroorzaakt. Ik vind absoluut dat dit valt onder het kopje 'Honderd procent gedoe dat mannen moeten oplossen'. Ik zou niet weten waarom wij ineens dingen op ons hoofd moeten zetten om de situatie te verbeteren.

Mannen hebben de boerka uitgevonden, mannen verbieden de boerka. En zij zijn de enige mensen die ze ooit hadden kúnnen uitvinden. Want ik kan me niet voorstellen dat een door vrouwen uitgevonden religie – met een vrouwelijke godheid, vrouwelijke profeten en wetten die bedoeld zijn om de belangen van vrouwen te dienen – óóit een religieus kledingstuk zou hebben bedacht dat zo lastig te strijken was.

Maar soms is mode een makkelijker onderwerp. Je hoeft de krankzinnig-
heid maar recht in de ogen te kijken en dan zeg je: 'Nee. Nee, mode... doe
niet zo raar. Kssst. Ik heb het te druk voor dit soort onzin, dat weet je best.'

Met deze cape ben ik net Wizbit

Ik ben dol op deze tijd van het jaar, als de najaars-/wintertrends uitgebreid in de media besproken worden en de vrouw gewaar wordt welke mode er met 150 km/h op haar af dendert.

Als iemand die zowel formeel als feitelijk een vrouw is, zou ik mezelf nooit aan dergelijke cruciale mededelingen willen ont-trekken. Dus, geheel volgens de traditie, heb ik de zomervakan-tie net zo besteed als de laatste vijf keer: met een blik op het aan-komende najaarsweer, waar ik vervolgens mijn kledinginschat-tingen op baseerde. Het werd mij duidelijk dat de voorspelling voor 2011 zowel gevarieerd als fascinerend is.

Zo blijven capes bijvoorbeeld heel erg in – ondanks hun ver-ontrustende vermogen om de drager te laten lijken op Wizbit en/of iemand wiens armen zijn afgehakt tijdens een riddertoer-nooi en die onverklaarbaar terughoudend is om dat op te biech-ten aan zijn vriendenkring. (Wizbit was een driehoekig perso-nage uit een kinderserie dat vrij weinig opvallende karaktertrek-ken vertoonde, behalve dat hij dus driehoekig was. Niet een van de meest legendarische uitvindingen van de Britse televisie.)

'Nee... nee, er is niets mis. Ik wil gewoon een tijdje deze cape aan. Zomaar. Zou je alsjeblieft even... die boterham in mijn mond willen steken? Het is voor... een wedje.'

Voor wie geen liefhebber van de cape is en/of zijn armen graag wil kunnen gebruiken, schijnt er nog een andere optie te zijn: de 'Mannelijke Jas'.

'Het moet eruitzien alsof je de jas hebt geleend van de man in je leven,' legde *Vogue* uit bij foto's van jongensachtige, enkelknoops tweedgevallen.

Dat zou natuurlijk een uitstekend advies zijn ware de man in je leven Benedict Cumberbatch in *Sherlock*, die zelden minder dan een mille aan smakelijke en aanlokkelijke kleermakerswaren aan het haakje naast de voordeur heeft hangen. Zou ik echter een jas lenen van de man in mijn leven, dan zou ik bij chique dinertjes verschijnen in een felgeel Radiohead-regenjack, versierd met een cartoon van een zielige, mishandelde panda, gemaakt door leadzanger Thom Yorke.

Als het op feitelijke kleding aankomt, schijn je Najaar 2011 samen te kunnen vatten als 'sophisticated' en 'zedig'. In het post-Middleton tijdperk 'gaat het over' bloesjes met strikken, strakke midi-rokken en pumps. Ik kan niet echt zeggen dat ik daar erg vrolijk van word. Op mijn zesendertigste ben ik een doorgewinterde Modeveteraan en in al mijn jaren van Stijlstrijd heb ik een eigen reden ontwikkeld om de strakke midi-rok met Vijandige Blik te bekijken.

Begrijp me niet verkeerd. Zo'n *Mad Men*-achtige rok ziet er geweldig uit als je erin rondlummelt terwijl je een sigaretje rookt. Probeer je er echter de trap mee af te gaan, dan merk je hoe extreem weinig knieruimte je hebt, wat gepaard gaat met allerlei problemen met hoe je staat en loopt. Hoeveel ijskoude martini's je ook vasthebt (en meer dan twee is overigens lastig, hoewel beslist mogelijk, vooral als je er niet mee zit er eentje in je elleboogholte te vervoeren), het is moeilijk om raffinement en allure uit te stralen als je je kuiten zijwaarts uit moet slaan als een plastic opwindkikker voor in bad. En pumps zien er Thatcher-ig uit. Altijd al zo geweest, zal altijd zo blijven. En ze hebben de neiging van je voeten te vallen als je rent, alsof je een soort vakbondverpletterende Assepoester bent.

Dus zo kwam ik deze week – nadat ik mezelf mijn hele vakantie had zitten debriefen bij het moodboard voor Najaar 2011 – terug in Londen, waar ik deed wat alle vrouwen elk jaar doen met het hoofd vol 'must-haves', 'trendsettende stukken' en 'looks' die we tot het voorjaar gaan 'rocken': ik ging naar Topshop en kocht waar ik het dunst in leek.

Uiteraard is dat niet de *totale* make-over van mijn garderobe voor Najaar 2011 – ik ging ook even bij Mango en Zara naar binnen om ook daar te kopen waar ik het dunst in leek. En ik sluit beslist niet uit dat ik op een later moment iets bij H&M zal kopen, gesteld dat ik daarin lijk op Elizabeth Taylor, op schoot bij Richard Burton met een glas gin. Maar dat is het dan wel. Toen alle moderedacteuren in augustus op Twitter aan het panikeren waren voor welke jas ze dit seizoen zouden gaan, keek ik gewoon even in mijn garderobekast, zag dat mijn houtje-touwtjejas er nog hing en zei: 'Juist. Ik weet voor welke jas *ik* dit najaar ga. De jas die ik al heb.'

Want het punt met dat enorme gedoe elk seizoen over allerlei nieuwe ontwikkelingen is dit: er is geen must-have, geplatineerd, door Anna Wintour gedragen kledingstuk op deze aarde dat een vrouw *ooit* zou aantrekken als ze er niet dun en enigszins 'kansrijk' in uitziet.

Daar komt nog bij dat ze in *Vogue* zoveel 'must-have' 'trendsettende stukken' kunnen opnoemen als ze willen, als het niet in een winkel hangt waar we toevallig langskomen, zullen we het eigenlijk gewoon... vergeten te kopen. Jawel. Zo is dat. Daar is geen ontkomen aan. We vinden het soms *best* een leuk idee om die groene slangenleren riem van Dior van £ 600 te kopen maar – net als een walviscruise in Peru – daar valt hier niet echt aan te komen en het zou financieel gezien betekenen dat Kerstmis dit jaar volledig afgelast moet worden.

Daarom vind ik de kreet 'ik draag een combi van massamode en vintage' – de 'eigenzinnige' manier waarop Alexa Chung, Kate Moss en dat soort types hun stijl omschrijven – altijd erg geestig. Dat staat gewoon voor 'een combi van goedkoop spul en oude rommel'. Dat dragen we *allemaal*, schat. En dat zullen we allemaal dragen in Najaar 2011.

Sommige discriminatie is zo slecht nog niet, dames. Positieve discriminatie bijvoorbeeld. Dat is het goede soort discriminatie.

We hebben quota nodig, dames. Anders worden we eenzame pelikanen

In een artikel dat even interessant was om te lezen als vermoeiend om samen te stellen, publiceerde *The Guardian* onlangs cijfers over de dominantie van mannen in het Britse openbare leven.

Een maand lang hielden ze nauwgezet bij dat 78% van de krantenartikelen, 72% van de prominenten in BBC *Question Time* en 84% van de presentatoren en gasten op BBC Radio 4 mannen waren. 93 jaar nadat vrouwen stemrecht kregen, hebben ze nog steeds weinig te zeggen. Nou ja, ze *zeggen* natuurlijk een *heleboel*: terwijl ze in de keuken het eten klaar staan te maken, schreeuwen ze tegen journalist Toby Young die op de radio maar niet ophoudt met wauwelen – zijn vermogen om ongelooflijk te klieren over willekeurig welk onderwerp is zo betrouwbaar dat je er de atoomklok op gelijk zou kunnen zetten. Maar. Evengoed. Vrouwen worden niet betaald om in het *openbaar* dingen te zeggen. Dat is – net zoals mijnbouw en het organiseren van illegale hondengevechten – nog steeds het domein van de man.

Als je ooit vrouwen commentaar ziet geven op actualiteiten, is dat meestal in een straatinterview of als 'zomaar een moeder' buiten een winkelcentrum die in het journaal mag zeggen wat ze vindt van het overheidsplan om een Hellemond te openen bij de ringweg, waar alle demonen vanuit de lagere cirkels uit tevoorschijn kunnen rollen.

'Ik weet niet zoveel van die dingen,' zegt zo'n vrouw dan weifelend terwijl ze zachtjes aan de buggy schudt om de baby stil te houden, 'maar het is helemaal fout gegaan toen ze laatst de doden hadden opgewekt en die 's nachts door de straten liepen en katten opvraten om hun veile queeste aan te kunnen. En ze hebben *ook nog* de bibliotheek gesloten. Soms ben ik bang dat ze te ver gegaan zijn. Niet dat ik met politiek bezig ben, hoor. Sorry.'

Afijn. Dit zijn bepaald gênante cijfers voor een westers land in 2011, dus wat gaan we eraan doen? Veel mensen zouden natuurlijk zeggen dat 'we' helemaal niks moeten 'doen' – dat het verkrijgen van een openbare positie iets is wat je het beste aan de natuur kunt overlaten. De vrouw moet zichzelf zien als de zalm, zeg maar, en gewoon blijven proberen om tegen die waterval op te springen, steeds opnieuw, tot ze eindelijk bovenaan is en eitjes kan leggen (oftewel op *Newsnight* gaan praten over Syrië).

Persoonlijk vind ik dat idee echter – om de officiële term te gebruiken – lulkoek. De maatschappij is niet hetzelfde als de natuur, de maatschappij wordt gemaakt door mensen. Fatsoenlijke en beschaafde mensen, hopelijk. En als de maatschappij niet werkt voor 52% van de mensen, dan is het wel zo fatsoenlijk om daar verandering in te brengen. Daarom ben ik dus heel erg voor werknemersquota en positieve discriminatie.

'Maar Cate,' zullen tegenstanders die mijn bijnaam kennen, zeggen. De echte bijnaam. Niet 'groenwangmorat'.

'Maar Cate, als je eist dat 50% van je werknemers vrouwen zijn en werkgevers dwingt om ze aan te nemen, dan krijg je dus vrouwen die ongelooflijk slecht gekwalificeerde bureaugeiten zijn, die met hun gezicht tegen het toetsenbord rammen en er een algehele zooi van maken. Vrouwen die door het kantoor zwalken zonder dat ze het verschil weten tussen "omhoog" en "omlaag", steeds op de knoppen van de airco drukken en dan zeggen: "Deze printer doet het niet", en vertrouwelijke klanten-informatie op Twitter zetten. Dat kan niet goed zijn!'

Tja, 'goed' is het niet. Maar het is wel volkomen normaal. In een kantoor met 70% mannen zal immers 20% van die mannen ongelooflijk slecht gekwalificeerde bureaubokken zijn, die met hun gezicht tegen het toetsenbord rammen en er een algehele zooi van maken. Tuurlijk wel. Statistisch gezien. Mensen die tegen positieve discriminatie zijn, gaan voorbij aan het feit dat we al millennialang MILJOENEN stupide, ongekwalificeerde mensen aannemen: namelijk mannen.

Begrijp me niet verkeerd – ik heb geen vooroordelen tegen de stupide man. Ook niet tegen de stupide vrouw trouwens. Iedereen weet dat er op een kantoor – van de lokale supermarkt tot het Witte Huis – maar drie intelligente mensen hoeven te zitten om de zaak draaiende te houden. Alle andere mensen zijn feitelijk gewoon figuranten, om te zorgen dat de belangrijke, capabele mensen zich niet alleen voelen. En dat is nog een reden waarom we quota nodig hebben. Als vrouwen in wat voor situatie dan ook in de minderheid zijn, voelen ze zich begrijpelijkerwijs zo zonderling en gestrest als twee pelikanen op een kamelenwei. En de kamelen kunnen niet anders dan vreemd naar die pelikanensnavels kijken en dan iets 'kameligs' gaan doen in een hoekje, terwijl de pelikanen zich ongemakkelijk en eenzaam voelen, en vreemde eetgewoonten ontwikkelen uit pure zelfhaat.

In zo'n situatie moet je gewoon een handvol dommere pelikanen de kamelenwei op jagen, om de betere pelikanen gezelschap te houden en het evenwicht te herstellen – waardoor 'pelikaan-zijn' en 'kameel-zijn' allebei volkomen normaal is in het nieuwe Pelikanen- & Kamelenrijk in de London Zoo.

Mannen die klagen over positieve discriminatie komen over

als – om de officiële term te gebruiken – mietjes. Laten we eerlijk zijn, de volgende Bill Gates of Barack Obama laat zich niet tegenhouden doordat Kantoorboekhandel AAAAAAABBA in Dartford verplicht drie vrouwelijke accountmanagers moet aannemen. Hou toch OP! Denk je echt dat je iets te klagen hebt? Denk je echt dat je benadeeld wordt? Kappen met dat gejengel! Rosa Parks wist de Amerikaanse Burgerrechtenbeweging aan te zwengelen door de bus in te stappen MET TASSEN VOL BOODSCHAPPEN. Probeer éven te relativeren hoe erg je nu werkelijk belemmerd wordt.

Hier kan ik een soepel overgangetje maken – van het fatsoen van vrouwelijke werknemersquota naar het fatsoen van hoffelijkheid – en dat dan zo gladjes als een presentator op de lokale radio van sport naar weer en verkeer gaat. En dat is behoorlijk gladjes.

Toen de 'Downton-koorts' (een paar mensen die Downton Abbey volgden) in 2012 het land in zijn greep hield, wekte een interview in de Radio Times met Michelle Dockery, die Lady Mary speelt en – zoals later in dit boek zal blijken – crunkt op No Diggety – veel beroering doordat ze aan het einde van het interview klaagde dat er geen hoffelijkheid meer bestond.

'Die oude manieren zijn heerlijk – zoals mannen die opstaan als vrouwen aan tafel verschijnen, of dat ze de deur voor je openhouden – en het is heerlijk als je een man dat nu nog ziet doen,' zei ze. 'Maar dat zou tegenwoordig nooit bij jonge mannen opkomen, omdat die cultuur niet meer bestaat.'

Dat leidde tot een hoop gekibbel over de wenselijkheid van de terugkeer der hoffelijkheid, waar veel vrouwen én mannen tegen pleitten aangezien ze vonden dat ridderlijke mannen vrouwen feitelijk betuttelen, en impliceren dat ze zwak en hulpeloos zijn.

Ik was het daar totaal niet mee eens – vooral omdat ik erg dol ben op zitten.

Gaarne wat hoffelijkheid, gozer

Er is de laatste tijd de nodige discussie over de plaats van hoffelijkheid in deze moderne tijd – ingegeven door het gigantische succes van *Downton Abbey*, waarin we een vergeten wereld zien vol heren die opstaan als er een dame binnenkomt, quadrille-handschoenen dragen tijdens het dansen van de quadrille en slechts een flauw juridisch protest laten horen als vrouwen in 1918 stemrecht krijgen.

Nu we dit alles in zijn volle glorie op televisie hebben gezien, lijkt de hedendaagse opinie verdeeld over hoe wenselijk het is dat er een totale hoffelijkheidsherleving wordt georganiseerd. Het voornaamste tegenargument is dat het impliceert dat vrouwen zwak zijn. De algemene klacht is dat een man die, laten we zeggen, opstaat in de metro en zijn plaats aan een vrouw afstaat, feitelijk zegt: 'Dame, volgens mij ben jij hartstikke ongesteld en ga je flauwvallen als je blijft staan. Dat zou deze metro dan vertragen voor ons normale, niet-menstruerende mensen. Dus namens iedereen met een krap schema: daar is mijn zitplaats, ga gvd zitten opdat wij niet hoeven te lijden onder jouw lichamelijke ongemak.'

En ik snap wel dat dat een tikje irritant zou zijn – als je wellicht een frisse, gezonde deerne bent die prat gaat op haar sterke bovenlichaam en in een touw kan klimmen in plaats van hulpeloos onderin te blijven bungelen gelijk een dameskerstbal van 1 meter 67.

Maar. Als iemand die vier dagen per maand serieus de kans loopt flauw te vallen in de metro als ze nergens mag zitten, ben ik elke man die opstaat als ik zijn metrowagon in strompel eeuwig dankbaar. Ik heb weleens zo zwaar geleden in het openbaar vervoer dat ik onwillekeurig zacht, dierlijk 'Maaaaa' kreunde, waarna ik dat weg moest spelen door net te doen alsof ik een beetje typisch was en meezong met 'Mamma Mia' op mijn iPod. Ik heb zulke intense onmachtige momenten gehad dat ik met mijn hoofd tegen de rugzak van een Slowaak moest leunen terwijl ik de woorden: 'Niet flauwvallen, Cat-Mo; niet flauwvallen' in een gigantisch voorvak fluisterde.

En dan hebben we het nog niet eens gehad over zwangerschap. De eerste drie maanden – als er voor de toeschouwer nog geen zichtbare aanwijzingen zijn – brengen een arsenaal aan verbijsterende en slopende lichamelijke bijwerkingen. Ik heb ooit meegemaakt dat mijn voeten zo raadselachtig heet werden dat ik uiteindelijk bij New Look een paskamer in moest om ze ter koeling te overgieten met een flesje energydrink. Er kan allerlei breintollende krankzinnigheid plaatsvinden in het lichaam van een vrouw. Soms is het alsof we een brandend circus proberen te bedekken, slechts met behulp van een gerende rok en een bloesje. Daaronder springen clowns uit ramen en zitten er overal schreeuwende zeeleeuwen.

In dergelijke situaties is een man die zich bewust is van wat een vrouw wellicht doormaakt, en zich daar enigszins solidair mee toont, wat mij betreft een vriendelijke, aardige, slimme kerel. Hij doet iets wat tegelijk fatsoenlijk en sexy is. Het is een man die stilletjes geconcludeerd heeft dat – gezien de regelmaat waarmee vrouwen te maken hebben met een of andere crisis in de Grote Tent – het in het algemeen het beste is als mannen ons *allemaal* het voordeel van de twijfel gunnen, alsmede hun zitplaats. Ik vermoed dat dat de oorsprong van hoffelijkheid is – een simpele, hartelijke logica.

Het enige alternatief voor universele, automatische hoffelijkheid – altijd elke zitplaats afstaan aan elke vrouw – is dat we hoffelijkheid specifieker maken. In dat systeem zouden vrouwen die onwel zijn blijk moeten geven van hun situatie met een soort 'ongesteldheidsbutton' of een 'speciale zwangerschapsmuts', zodat mannen alleen een gunst hoeven te verlenen aan vrouwen die er werkelijk behoefte aan hebben. Je ziet natuurlijk dat dat slechts marginaal akeliger zou zijn dan in het openbaar te moeten verschijnen met je tienerdagboek op je borst gespeld. De meeste vrouwen zouden de eerste ochtend op weg naar hun werk al sterven van pure gêne. Het zou een slachting worden.

Natuurlijk zijn er foute mannen – mannen die het concept van hoffelijkheid misbruiken. Hun ongeschreven deal is: 'Ja, ik zal deze deur voor je openhouden, Amelia – maar dan zal ik je wellustig beloeren als je langs me loopt en de rest van de avond een vaag soort "eigendomsrecht" uitstralen: alsof ik de grote zilverruggorilla ben die je heeft ingelijfd in zijn harem van vrouwtjesgorilla's. In mijn hoofd zul jij mijn gorillababy's baren.'

Maar dames, dit moeten we enigszins in perspectief zien. Als je bedenkt hoeveel willekeurig gegeil de gemiddelde vrouw in de loop van een week moet pikken – ik kreeg ooit geile blikken toen ik negen maanden zwanger was en in mijn houtje-touwtjejas met een Vileda Supermop van de plaatselijke doe-het-zelfzaak naar huis liep. Ik was echt The Girl From Ipanema niet – hebben we in elk geval voordeel aan deze specifieke opgeilsituatie: dat het ons in dit geval bespaard blijft dat we een deur met onze tanden moeten openen omdat onze armen volhangen met tassen en een jas.

In dit geval houden we dan toch een open deur over aan die deal. Alleen al om die reden ben ik pro-hoffelijkheid.

Deze verbijsterende afwijzing van mannen die aardig willen zijn, is nog niet alles, DAMES! Door hoffelijk gedrag te weigeren, gedragen wij ons zelf onhoffelijk! Ik zou gek worden van die ironie als ik al niet stond te wankelen bij het onmogelijke idee dat er een situatie bestaat waarin HET OPENEN VAN EEN DEUR gezien wordt als iets agressiefs. Kom op nou, mede-musketieters, wij kunnen toch nobeler zijn. Waarom geven we die goedbedoelende kerels geen schouderklopje en een simpel bedankje? Dat is a) goedgemanierd en b) de reactie die je zelf ook zou willen.

Ik schrijf veel over internet. Dat heeft twee redenen. Ten eerste omdat het overduidelijk de grootste uitvinding van de twintigste eeuw is: de evenknie van het wiel of het vuur, maar dan voor de geest.

Nu massacommunicatie niet langer beperkt is tot kranten of tv-zenders – waarvan de toegang altijd angstvallig bewaakt werd door professionele schrijvers en televisiemakers – bestaat er nu zo goed als een meritocratie van meningen en ervaringen dankzij Tumblr, Facebook, YouTube en Twitter. Een tiener in Buttfuck, Idaho, kan een grap bedenken, of een campagne, of een foto van een lachwekkend wasbeertje posten en als dat tot de verbeelding van andere mensen spreekt, kan dat bericht (ironisch genoeg) tegen zonsondergang de ouderwetse krantenkoppen halen. Ideeen, gedachten en ervaringen verspreiden zich als pollen door de lucht, als bloed in water. In zowel goede als slechte zin, uiteraard: het onzegbare wordt net zo onstuitbaar als een prachtige poging om de wereld te verbeteren. Er zijn mensen wier leven letterlijk is verpest door een slechte foto op Facebook of een e-mail die naar het verkeerde adres is gestuurd en vervolgens verspreid over de hele wereld.

Maar de fantastische, opwindende macht van internet op zich is absoluut fascinerend: het is het grootste spel ter wereld. Het eenentwintigsteeeuwse equivalent van de geboorte van de rock-'n-roll. Voor alle mensen die niet in die wereld werken – maar slechts afnemers zijn die geen Mark Zuckerberg heten – is toegang hebben tot internet zoiets als op een rotsige richel halverwege Victoria Falls staan, midden in een overweldigende moesson. Het geraas en de waterdamp – de constante beweging en vochtige mist – zijn bedwelmend. Duizenden nieuwe dingen tuimelen je elk moment voorbij – door de hoger gelegen rivier meegevoerd naar de waterval – en je kunt gewoon je hand uitsteken en ze vastgrijpen. Kaarten en winkels en gezichten en vrienden uit 1987 en die video uit dat tv-programma van toen, en sneeuwvlokken, en explosies, en Crosby, Stills en Nash die zo vaak je maar wilt driestemmig 'Helplessly Hoping' zingen.

De gedachte om daarvan weg te gaan – terug landinwaarts, weer off-line – lijkt erg troosteloos en armoedig. Droog. Stil. Hoe kom je dan achter... wat dan ook zonder internet? Hoe kun je dingen in gang zetten? Wat blijft er dan over van jou? Niets meer dan een omhooggevallen, ongelukkige aap in een jurk die een treinkaartje naar Nottingham probeert te kopen door zich in de wacht te laten zetten door een andere omhooggevallen edoch ongelukkige aap in een jurk.

Nee, nee... als ik offline ben, ben ik dat eigenlijk maar half. Ik krijg niks voor elkaar. Ik ben gek op internet. Daar speelt mijn leven zich af.

En de tweede reden dat ik er zo dol op ben, is omdat rondklooien op Twitter een uitstekend alternatief voor roken is. Ik denk dat ik nu op zo'n honderdtwintig tweets per dag zit. Ik ben een kettingtweeter.

In het volgende stuk onderzoek ik – wederom met een gláááááádde overgang vanuit de vorige column – het gebrek aan hoffelijkheid op internet.

Een trol moet je niet voeren

Wat ik het mooiste vind van internet is dat het gewoon mensen zijn die op andere mensen reageren, maar op een zodanig baanbrekende manier dat er nieuwe richtlijnen voor nodig zijn. Want niemand heeft de leiding – nee, ondanks de duizenden puberjongens die claimen dat ze King of the Internet zijn – is de onlinewereld een plek waar miljarden mensen de dag proberen door te komen met het plaatsen van grappige kattenfoto's, berichten typen in hoofdletters en een beetje liegen over hoe geweldig ze zijn – en dat alles zonder elkaar in de weg te zitten of elkaar te beledigen.

Over het algemeen werkt het hartverwarmend goed. Van bovenaf bekeken moet internet eruitzien als een multimegarotonde: triljoenen meningen-auto's vanuit de hele wereld die op schijnbaar onafwendbare dodelijke ongelukken afkoersen – maar waar iedereen op het laatste moment elkaar weet te ontwijken en probleemloos verder rijdt naar de eerstvolgende stad of, in het geval van internet, iets pornografisch. Er is nog nóóit een internationale oorlog verklaard op internet. Het is een opvallend gemoedelijke plek.

Maar er zijn uitzonderingen. 'Trollen': anonieme types die kicken op het plaatsen van bewust opruiend commentaar – om dan zichtbaar high te worden van de daaropvolgende verontwaardiging van anderen. Denk even aan een puberjongen die een scheet laat aan de ontbijttafel, en dan zelfgenoegzaam grijnst bij kreten als: 'Jezus, m'n cornflakes licht helemaal op van die stank! Waarom nou? WAAROM DOE je dat nou, Julian? WAAROM?'

Typisch trollengedrag is bijvoorbeeld als je naar een Beyoncé-fansite gaat, het lopende gesprek een paar minuten volgt en dan zegt: 'Ja... maar ze heeft wel een dikke kont, hè?' Terwijl de meer onervaren fans de trol hekelen om zijn seksisme, mogelijk racisme en domheid, komen veteranen met een van de meest gebruikte internetuitspraken: '*Don't feed the troll*' oftewel 'Een trol moet je niet voeren'. Met andere woorden: als een of andere leunstoelcowboy een balletje opgooit om bewust ruzie te zoeken, gun hem dan niet de aandacht die hij zo graag wil. Negeer hem. Een trol moet je niet voeren.

Tot voor kort kwam ook ik ín zo'n situatie met 'Een trol moet je niet voeren'. Ten eerste is het verspilde tijd, tijd die je beter kunt besteden aan een heerlijke, zonnige wandeling, op zoek naar de eerste wilgenkatjes. En ten tweede heb je altijd het onuitroeibare gevoel dat een trol, als je hem hekelt, zijn *Red Dwarf*-muismat tegen zijn kruis wrijft terwijl hij zucht: 'Kwaaie, linkse vrouwen die tegen me typen. O, ja. Dat vind ik lekker.'

Maar toen begon het me op te vallen dat trolgedrag als feno-

meen niet beperkt blijft tot IT'ers die onder pseudoniem rondhangen op Justin Bieber-fansites om meisjes van veertien op de
kast te jagen. Toen Jeremy Clarkson een paar weken geleden in
Top Gear 'geestig' opmerkte dat Katie Price een roze *whore's box*
[hoerendoos] heeft – 'Roze *horse box* [paardentrailer] bedoel ik!'
verbeterde hij zich veelbetekenend – bedacht ik dat Clarksons
gehele carrière feitelijk een en al trolgedrag is: vrolijke plagerijen
over Mexicanen, homoseksuelen en vrouwen, opgeworpen met
die blik van 'Haha! DAT zullen onze politiek correcte vrienden
niet leuk vinden!' die het kenmerk van de ware trol is.

Clarkson is niet de enige beroepstrol. Denk aan zijn vriend
A.A. Gill, columnist van *The Sunday Times*, die met gulle hand
schrijft over 'potten', 'muizenmuilerige Albanezen' en 'lelij-
kerds uit Wales'. Clarkson en Gill weten allebei dat dergelijke
opmerkingen enorm veel reacties oproepen – in hun geval gaat
het zelfs zover dat er ambassadeurs van andere landen bij betrokken raken. In wezen trollen zij tegen het algehele concept
van diplomatie en beschaving om een reactie uit te lokken. Dat
is iets waar een kansloze dorpstrol, op zoek naar zijn kick op
een borstvoedingsforum, alleen maar zuchtend van kan dromen.

Als er iets is wat het wereldbeeld van de trol definieert, is het
een zuur, ontevreden idee dat de wereld teleurstellend is. Trollen zullen nooit enthousiasme aanwakkeren. De standaard trol-
houding is een onverklaarbare, giftige afkeer van iets waar miljoenen anderen plezier aan beleven. De eerste keer dat die zin in
mij opkwam, riep ik: 'O mijn god! Weet je wat dat betekent? De
Daily Mail is verdomme een grondsteen van het trollendom! Het
is de Magna Carta van het trollendom! De Dode Zee-Trollen!'

Want als je naar de website van de *Mail* kijkt, blijft er niets
over van je idee dat lezers van de *Daily Mail* werkelijk genieten
van valse koppen over vrouwelijke celebs die aankomen ('Che-
ryl Cole bolt op'). Al het commentaar blijkt van redelijke men-

sen te komen die verbijsterd zijn over de tactiek van de *Mail* ('Kunnen sterren geen onsje aankomen zonder dat het in de krant komt?' Ivy uit Barking) – waardoor je beseft dat de *Mail* in de praktijk trolt tegen al zijn lezers. Ongelooflijk.

Daarom kan ik dus niet meegaan met de eerste regel van internet: 'Een trol moet je niet voeren'. Dat is *prima* als het gaat over een of andere droeftoeter op een forum met maar vijf leden. Tergende onzin negeren is volkomen terecht en verstandig. Maar wanneer stinkend rijke televisiesterren en complete kranten gaan trollen, is negeren niet echt meer een optie. Zij maken trollen geleidelijk aan de norm. We zullen de trollen moeten gaan voeren: met pijnlijk beleefde e-mails en commentaren, om ze eraan te herinneren hoe miljarden mensen op dagelijkse basis liever met elkaar omgaan, in de minst gereguleerde arena ter wereld: namelijk welgemanierd.

In de loop van dit boek zal een aantal terugkerende thema's opduiken: angst voor de zestiende eeuw; aanhoudend plezier in de maanlandingen; de lekkerheid van Sherlock; een onverantwoordelijke liefde voor alcohol en keiharde popmuziek en een diepe, meer dan oerverering van de BBC*-serie* Doctor Who.

Voor dit stuk liet de BBC *me toe in de studio van* Doctor Who, *waar ik* The Face of Boe *in een pakhuis vond en erop ben gaan zitten. Twee jaar lang heb ik een foto van mijzelf in die positie als screensaver op mijn laptop gehad. Ik twijfel er geen seconde aan dat ik dat, als ik doodga en mijn leven aan mij voorbijflitst, langer voor me zal zien dan menig andere cruciale levensgebeurtenis, en het woord* 'TRIOMF!' *zal erboven knipperen.*

Op de set van Doctor Who

Het station van Cardiff, tien uur 's morgens. De taxichauffeur weet niet precies waar we naartoe gaan. Hij stopt aan het einde van de halteplaats en roept naar de taxi aan de overkant.

'Ik heb passagiers voor *Doctor Who*,' zegt hij met een breed gebaar naar ons, op de achterbank. 'Welke afslag neem ik dan?'

'Voor *Doctor Who*?' zegt de andere taxichauffeur. 'Voor *Doctor Who*?'

Er valt een lange stilte waarin een zenuwachtiger passagier zou kunnen gaan twijfelen of *Doctor Who* eigenlijk wel op aarde wordt opgenomen. Misschien kun je er alleen komen via een zwaarbeveiligde magnetische anomalie in een verlaten bronsmijn, bewaakt door Sontarans!

'Dan moet je rechtsaf bij de BP-pomp, jongen.'

Doctor Who en *Doctor Who*-spinoffs – *Torchwood, The Sarah Jane Adventures, Doctor Who Confidential* en *Totally Doctor Who* – bevolken Cardiff ongeveer zoals een legerbasis een stadje bevolkt. Met een crew van tweehonderd man, honderdtachtig FX-technici, tweehonderd masker- en make-uptechnici, tweeduizend figuranten en tweehonderd gaststerren is de bevolking van de stad verdeeld in burgers en niet-burgers: *Who* en niet-*Who*. De cruciale vraag in het nachtleven van Cardiff is dan ook: 'Zit jij in *Who*?'

'Sommigen doen een beetje kliekerig, alsof ze aanvalsschepen in brand hebben zien staan bij de schouder van Orion,' zei een vriend uit Cardiff. 'Terwijl ze in feite de hele dag met een rubber been hebben lopen zwaaien.'

Maar net als in het leger is die overdreven solidariteit begrijpelijk; *Doctor Who* is een enorme én enorm geheimzinnige operatie. Aangezien ze besloten hebben om te proberen de plots geheim te houden – bijzonder zeldzaam in de televisiewereld, waar voorpubliciteit in de roddelpers belangrijk is voor hoge kijkcijfers – wordt er fenomenaal veel aandacht en energie gestoken in het stilhouden van informatie. Op weg naar Cardiff houdt Lesley, de persvoorlichtster van de serie, een omzichtig wakend oog op mogelijk uitlekken.

'We kunnen in de trein niet over de serie praten,' zegt ze streng, zodra we gaan zitten.

'Dat is weleens gebeurd en toen hebben passagiers die iets hadden opgevangen, de roddelpers gebeld. Iedereen weet namelijk waar je het over hebt zodra je "De Doctor" zegt.'

Dus als ik een uur later in een donker, verder verlaten pakhuis sta, met de Tardis onheilspellend naast me als de monoliet in *2001: A Space Odyssey*, doet dat voorrecht, en een beetje angst, me oprecht huiveren. Voorrecht, omdat ik op een plek sta waar duizenden fans van de serie dolgraag zouden staan. Ik sta immers maar een meter of zeven van een top secret ruimteschip dat 'het James Bond-decor' wordt genoemd, en dat de sukkelklieren van de gemiddelde westerse volwassene van zeventien tot vijftig jaar zal doen wateren.

En angst, omdat de Tardis – hoewel hij boven op een pallet staat – er onverwacht legendarisch uitziet. Het heeft de uitstraling van iets wat tussen kometen is gestuiterd, over galactische nevels heeft gevonkt en door de verste uithoeken van het ruimte-tijdcontinuüm geslingerd is. Terwijl hij, als ik op de deur klop, overduidelijk gewoon van hout is.

Het pakhuis van *Doctor Who* is een surrealistische plek. Hoewel we in het tweede seizoen voor het laatst Cybermen hebben gezien, toen een onverstoorbaar, gespierd miljoenenleger dat de aarde probeerde te veroveren, bestaan er feitelijk maar tien Cybermen. Nou ja, inmiddels vier, door breukschade. Ik zie drie van hun benen haaks uit een grote kartonnen doos steken. De Daleks zijn echter – wat celebrity's daar ook over zeggen – in het echt *forser* dan ze op tv lijken.

Ordinair als ik ben, is mijn eerste instinct dat ik iets cools wil stelen. Ik zal beslist niet de enige zijn met die aandrang. Deze pakhuizen nodigen cast en crew vast uit om 'souvenirs' mee te nemen. Iedereen wil toch zeker een Cybermen-toque op zijn schoorsteenmantel?

'Eerlijk gezegd niet,' zegt onze gids, Edward Russell, Merkmanager van *Doctor Who*. 'Het is een soort familie. Het zou ook niet de moeite waard zijn om iets te stelen, want als ze gepakt worden, komen ze nooit meer aan de bak. Iedereen die erbij betrokken is, wil de serie beschermen.'

Zoals hij het zegt, klinkt het alsof er, in geval van een mogelijke vertrouwensbreuk, een Dalek-moordcommando een lokale kroeg in zou rollen om enkele minuten later weer naar buiten te komen met rokende zuigers.

Uiteraard zou zo'n enorme operatie, en trouwens ook zo'n immens universum, bepaald zinloos zijn als we ons erin zouden wagen zonder een charismatische, galactische chaperon. Zoals we inmiddels allemaal weten is de wederopstanding van *Doctor Who* te danken aan één enkele man – de heerlijke, openhartige en buitensporig talentvolle Russell T. Davies, de man die al zijn succes met *Queer As Folk*, *Bob & Rose* en *Casanova* inruilde voor iets wat de BBC zestien jaar lang voor onmogelijk had gehouden, de eerder opgegeven *Who* doen herleven als het BBC-vlaggenschip. Hij is, meer dan wie dan ook, verantwoordelijk voor het feit dat het beste programma van het eenentwintigste-eeuwse Groot-Brittannië, tegen alle waarschijnlijkheid in, een kinderserie is, die met een minuscuul budget in Wales gemaakt wordt door homo's.

Maar misschien is Davies' casting van de Doctor wel zijn meest cruciale beslissing geweest. Want waar, in het eerste seizoen, Christopher Ecclestone als de licht gestoorde, keiharde Doctor met het leren jack de juiste persoon was om volledig te breken met de erfenis van de vroegere serie vol fluwelen jassen, manchetten met ruches en overdreven gedoe, heeft de serie in David Tennant, de tiende en huidige Doctor, zijn appetijtelijkste vertegenwoordiger gevonden. Waar Ecclestone de rol prozaïsch benaderde, als een moeilijke taak die goed volbracht diende te worden, heeft Tennant de rol aangepakt met, nou ja, liefde, eerlijk gezegd. Hij was als kind al fan van de serie en is verkozen tot 'Beste Doctor Aller Tijden' als erkenning dat hij met zijn vertolking de ultieme belichaming is van de waarden van de serie: anarchie, vitaliteit, strenge moraliteit, onzinnigheid en een eerbiedig ontzag voor hoe groot, griezelig, complex, prachtig en vol tweebenige schuimrubber aliens het universum is.

Als ik hem ontmoet – in de *tea rooms* van het Landmark Hotel in Marylebone – is het duidelijk waarom Davies hem die rol gegeven heeft. Hij is ad rem, heeft energie te over en gebruikt zelfspot waar hij maar kan ('Kijk mijn mobieltje nou! Wat een saai ding! Ongeveer zo intergalactisch als een baksteen!'). Hij is ook, laten we eerlijk zijn, de eerste sexy Doctor. Hij is de lekkerste Time Lord. *The Pink Paper* riep hem uit tot 'Lekkerste Man in het Universum', en in *New Woman Magazine* stond hij op nummer 13 na een enquête onder tienduizend vrouwen over zwijmelobjecten – net onder Brad Pitt.

Tennant betwist zijn titel van Eerste Sexy Doctor echter.

'Tom Baker!' zegt hij op Baker-achtige buldertoon. 'Kom op, zeg! Hij was enorm populair bij de vrouwtjes!'

Hij was meer iets voor een specifieke doelgroep, stel ik preuts. Iets wat ze bij de kiosk onder de toonbank zouden houden, zodat je er speciaal om moest vragen.

'Ik denk dat Peter Davidson in zijn tijd in die lijsten voorkwam,' gaat hij dapper verder. Misschien omdat hij voelt aankomen dat hij over een paar seconden de seksuele allure van Sylvester McCoy zal gaan verdedigen, buigt Tennant het gesprek om met een zelfvertrouwen dat, als ik eerlijk ben, alleen maar meer bewijst hoe sexy hij is.

'Dit is een vreselijke anekdote, dus ik moet hem vertellen,' zegt hij, terwijl hij zich met een kop koffie in een stoel neervlijt. 'Vorig jaar werden Billie [Piper] en ik steeds uitgenodigd als gaststerren bij allerlei Awards, maar we konden nooit. Of we waren aan het filmen in Cardiff, of we zouden de prijs voor Beste Pruik moeten uitreiken of zo, en wat heeft dat nou voor zin? Maar toen de Brit Awards eraan kwamen, lieten we via "onze mensen" weten dat we heel graag een prijs wilden uitreiken voor Beste Dronkaard of zoiets. Maar – geheel in lijn van de wetten der aanmatiging – zeiden ze: "Nee bedankt, we redden het zo wel." Ze zeiden nee tegen de Doctor en Rose! Beroemd in heel het universum!'

Tennant deinst vol zelfspot terug.

Met hem praten is een licht surrealistische ervaring. Aan de ene kant... het is de Doctor! Je zit met de Doctor te praten! Aan de andere kant praat hij even obsessief en hartstochtelijk over de serie als elke andere fan. Dit is een man die zonder ironische beschermlaag kan praten over de Zwaartekracht-Anomalisator.

Nadat hij de mogelijkheid van tafel heeft geveegd dat het spelen van de Doctor, paradoxaal genoeg, zijn plezier in de serie uiteindelijk zou kunnen bederven – 'ik snap wat je bedoelt, maar ik zou gek geworden zijn als ik nee had gezegd en iemand anders in die rol had moeten zien' – praat Tennant in plaats daarvan een uur lang over de serie met al het enthousiasme en milde nerderigheid van een fan, zij het een zeer bevoorrechte fan.

Als we het hebben over een aantal opwindende pareltjes die Russell T. Davies in eerdere afleveringen heeft gestopt zonder daarop door te gaan – zoals het intrigerende nieuws dat de Doctor ooit vader is geweest – geeft Tennant een gil en zegt dan: 'Vertel mij wat! Ik lees die dingen en dan zeg ik: "Wanneer ga je daarop door?" Vaak doet hij het wel. Maar soms,' zegt Tennant terwijl hij zich naar me toe buigt, 'stopt hij die dingen gewoon in het script uit pure ondeugendheid. In het volgende seizoen heeft hij iets gedaan waarvan ik zei: "Waar gaat dat over?" en toen antwoordde hij: "O, dat heb ik er alleen maar in gezet omdat het grappig is." De internetfora gaan straks op tilt.'

Hij straalt. 'Maar hij weet wat hij als fan wil. Je wilt er de hele week over blijven praten. Je wilt je eigen theorieën ventileren over wat er zal gaan gebeuren. Dat maakt het juist zo leuk.'

Samen met Russell T. Davies komt hij over als een stel stoomtreinfanaten die een oude spoorbaan hebben overgenomen. Elk detail van de serie brengt hem in vervoering – zelfs de kostuums. Sterker nog, het verrassendste moment is misschien wel als hij uitlegt dat het imago van zijn Doctor, wat maar weinigen ooit zullen raden, is gebaseerd op de redder van onze dikke schoolkinderen, Jamie Oliver.

'Ik wilde altijd al een lange jas, want dat moet eigenlijk gewoon. Je moet kunnen zwiepen. En toen zat Billie in de talk-show van Parkinson, in dezelfde week als Jamie Oliver, die er erg cool uitzag in een funky pak met sneakers, en dat was het enige waar ik voor gevochten heb.' Tennant slaat met zijn hand op tafel en lacht.

'Hoewel,' gaat hij verder, 'ik moet wel zeggen dat ik daar spijt van heb als ik 's nachts opnamen heb in een steengroeve vol stinkende modder en ze plastic zakken om mijn voeten doen.'

Het grote nieuws voor het komende seizoen is natuurlijk dat Billie Piper, die Rose speelde, de assistente van de Doctor, niet meer meedoet. Ze was niet alleen fenomenaal populair in die rol – het was aan haar te danken dat de serie een jong, vrouwelijk publiek trekt dat er vroeger niet naar keek – maar ze vormde een ouwe-jongens-krentenbroodduo met Tennant. Je kreeg altijd het idee dat ze in hun vrije tijd bij de Nandos in Cardiff gigantische hoeveelheden kippenbouten met hun handen naar binnen werkten terwijl ze met hun mond open zaten te lachen. Als hij het over haar vertrek heeft, klinkt Tennant heel lief.

'De laatste scène die we opnamen was voor [de aflevering] 'The Satan Pit'. Voor onze allerlaatste tekst vroeg iemand: "Wie zijn jullie?" en dan antwoordden wij: "De basis van legenden", waarna we wegzapten in de Tardis. We konden het niet één keer opnemen zonder te huilen. Als je heel goed kijkt, kun je in de uiteindelijke versie zien dat we alweer beginnen te snikken.'

Tennant is echter, zoals het hoort, enthousiast over Freema Agyeman, de nieuwe assistente.

'De energie is totaal anders – zij komt van een volkomen ander uitgangspunt. Ze komt er rond voor uit dat ze op [de Doctor] valt, en dus moet hij duidelijk stellen dat hij daar geen trek in heeft. Dat is een compleet andere dynamiek. Het is een compleet nieuw meisje.'

'Het is *Who*... 2.1 misschien,' suggereer ik.

'Juist!' zegt Tennant stralend. '*Who* 2.1!'

In de lunchpauze gaat de hele crew de heuvel af naar het 'basisstation' – een rij locatiebussen en bouwketen. Als David Tennant binnenkomt, dandyachtig en broodmager in zijn nieuwe, felblauwe pak en duizelingwekkende kuif, is het effect ongeveer zoiets als bij de Fonz die zijn entree maakt in Al's Diner. Hij is duidelijk de baas hier; hij krijgt het voor elkaar om drie crewleden tegelijk te begroeten, aan te spreken en te plagen.

Als John Simm de set op loopt, is de sfeer echter intens en ingehouden. Als de onmisbaar slechte Mr Saxon draagt Simm een zwart pak en een onheilspellende ring, en in plaats van het buffet luncht hij liever rustig in zijn trailer.

'Ik kan je niets vertellen,' zegt hij zuchtend. 'Volgens mij ben ik officieel niet eens hier, toch?' zegt hij schouderophalend.

Later, weer in Cardiff, in een bar aan het water, bestelt Simm bewonderenswaardig snel achter elkaar een aantal whisky's terwijl hij uitlegt waarom hij een baby van drie weken thuis heeft achtergelaten om een maand op een winderige heuvel in Wales te gaan zitten.

'Het is *Doctor Who*, hè?' zegt hij heerlijk beknopt. 'Dat moet je gewoon doen. En Jezus, wat steken ze er allemaal een energie in. Julie Gardner [de producer] en Russell T. Davies hebben een nachttrein naar Manchester genomen, naar de set van *Life on Mars*, om me te vragen voor de rol.'

De beslissende stem kwam echter van Simms vijfjarige zoontje Ryan.

'Hij is gek van *Doctor Who*. Hij heeft de broodtrommel, de poppen, de schroevendraaier. Als vader van een klein jongetje heb je zo'n beetje de morele plicht om de slechterik in *Doctor Who* te spelen als je de kans krijgt, toch?'

Simm wil graag illustreren wat Tennant en hij hebben doorstaan om deze nieuwe generatie *Who*-fans te vermaken – hoe ver ze gaan in hun toewijding.

'We waren een keer een scène aan het opnemen, alleen David en ik, boven op een verlaten bergtop. We gingen er helemaal voor toen we, god mag weten waarvandaan, zachtjes het geluid van een ijscowagen hoorden. David speelde door, dus ik dacht, ik stop niet zolang jij niet stopt. Dus we gingen door tot het einde – hoewel het waarschijnlijk de enige ijscokar op aarde was die de tune van de *Benny Hill Show* speelde. Het minst intergalactische deuntje dat je je kunt voorstellen!'

Hij schudt het hoofd.

'Achteraf gezien waren we die dag erg professioneel bezig.'

Voor het derde seizoen heeft de BBC de publiciteit voor *Doctor Who* de, vaak krakkemikkige, deur uit gedaan en in handen gelegd van Taylor Herring – de pr-man van Robbie Williams, *Big Brother* en Al Gore.

Het nieuwe pr-team heeft blijkbaar beter door hoeveel belangstelling er voor de serie is en heeft de persvertoning van de twee eerste afleveringen derhalve naar een hoger plan gebracht. Waar persvertoningen normaal gesproken een kleine ruimte, veertig sjofele journalisten en een tafel met koffie en broodjes behelzen, wordt dat bij *Who* aangepakt als een filmpremière. Voor het Mayfair Hotel staan fans te schreeuwen terwijl een schare paparazzi de gasten fotograferen. Hoewel de meeste celebrity's eruitzien alsof iemand met een bus langs de BBC-kantine heeft gereden onder het roepen van 'Iemand zin om *Doctor Oe* te komen kijken?' – zoals Ian Beale, Michelle Collins en Reggie Yates – zijn er ook mensen als Jonathan Ross, Catherine Tate en Dawn French.

Freema Agyeman draagt oorbellen van vierduizend pond, David Tennant en Russell T. Davies schitteren strak in het pak en werken de rij televisiecrews af alsof ze nooit iets anders doen.

Als de persvertoning begint is er even geen geluid. De Tardis, even iconisch als altijd, tolt in volledige stilte door het felblauwe ruimte-tijdcontinuüm. Dan begint het publiek als één man zelf de tune te zingen: 'Ooee wieieie oeoeoeoe/OEOEOE oeoe.' Er klinkt zelfs een indrukwekkende tegenmelodie: 'Die duddelie dum/Die duddelie dum.' Het is een moment van gezellige, gemeenschappelijke vreugde.

Russell T. Davies loopt rond en ziet er zo blij en sereen uit als iemand die onlangs is verkozen tot 'Op Twee Na Machtigste Man in de Britse Showbusiness' betaamt, na zijn zoveelste enorme succes.

'De serie is simpelweg een van de beste ideeën aller tijden, vind je ook niet?' zegt hij terwijl hij aan zijn sigaret lurkt en straalt. 'Zo eenvoudig en toch zo complex. Wie is er nou niet dol op een sexy anarchist die door de tijd en de ruimte dwaalt?'

Als iemand hem vraagt of de serie – gezien het feit dat *Doctor Who* feitelijk *EastEnders* als BBC-vlaggenschipshow heeft ingehaald – een groter budget zou kunnen gebruiken, uit hij een reeks licht brallerige en bedrijfsgetrouwe kreten, waarna hij theatraal brult: 'Ja! ja! Ja, ik wil meer geld, verdomme!'

En dat is nauwelijks verrassend als je bedenkt dat *Who* nog steeds niet wordt opgenomen in HD – beslist een dwaze besparing op de korte termijn gezien de onvermijdelijke lange levensduur van de serie door herhalingen en de verkoop van dvd's.

Maar uiteindelijk 'ben ik een gelukkig mens', verzucht Davies, waarna hij uitademt en naar de andere kant van de ruimte kijkt waar de Doctor, diens assistent en een kring van zeker tien volwassenen staan, stuk voor stuk gierend van opwinding omdat ze straks de Tardis mogen aanraken. 'Een heel gelukkig mens.'

En hij mag misschien wel stilletjes tevreden zijn. In een wereld waar nog maar weinig verrassends gebeurt en alles met cynisme wordt bekeken, is *Doctor Who* immers echt een zeldzaamheid. De serie is een van de weinige dingen waarover volwassenen even schaamteloos enthousiast kunnen zijn als kinderen.

Waar kinderen voor het eerst de sensaties en angsten van volwassenen ervaren, en waar we vooraf nooit precies weten hoe het afloopt. Met pittige vrouwen, biseksuele kapiteins, ordinaire spraakzaamheid, wetenschappelijke passie en niet-aflatend, uitgesproken pacifisme biedt de serie een ontsnapping uit de mistroostig beklemmende visie van de meeste verhalen.

Het mag dan wel over een man van negenhonderd jaar gaan, met twee harten en een ruimte-tijdcontinuümtaxi van hout, het is nog steeds een van onze allerbeste voorstellingen van het mensdom.

Het laatste stuk van dit deel – over de merkwaardige fraseologie van de antiabortusbeweging in Amerika. 'Een geschenk.'

Dit is geen geschenk

Het is een zorgwekkend idee om iets in je handen gedrukt te krijgen wat je niet wilt hebben – echt niet – met de woorden: 'Het is een geschenk! Het is een geschenk!'

En dat jij dan eerst nog terughoudend en beleefd zegt: 'Wat enig, maar nee, dank u. Ik wil dit pistool/dit moderne beeldhouwwerk dat te groot is voor mijn huis/een zak oesters waar ik allergisch voor ben niet hebben. Heel aardig dat u aan me hebt gedacht, maar nee.'

Maar ze worden steeds hardnekkiger.

'Het is een GESCHENK!' houden ze vol terwijl ze het in je hand drukken. 'EEN CADEAU. JE MOET DIT GESCHENK AANNEMEN.'

En inmiddels bloeden je handen en je begint het echt eng te vinden en je probeert je terug te trekken. Maar dan ontdek je dat de wet van de ene op de andere dag is veranderd, waardoor je wettelijk verplicht bent dit geschenk aan te nemen, ook al sta je hier met opengereten handen en vraag je: 'Maar een geschenk moet toch iets zijn wat welkom is? Iets passends? Als een vreemde hand iets in mijn zak steekt is dat hetzelfde als een vreemde hand die iets UIT mijn zak haalt. Er zou gewoon helemaal geen hand mogen zijn.'

En het pistool gaat af, en het beeldhouwwerk staat klemvast in de deuropening en de oesters druppen traag op de vloer. Dingen die ergens anders welkom zijn, zorgen hier voor een chaos. Ze passen niet, ze brengen zorgen. En de vreemde loopt weg. Hij heeft je zijn geschenk opgedrongen, zijn werk is gedaan. En je snapt niet waarom hij ooit bij jou heeft aangeklopt.

De Republikeinse presidentskandidaat Rick Santorum merkte op dat hij, als zijn veertienjarige dochter verkracht zou worden en daardoor zwanger zou raken, niet zou willen dat ze een abortus zou ondergaan – ze zou het kind moeten zien als een 'geschenk' van God – en die opmerking is een van de kenmerkendste citaten van het jaar geworden.

Nu voorbehoedmiddelen en abortus wederom controversieel aan het worden zijn – Groot-Brittannië heeft voor de tweede maal in twee jaar te maken met een voorstel dat vrouwen die een abortus willen door antiabortusorganisaties gecounseld moeten worden; in de VS spreken Rush Limbaugh en Rick Santorum zich uit tegen voorbehoedmiddelen, zelfs voor echtparen – wordt de gedachte dat kinderen een 'geschenk' zijn een cruciale kwestie.

'Geschenk' is hier het sleutelwoord. Als alle kinderen een 'geschenk' zijn, maakt dat een zwangere vrouw die een abortus wil ondergaan onvergeeflijk 'ondankbaar'. Dan is anticonceptie dus slecht, want dat staat voor het afwijzen van nog meer 'geschenken'.

Laten we even nagaan wat 'geschenken' met zich meebrengen. Als ik jou een geschenk geef, is dat meestal een verrassing. Het is waarschijnlijk iets wat je niet voor jezelf zou kopen. En als ik het je eenmaal gegeven heb, zie ik het niet meer terug. Ik laat het geschenk bij jou achter. Het geven van een geschenk neemt de ontvanger ervan feitelijk de macht uit handen – geen probleem als het een raar felgekleurd horloge is; een stuk problematischer als het een mens is waar je de rest van je leven voor verantwoordelijk zult zijn.

Als baby's als 'geschenk' aan een vrouw gegeven worden, klinkt dat alsof die vrouw machteloos is. Ze is gewoon iets waar het cadeau in gezet is, zoiets als een boekenkast of een plank – in plaats van een volwassen persoon die bij haar volle verstand besloten heeft dat ze klaar is om moeder te worden.

Een baby betitelen als een 'geschenk' lijkt ook iets – laten we eerlijk zijn – wat iemand zou zeggen die niet veel tijd doorbrengt met opgroeiende kinderen. Het lijkt onredelijk om harde woorden te gebruiken om de realiteit van het ouderschap te beschrijven, maar aangezien mensen die campagne voeren tegen abortus en voorbehoedsmiddelen zelf maar al te graag harde woorden gebruiken ('slet', 'prostituee', 'hoer', 'moord'), neem ik aan dat ze daar niet mee zitten.

De ervaring met zwangerschap, baren en moederschap leert wat dat geschenk met zich mee kan brengen: inscheuren, bloeden, huilen, uitputting, hallucineren, wanhoop, razernij, bloedarmoede, hechtingen, incontinentie, werkloosheid, depressie, infectie, eenzaamheid. Dood. Er sterven nog steeds vrouwen in het kraambed. Niet zoveel als vroeger – maar een stuk meer dan vrouwen die het loodje leggen bij het krijgen van andere 'geschenken' zoals geurkaarsen of weekendjes weg. Bovendien is 'geschenk' een hopeloos ontoereikende term om je kinderen te beschrijven, voor wie je zonder enige aarzeling zou sterven, die je zou inademen als zuurstof en over wie je zwijmelt alsof het minnaars zijn. Dat heb ik nooit gedaan voor een voetenbubbelbad of een vaas.

De vrees van de tegenstanders van abortus en voorbehoedsmiddelen is dat vrouwen die dergelijke 'geschenken' afwijzen nee zeggen tegen geschenken van de natuur, of van God. Uit respect voor die twee dingen zouden we niet moeten kiezen voor voorbehoedsmiddelen of abortus. Maar de natuur kiest natuurlijk zelf geregeld voor voorbehoedsmiddelen of abortus: ziekten waar je onvruchtbaar van wordt; zaadcelconcentratie die tot het nulpunt keldert. Verstopte eileiders en kapotte baarmoeders en de duizend smarten van de onvruchtbaren. De een-op-de-drie zwangerschappen die uitlopen op een miskraam – laten we niet vergeten dat bij een miskraam net als bij een abortus een potentieel leven beëindigd wordt – alleen is een miskraam niet gewenst, en vaak gevaarlijk; terwijl abortus veilig is, en gewenst.

De natuur gelooft bovendien onmiskenbaar in niet-voortplantingsgerichte seks: zevenentwintig dagen per maand is seks niet-voortplantingsgericht. Seks na de menopauze is niet-voortplantingsgericht. Statistisch gezien is de meeste seks niet-voortplantingsgericht. Seks hoeft klaarblijkelijk *niet* alleen te leiden tot voortplanting, maar ook tot geluk, opwinding of tevredenheid.

Dingen die werkelijk een geschenk zijn; en altijd welkom. Dingen waar ik niet van schrik als ze me worden opgedrongen.

Deel 3

Ouderschap, overheid en overbekakt

Waarin we verbijsterd zijn over Downton Abbey, *ouderlijk zuipgedrag verdedigen, de heftigheid van armoede bespreken en oproepen tot het omleggen van Lola uit* Charlie and Lola. *Maar eerst een huiselijk intermezzo.*

Voor mijn werk heb ik veel korte, maar vreemd genoeg intieme ontmoetingen met allerlei mensen, maar mijn vermogen om 'op te kunnen schieten' met iedereen – ze op hun gemak stellen, zorgen dat ze het leuk hebben met mij – komt nergens zo duidelijk naar boven als in de gesprekken die ik 's avonds laat met mijn man heb. Op allerlei vlakken vind ik dat die gesprekken het huwelijk in een notendop weergeven: de een barst van allerlei ideeën die kennelijk alleen gedeeld kunnen worden met die ene speciale geliefde, terwijl de ander verdomme gewoon wil gaan slapen.

Wat ik allemaal heb gedaan om jouw leven te verzieken

Het is vier over twaalf 's nachts. Ik bevind mij op het wazige randje van slaap; het wattige dekbed van gewichtlozere gedachten. Er is iets met mijn tanden die groter worden. Ik val met één been vooruit een droom in.

'Cate.' Dat is mijn man die naast me overeind gaat zitten.

'Huh?'

'Cate.' Hij valt duidelijk nog niet in slaap.

'Huh?'

'Ik vind net je Mooncup onder mijn kussen.'

Voor wie er nog nooit eentje is tegengekomen, een Mooncup is een... damesding dat je gebruikt tijdens je... damestijd, voor... dameszaken. Om de een of andere reden raak ik die dingen altijd kwijt – om ze vervolgens op allerlei onverwachte plekken terug te vinden. Mijn een-na-gênantste moment aller tijden was toen het eenjarige zoontje van mijn beste vriendin de keuken in liep met mijn Mooncup klemvast in zijn mond, als een fopspeen. Over mijn gênantste moment aller tijden kan ik nog steeds niet praten. Het hoeft geen betoog dat ik op dat moment die 21-jarige boekhouder niet op mijn overloop had verwacht.

'Waarom ligt jouw Mooncup onder mijn kussen?' vraagt Pete. O jee.

'Ik vroeg me al af waar hij was!' zeg ik. Misschien dat mijn blijdschap dat het ding terecht is op Pete afstraalt en dat hij dan blij voor mij zal zijn.

'Ik ben niet blij voor je,' zegt hij. 'Als je dat soms dacht.'

'Sorry,' zeg ik. 'Zo gaat dat nou eenmaal met mijn Mooncup. Dat heb ik ook met scharen en kaasraspen, ik weet nooit, echt nooit waar die liggen. Het lijkt wel alsof ze heen en weer schieten tussen twee parallelle werelden. Bizar!'

'Ik geloof niet dat jouw Mooncup via de snaartheorie onder mijn kussen beland is,' zegt Pete, nog steeds erg wakker. 'Want het is maar één van de vele dingen van jou die op de verkeerde plek terechtgekomen zijn, en zelfs een oneindig universum heeft volgens mij niet zoveel wormgaten.'

'Hoezo?' zeg ik.

Het is duidelijk dat ik niet snel aan slapen toe zal komen. Pete is hier kennelijk nogal verbolgen over. Ik moet zeggen dat ik deze behoefte om te praten tijdens bedtijd enigszins zelfzuchtig vind. Zoiets zou ik nooit doen.

'Nou, gisteren heb ik een half opgegeten stuk toast met Marmite op mijn Pentangle cd-box gevonden,' zegt Pete en hij klinkt echt behoorlijk nijdig. 'Ik wou net tegen de kinderen uitvallen... tot ik de gigantische, ultrabrede mondafdruk herkende van degene die een hap van dat stuk toast genomen had.'

'Ik?' zeg ik.

'Nou, jij of een ronddwalende T-Rex,' zegt hij. 'Het lijkt wel alsof je de mondomvang hebt van een schepsel dat zijn onderkaak kan loskoppelen om een hele piano in één keer naar binnen te werken.'

'Zo erg is dat toch niet?' zeg ik. 'Toast op een cd? Het zijn immers net onderzettertjes. Je kunt ze makkelijk schoonvegen. Als je ergens zou moeten overleven, zijn het ideale vervangers voor melamine picknickbordjes. Ik vind dat niet onredelijk.'

'Je moet je lunch gewoon niet op mijn albums laten liggen!' zegt Pete, die nu een beetje emotioneel wordt. Een beetje als een vrouw, moet ik zeggen. 'Ik zou nooit...' zegt hij, zoekend naar iets vergelijkbaars, '...een varkenspasteitje in jouw handtas stoppen.'

'Dat zou ik helemaal niet erg vinden,' zeg ik in alle redelijkheid. Ik ben een uiterst redelijk mens.

'Dat weet ik!' zegt hij. 'Ik heb jou falafel in het handschoenenvakje zien stoppen! Jij legt de hygiënelat erg laag! Na al die jaren heb ik dat van je geaccepteerd. Ik accepteer het alleen niet van je op mijn spullen!'

'Is het zo erg?' vraag ik. Ik voel me nogal gekwetst. Ik heb mijn lat hoger gelegd sinds we bij elkaar zijn. Toen ik in 1996 bij hem introk, had ik twee zwarte vuilniszakken vol servies bij me. Vies servies. Als mijn bruidsschat, als het ware. In een van de zakken zat een asbak. Een volle. Maar dat zou ik nu niet meer doen. Ik ben veranderd.

'Je laat je vieze panty's in de keuken liggen. Ik heb een teenslipper van je in mijn computertas gevonden. Gisteren haalde ik mijn ov-chipkaart uit mijn jas en toen zat er een blarenpleister van jou aan vastgeplakt – die moest ik er op het metrostation vanaf pulken. Je hebt mijn ovenwant van Le Creuset uit het raam gegooid.'

'Daar heb ik al een column over geschreven,' zeg ik. 'Wat mij betreft, is dat afgehandeld.'

'Toen ik beneden kwam na een avondje slempen zag ik dat je je sigaret had uitgedrukt op Nancy's speciale bord van *De Kleine*

Zeemeermin,' gaat Pete verder. 'Je probeert de mee-eters op mijn neus uit te knijpen als ik achter het stuur zit; je komt binnen en begint gesprekken met me als ik op de wc zit; je hebt alle herhalingen van *Top of the Pops* van 1976 verpest door steeds maar te zeggen: "Ik hoop dat ze, als de punk eindelijk aan de beurt is, GUNS en KILL J.J. Barrie hebben."'

'Is dit,' zeg ik hoopvol, 'zo'n ruzie waarbij jij opnoemt wat ik allemaal heb gedaan om je leven te verzieken, maar dat je je aan het einde vreemd genoeg opgewonden voelt en de ruzie uitloopt op seks? Zoals in *Moonlighting*?'

'En je vergelijkt alles met *Moonlighting* terwijl je weet dat ik die serie nóóit heb gezien,' zegt Pete.

Het plezier van het hebben van kinderen is eindeloos. Een plakkerig zee-sterrenhandje op je gezicht. De wandeling naar school terwijl je onderweg vrolijk samen de helft van hun klasgenootjes dist. De zoogdierlijke vreug-de die zich van je meester maakt bij het zien van een ziek kind dat troost vindt in je armen en in slaap valt.

Als je een luchthartige krantencolumnist bent die de opdracht heeft het leven ironisch en met een scheef oog te bekijken tot het leven heel goed weet dat het ironisch en scheefogig bekeken wordt, zijn ze bovendien altijd goed voor een snelle achthonderdvijftig woorden als je tegen je deadline aan zit. Als iemand dat kinderuitbuiting noemt, kun je terugkaatsen dat de LEGO *Death Star £ 274,99 kost – dus wie wordt er hier nou uiteinde-lijk door wie genaaid?*

Ik weiger goodiebags voor je te maken. Wegwezen, anders roep ik de politie erbij

Ik ben geen krent als het om de verjaardagen van mijn kinde-ren gaat. Helemaal niet. Ik máák een kaart voor ze, ik máák een taart voor ze. Laten we er geen doekjes om winden – ik heb hén gemaakt. Ik ben de verjaardagsgrondlegger. Zonder mij waren zij niets meer dan kaartloze, taartloze, doelloze spermacellen.

Maar hoewel er geen grenzen zijn aan de hoeveelheid verruk-king die ik in de belangrijke dagen van mijn dochters wil prop-pen, trek ik ergens een grens: goodiebags. Ik vind goodiebags tenhemelschreiend. Ik weiger ze uit te delen. Ik vind het een symbool van een decadent en corrupt regime. Er is geen enkele logische reden waarom ze ooit het licht gezien hebben, of waarom wij ze – als redelijke, verstandige mensen – in leven blijven houden.

In de zestien vredige jaren die mijn man en ik nu bij elkaar zijn, zijn er maar twee onderwerpen waarover we slaags raken. Ten eerste over zijn herhaalde, onuitstaanbare verlangen om een ovenwant te bezitten – WEES EEN VENT EN PAK EEN OPGEVOUWEN THEEDOEK. JE HEBT GEEN GEWATTEERDE WANT NODIG OM EEN BAKBLIK VOL PATAT UIT DE OVEN TE HALEN, ONGELOOFLIJK MIETJE DAT JE BENT.

En het tweede onderwerp is goodiebags. Tweemaal per jaar hebben we dezelfde ruzie.

Hij: 'Feestje morgen. Begin maar vast aan de goodiebags.'

Ik, op alleszins redelijke toon: 'Pete, als die kinderen naar huis gaan, hébben ze al een zak vol goodies. Die zak is hun eigen hoofd, en de cadeautjes die erin zitten zijn de herinneringen aan de leuke dag dat ze een dierenballonnenman mochten molesteren.'

Hij, zonder te luisteren: 'Ik wil er niet weer dezelfde dingen in doen als vorig jaar. Vorig jaar had ik mini Rubik's Cubes. Het moet iets anders zijn.'

Die behoefte aan 'oneindige goodiebag-verrassing' heeft mijn man op heel wat onverwachte goodiebagpaden doen belanden. Vorig jaar had hij voor ieder kind op Lizzies negende verjaardag een compilatie-cd gemaakt met nummers waarvan hij dacht dat ze ze leuk zouden vinden. We hebben nooit enige feedback gekregen over de anderhalf uur vol 'toegankelijkere' werken van Stackridge, Kraftwerk en de psychedelische muziek van folkjazztitanen Pentangle – mogelijk omdat kinderen tegenwoordig alles liever op MP3 hebben. Ze waren vast verbaasd over die rare regenboogkleurige onderzetter in hun goodiebag. Misschien dachten ze dat het een piraten-Blu-ray van *Avatar* was.

Pete's probleem is dat hij in wezen een goeie vent is, die probeert grip te krijgen op een verrot systeem – maar hij had sowieso nooit in de netelige positie gedwongen moeten worden waarin hij zevenjarige kinderen aan psyche-folk wil krijgen. Waarom zou een kind dat op een feestje komt in *vredesnaam* iets krijgen wat feitelijk een extraatje is? Het is alsof we ze op weg naar buiten een fooi geven.

Voor de duidelijkheid: ik *bedank* ze niet voor het komen. Ik heb ze zojuist drie uur vol eten, amusement en tolerantie voorgeschoteld terwijl Alfie het invalidentoilet van de Pizza Express in gebruik nam als zijn persoonlijke kantoor/hangplek, ongeveer zoals de Fonz zijn 'zaken' deed vanaf zijn favoriete tafeltje bij Al's Diner. Ik heb ook te maken gehad met Emily, die haar houding tegenover pizza als volgt verklaarde: 'Ik eet geen pizza's met tomatensaus of kaas erop. Die niet.'

De boodschap die ik 24 vertrekkende kinderen meegeef, is niet: 'Hier is je zak vol schatten. Ik ben dankbaar voor de bijzondere tijd die we met elkaar hebben gehad.' Mijn boodschap is: 'Je hebt je feestje gehad – nu opzouten, zonnestraaltje, voordat ik de politie erbij roep.'

Ik geloof niet in goodiebags voor kinderen, net zoals ik niet geloof in 'de geschenkenkamer' bij Award-uitreikingen. Mensen die bij de Oscars komen aanzetten, hoeven niet meegetroond te worden naar een vertrek vol luxe consumentengoederen en/of 'verwenarrangementen'.

Tegen de tijd dat je over een rode loper loopt, een kilo zwaarder door al je diamanten, is je hele leven in wezen één groot cadeau. Je kent dat wel – Mariah Carey heeft een fijne dag gehad. Ze had een leuk uitje, droeg een goeie jurk, heeft met John Travolta een gesprekje gevoerd waar ze waarschijnlijk niets van begreep, en nu gaat ze weer op huis aan. Zij hoeft geen diamanté-Magimix en een handvol bonnen voor een saunaparadijs om het allemaal nog leuker te maken.

En toch gaat dit zinloos weggeven van cadeaus door zonder

dat iemand ingrijpt. Ouders worden erdoor tot waanzin gedreven. Je ziet ze de dag voor een partijtje door de winkels dwalen met die 'goodiebagblik' in hun ogen.

Ik moet een boel dingetjes bij elkaar zoeken voor hooguit £ 2 per kind, zegt hun houding. Het maakt eigenlijk niet uit wat het is. Ik stop er een appel, een doos punaises en een krant in, als het moet. Ik moet gewoon genoeg dingen hebben om een kinderhand bij het weggaan mee vol te laden.

De oprechte, ongeremde reactie van een kind herinnert je er intussen aan hoe zinloos de hele operatie is.

'O,' zeggen ze terwijl ze in de goodiebag kijken. 'Dit gummetje zit helemaal vol taartglazuur.'

En dan lazeren ze de hele zooi in de vuilnisbak.

Nog wat ouderschapsrazernij – ditmaal over de kolossale merchandising melkkoe die Charlie and Lola *heet. Toen ik dit schreef, leek het niet gepast om in* The Times *op te merken dat ik 'een oogje heb' op de hese, onbeholpen Marv – Charlies beste vriend – en dat ik zó zijn Mrs Robinson zou willen zijn zodra hij meerderjarig wordt; zo'n vier jaar ouder dan hij in de boeken is. Maar op de een of andere manier vind ik dat ik het hier wel kan zeggen. In cursief is het gek genoeg niet erg.*

Ik haat *Charlie and Lola*

De eerste tijd dat je kinderen hebt, ben je natuurlijk niet zo kieskeurig. In die eerste paniekerige jaren wordt alles wat jouw kinderen tien minuten vermaakt en afleidt – waardoor jij de luxe kunt nemen om op je buik op de overloop in slaap te vallen, of tijd hebt om spuugkorsten van je onflatteuze ouderschapsbroek te peuteren – dankbaar omarmd. Je zet zonder moeite willekeurig welke achterlijke dvd aan voor vijf minuten respijt van een peuter die om drie uur als een Gremlin flipt uit angst voor zonlicht. Het is moeilijk uit te leggen aan iemand die geen kinderen heeft hoe laag je maatstaven – alsmede je normen – worden. Ik weet nog dat ik op een van de allerergste dagen aller tijden – toen geen enkel tv-programma ze leek te kunnen bekoren – dacht: het schijnt dat Hitler een hypnotiserend redenaar was. Het publiek luisterde zwijgend en in vervoering. Ik vraag me af of ik daar iets van zou kunnen bestellen op Play.com.

Maar ze worden ouder, het wordt makkelijker, en je kunt je

eindelijk de luxe van kwaliteitscontrole veroorloven. Je kunt met een kritisch oog gaan kijken naar welke dingen je kinderen nou eigenlijk met ogen als schoteltjes zitten te staren, en evalueert ze op dezelfde manier als vroeger je eigen verzameling muziek, dvd's en boeken.

En toen ik dat deed met het programma dat mijn kinderen het allerleukste vonden – een van de beroemdste en succesvolste series van de laatste tien jaar – bekroop mij een akelig besef: ik haat Lola uit *Charlie and Lola*.

Zo. Dat is eruit.

Voor wie de serie nooit gezien heeft; het idee is als volgt: Charlie en Lola zijn twee pretentieuze, hippie-achtige kinderen die leven in een wereld vol eclectisch Scandinavisch textiel en ongelijk getekende ogen. Waar hun ouders uithangen, weet niemand – aan hun huis te zien zit hun moeder kennelijk vaak met prijzige schoenen aan in *Newsnight Review* om de comedyserie *Pep Show* te analyseren, terwijl pa via Skype curieuze Twinkeltronica- en Humbient-muziek maakt voor een online Nu Rave-club.

In hun afwezigheid wordt de slimme, kwebbelige, onuitstaanbare vierjarige Lola grootgebracht door haar oudere, uitgebuite, broertje Charlie met zijn warrige haren. Charlie heeft een hoop met haar te stellen. 'Ik ben een lastige eter!' stelt Lola opgewekt – waardoor Charlie de hele aflevering lang wortels 'oranje pepsels van Jupiter' moet noemen tot zijn zus eindelijk haar eten naar binnen werkt. Hij moet aardappelpuree omdopen tot 'wolkendons van de puntigste top van de berg Fuji', omdat Lola een kind is dat geen aardappelpuree lust. Een kind dat geen AARDAPPELPUREE lust! Serieus, ik kan meer verdraagzaamheid opbrengen voor de Ku Klux Klan.

'Ik kan beslist, totaal en volledig op jouw hond passen, eerlijk waar!' verzekert Lola Charlies vriend Marv – waarna ze ogenblikkelijk de hond kwijtraakt, wat Marv waarschijnlijk die avond op een pak slaag komt te staan.

'Ik ben absoluut veels te klein voor school,' zegt Lola – die met uitdrukkingsloze reptielenogen uitdoktert hoelang ze Charlie kan piepelen en hem lokmiddelen en concessies kan ontlokken voordat ze eindelijk zwicht en de school betreedt, WAT MOET ZOALS ZE HEEL GOED WEET.

Charlies leeftijd wordt nooit genoemd, maar zo te zien is hij een jaar of elf – op het randje van de puberteit. Dat hij zijn dagen moet vullen met het paaien van een meisje dat al zijn verjaardagskaarten openmaakt, zijn raket stukmaakt en denkt dat ze Mariah Carey op haar geschiftst is ('De hele wereld zou regenbogen en ijsjes moeten krijgen!') moet gegarandeerd voelen als een gigantische kolerestreek. Zijn ouders hebben een lispelend monstertje met een eetstoornis gemaakt, en laten dat aan hem over terwijl zij op hun dure stadsfiets naar La Fromagerie gaan om een keuze te maken tussen hun twee favoriete geitenkaasjes-met-askorst voor het avondmaal. Jongens! Neem gewoon voorverpakte kaasplakjes en verlos dat kind. Verlos *ons*!

Want de feitelijke basis voor mijn haat jegens Lola is haar angstaanjagende macht als voorbeeld voor mijn dochters. Ze heeft de lat onaanvaardbaar hoog gelegd als het gaat om hoe bedtijd voor een kind in de eenentwintigste eeuw in alle redelijkheid verloopt – eisen dat er tijgers zijn die roze melk drinken, leeuwen die tandpasta op haar tandenborstel doen en drie walvissen die in haar bad zwemmen, voor ze zich zelfs maar verwaardigt om haar pyjama aan te trekken. Dat is uiteraard grofweg hetzelfde als een knop met het opschrift DRIJF ELKE OUDER NÚ TOT WAANZIN. Zo ben ik in elk geval niet opgevoed. Mijn bedtijdritueel bestond uit mijn moeder die naar boven wees en 'DAARHEEN' riep. Dat was eigenlijk wel het ritueel dat ik voor mijn kinderen in mijn hoofd had, tot deze... helleveeg haar opwachting maakte.

Wat moet er van Charlie en Lola worden als ze volwassen zijn? Het is in theorie nog te vroeg om er iets van te zeggen, maar Charlie zal overduidelijk een lekker ding zijn tegen de tijd dat hij zestien is. Gezien zijn uiterlijk en opvoeding zal hij vast een rare, pretentieuze, Radiohead-achtige band beginnen, een paar jaar op tournee gaan en dan de opdracht krijgen om achtergrondmuziekjes te componeren voor de dramaserie *Skins* voor de oudere jeugd. Dankzij zijn jeugd met een wispelturig jonger zusje zal hij een ideale huwelijkskandidaat zijn en zijn succesvolle vrouw zal hem met alle plezier tweemaal per jaar zijn snowboardsessies gunnen, en een fluctuerende wietverslaving.

Lola wordt op haar beurt een van die opvallende auditiekandidaten bij *X-Factor* die ongelooflijk op haar bek gaat in bootcamp en dan jammert: 'AAAAAAHHHHHH TOE NOU, Simon... ik weet beslist, totaal en volledig dat ik dit kan!'

Jawel. Over dertien jaar is Lola het duivelse tweelingzusje van Zooey Deschanel.

Evengoed weet ik dat een vader het net zo moeilijk heeft als een moeder.
Vooral als je kinderen beginnen te praten.

De gruwel van Papa's Speciale Limonade

Ik zat vorige week aan de keukentafel de kranten door te bladeren, benieuwd hoeveel verwarrende en/of onrustbarende dingen ik tot mij kon nemen vóór het ontbijt. Daar stond het nieuws dat David Cameron naar verluidt 'antikakkineusheids' les neemt – wat beslist een onverstandige stap mag heten midden in een verkiezingscampagne, als je bedenkt dat er voor de Conservatieven, als alles goed gaat, amper meer zal overblijven dan een broek en een naamkaartje waar 'Dave' op staat.

Op de volgende pagina weer iets over Maya's en hun overtuiging dat de wereld eind 2012 vergaat – een theorie die me intussen behoorlijk op stang begint te jagen. Wat, denk ik paniekerig, zal er in Mozesnaam gebeuren bij de Olympische Spelen in Londen? Hoe vreselijk kan het misgaan bij een openingsceremonie met Paul McCartney, David Beckham en Stomp? Het enige wat het Einde der Tijden erger kan maken is de wetenschap dat het epicentrum in Stratford lag, en dat alle ongemakken rondom de aanleg van de East London Line uiteindelijk volkomen zinloos zijn geweest.

Maar toen ik omsloeg en een foto zag van de veroordeelde pedofiel Sidney Cooke, voelde dat als een plotselinge en enorme geruststelling.

Die ziet er écht uit als een pedofiel, dacht ik tevreden bij mezelf. Geen twijfel mogelijk. Dat is een klassiek béést. Hij ziet eruit alsof hij van een hypothetisch Casting Bureau voor Abnormale Lieden komt. Als ik hem op een speelplaats zou zien, zou ik geen moment aarzelen, dacht ik. Ik zou iedereen meteen evacueren van de schommels. Zolang er pedofielen zijn die er zo duidelijk kwaadwillend uitzien als Cooke, hoeft de wereld niet zo verward en bezorgd te zijn. Hij heeft dat overduidelijke, onmiskenbare, angstaanjagende 'iets' waar je meteen de zenuwen van krijgt. Dank de Heer voor Cooke.

Ik sloeg de krant om en kon de wereld eindelijk wat rustiger bezien.

Maar uiteraard is dat angstaanjagende 'iets' niet alleen voorbehouden aan dingen waar je werkelijk bang voor moet zijn. Soms schrikken we van dingen waar je helemaal niet van zou moeten schrikken.

De volgende dag had ik reden om bij die gedachte stil te staan toen we vrienden op bezoek hadden. Lizzie begroette hen in de gang.

'Ik heb papa geholpen met zijn Speciale Limonade!' zei ze vrolijk. Mijn man maakt inderdaad heerlijke limonade. Vergeleken met andere limonades is het echt iets heel bijzonders. Maar toen ik de vragende blikken van mijn vrienden opving, besefte ik dat de kreet 'Papa's Speciale Limonade' een zekere... dubieuze klank heeft.

'Ik ben dol op Papa's Speciale Limonade!' vervolgde Lizzie opgewekt terwijl we de keuken in liepen. De situatie begon akelig te worden.

'Er zitten limoenen in,' zei ik haastig. Mijn man had de blikken echter al opgemerkt.

'O, had ik het maar nooit zo genoemd.' Hij zuchtte en schonk de glazen vol limonade. 'Papa's Speciale Limonade was een slecht idee. Net als dat gelazer met dat kietelgedoe.'

Dat 'kietelgedoe' was een onfortuinlijk incident van een paar jaar geleden, toen we een speeltuin uit moesten nadat Lizzie, nog heel klein, had geroepen: 'Papa! Kietel me eens op mijn speciale plekje!'

Nu was haar 'speciale plekje' een extreem kietelgevoelig plekje onder haar kin – maar de blikken van de andere ouders in de speeltuin deden vermoeden dat ze daar niets van geloofden. We zijn trouwens nooit meer naar die speeltuin gegaan – wel jammer, want je had daar erg goed mobiel bereik en ik kon er fijn mijn e-mails lezen terwijl zij op de glijbaan zat.

Het is een triest feit dat de laatste paar jaar zowel 'speciaal' als 'papa' een lichtelijk onfrisse... bijsmaak heeft gekregen. Bedreigend. Misschien komt het door de rekken vol ellende-boeken met die woorden in de titel – *Toe, papa, niet doen; Wat papa deed; Papa's speciale meisje* – maar twee ogenschijnlijk goedaardige woorden krijgen een steeds ongelukkiger ondertoon. Zozeer zelfs dat ik bij het zien van een kaart met het opschrift 'Voor een Speciale Papa' nauwelijks een huivering kan onderdrukken. Een speciale papa? Een speciale papa moet er wel eentje van het ergste soort zijn. Dat is echt serieus zwaar onheilspellend. Op wat voor monster richt Hallmark zich?

Zoals het er nu, op dit punt in de eenentwintigste eeuw, voor staat, kunnen we de woorden 'papa' en 'speciaal' bijna niet meer onbevooroordeeld horen. Zo moeten die homofobe fanatici in de jaren zeventig zich ook gevoeld hebben toen ze het woord 'gay' uit hun vocabulaire zagen wegglijden.

De lexicale tektonische platen zijn aan het verschuiven. *Special Branch, the Special Olympics, The Specials, Special K* – al die dingen zullen een andere naam moeten krijgen nu de betekenis van het woord verschuift van 'uniek en belangrijk' naar 'een vreselijk traumatisch geheim zoals een belangrijke plotwending in *General Hospital*'. En als gevolg daarvan zullen de woorden 'specialisatie' en 'specialist' marginaal beter klinken dan een directe

197

bekentenis dat je een doctoraat in het Kwaad hebt behaald.

Wat Papa's Speciale Limonade betreft – we hebben Lizzie verzocht dat voortaan Lime Surprise te noemen. Vriendelijk, doch dringend.

'*Mama's Speciale Limonade*' is echter een heel ander geval. Dat is een gin-tonic met een enorm stuk citroen.

Ter verdediging van zuipgedrag

Volgens een item in het jeugdjournaal CBBC *Newsround* van vorige week heeft 70% van alle kinderen hun ouders weleens dronken gezien – en van die zeventig procent vindt 46% dat hun ouders niet zouden moeten drinken waar zij bij zijn.

Voordat we verdergaan, moeten we eerst even wat voor de hand liggende, maar noodzakelijke punten af gaan: als het over ouders gaat die volledig woehoe/Bill-Sykes-uit-*Oliver* worden als ze drinken; of die met hun kroost nog maar halverwege de wandeling naar school zijn als ze midden op de rijweg gaan zitten, met hun sleutel een blik Campinggaz openprikken en de inhoud opzuigen via een 'speciaal' rietje, dan moet je hulp zoeken, mensen. Dan heb ik geen zin om met jou te 'feesten'. Als je bij mij op bezoek komt met een fles perzikschnaps, verstop ik me in de garderobekast, waar ik een perfect signalement van jou doorbel naar Maatschappelijk Werk. Jij bent niet mijn gezellige drinkebroer. Ga er maar van uit dat ik je afwijs en verraad.

Maar verder is iedereen welkom om samen met mij licht gepikeerd en ongelovig te reageren op de jeugd van tegenwoordig. WAT WILLEN ze dan van ons? WETEN ze dan niet hoe dit SYSTEEM werkt? Mama's en papa's moeten op vrijdagavond een hoop wijn achter elkaar opdrinken, omdat het schema daar de rest van de week geen *ruimte* voor laat. Dat heet TIME MANAGEMENT. Als ik geen hele fles wijn drink op die Feestelijke Avond, heb ik waarschijnlijk HELEMAAL geen tijd om te drinken – en dat zou natuurlijk onzin zijn. Ouders die drinken zijn de reden dat jij ter wereld gekomen bent, en als we het niet bleven doen, dan wordt dat, ik zweer het bij God, de reden dat je diezelfde wereld verlaat.

Dit is een van de vele momenten dat ouderlijk verstand de ondoordachte kreten van het jonge, domme volkje terzijde moet schuiven. Jullie willen niet dat wij drinken waar jullie bij zijn? Mag ik vragen waar we dan *wel* mogen drinken? Uiteraard zouden we *best* naar de kroeg willen – we willen *best* naar Harry's Pub in het Venetië van 1951 – maar dat kan niet, omdat we *voor jullie zorgen*. En dat doen we, ik zeg het maar even, op fenomenale wijze: heb je ooit meer lol gehad met mama dan die keer dat ze op de patiotafel ging staan en de parasol open- en dichtdeed onder het zingen van 'You Know I'm No Good' van Amy Winehouse? Of toen ze achter in de tuin even een 'wijntukje' deed en ome Eddie en ome Jimmy met een dikke stift BALLEN op haar voorhoofd schreven en jij haar neus en oren blauw mocht kleuren? Als CLOWNS dat in het CIRCUS zouden doen, zou je het hilarisch vinden. En laten we eerlijk zijn, het is de enige keer dat mama even tijd neemt om Super Mario Kart met je te spelen.

Maar volgens de scheve logica van de jongelingen was het drinkgedrag van mijn vader beter – in die zin dat je hem nooit feitelijk *zag* drinken. Nee, wij werden voor de Red Lion geparkeerd in een Datsun, met draaiende motor zodat Radio One ons bezig kon houden. Terwijl wij meebrulden met 'Take On Me' van A-ha kwam pa af en toe door de saloondeuren zwalken om een zakje chips door de kier van het openstaande raampje te duwen – met de woorden: *Remember you're a Womble* (een gedetailleerde beschrijving van een Womble is te vinden in mijn eerste boek, *Vrouw zijn, hoe doe je dat?*, op pagina 185) – waarna hij weer de kroeg in ging.

Drie uur later kwam hij dan plotseling naar buiten rennen met iets raars in zijn armen, een aquarium bijvoorbeeld, en dan siste hij: 'Het wordt allemaal een beetje *heftig* daarbinnen,' om vervolgens met 100 km/h weg te scheuren. Eenmaal thuis zakte hij in de gang in elkaar en dan visten we het kleingeld uit zijn zakken.

Was hij uiteindelijk een betere ouder? Dankzij het feit dat ik hem een keer twee liter benzine op een kampvuur heb zien gieten – 'want *The Two Ronnies* begint over tien minuten' – waardoor onze schutting in de hens vloog, kan ik hier in alle eerlijkheid nee op zeggen.

Maar we zijn het in elk geval eens wat betreft de kwestie van ouderlijk dronkenschap. Luister, man. Ik bezondig me niet meer aan vossenjagen, diamanten verzamelen, kuuroorden of al te veel lachgas. Mijn vrije tijd is gebonden aan bepaalde grenzen, dat wil zeggen a) binnen een meter of twaalf van mijn kinderen; b) tussen 6 uur 's avonds en 1 uur 's nachts, en dan alleen op vrijdag; en c) voor minder dan £ 30. Dus ik mag graag een ontzettend goedkope fles supermarktwhisky kopen – van dat spul dat je verandert in een piraat: dat je met één oog dicht 'ARGH!' roept – en dan met een paar gezellige mensen bij elkaar gaan zitten en een beetje lam worden.

Als je positief ingesteld bent, heeft dat soort drinken iets van een lang weekend – een even opwindende ervaring als drie dagen toeristje-spelen in Rome, of de hoogste berg van Engeland op lopen. Je voert grootse, idiote gesprekken, lost de problemen van de hele wereld driemaal op, weet zomaar weer de hele tekst van 'I Don't Know How to Love Him' uit *Jesus Christ Superstar* en als je de volgende ochtend wakker wordt, voel je je ongewoon gelouterd, en vrolijk.

En als dat de kids niet bevalt? Schatten, *er gaat geen dag voorbij* dat jullie niet zo'n onzin praten en zo theatraal van de trap donderen. Jullie hebben geen poot om op te staan.

Wil je nog meer over mijn jeugd? Dit gaat over die keer dat ik in een kam-
peerbus in Aberystwyth zat te luisteren naar Night Owl *van Gerry*
Rafferty, half overtuigd dat ik, als ik later groot was, met Joey Boswell uit
de tv-serie Bread *zou trouwen. Ik schrijf altijd graag over mijn jeugd. Het*
vereist totaal geen research en het klinkt altijd lekker onwaarschijnlijk –
als iets waar ik over droomde toen ik, op zoek naar Narnia, achter in een
klerenkast in slaap viel.

Aberystwyth: De enige plek waar ik niets meer wil

We gingen voor het eerst naar Aberystwyth toen ik dertien was,
op het hoogtepunt van het hippiedom van mijn ouders. We hadden geen tv, leefden op gigantische pannen linzensoep en ik
rende zo lang blootsvoets door de velden dat de huid onder mijn
voeten op een kurktegel leek.

We stonden 's zomers met een kampeerbus zonder toilet in
een veld buiten Pontrhydifendigaid bij Tregaron: acht kinderen,
twee ouders en drie enorme honden. In mijn herinnering zag
je, als je op de camper af liep, alle mensen en dieren met hun
gezicht en benen tegen het vensterglas aan gedrukt zitten, als
een soort terrine. Die kampeerbus zat mudvol. Als mijn ouders
vreeën, schommelde de bus als een soort kermisattractie, en
dan gingen alle kinderen in de voorkamer zachtjes 'California
Girls' van de Beach Boys zitten zingen – om het geluid te over-
stemmen – totdat het voorbij was. We zongen heel slecht meer-
stemmig. We waren niet de gebroeders Wilson.

We hadden een Volkswagen-kampeerbus – het geweldigste soort voertuig dat ooit is gemaakt; een vrolijke kast op wielen – en als mijn ouders klaar waren met luidruchtig samenleven ondernamen ze allerlei postcoïtale tochten door heel West-Wales: naar Port Madoc, naar St. David's – helemaal rond de gapende varkenskaak van Cardigan Bay. Brede, witte riviermondingen, opeengepakte vissersdorpjes en sombere gehuchten van natte leisteen waar het altijd stortregende tegen de enige telefooncel die er stond.

Ik weet niet waarom het vier maanden duurde voordat we eindelijk naar de dichtstbijzijnde, grootste plaats gingen – Aberystwyth – maar toen het zover was, weerklonk er iets, ergens diep in mijn hart; er werd een of andere hendel overgehaald. Het voelde niet alsof ik verliefd werd – ik was dertien en nog nooit verliefd geweest. Ik was gewoon... niet meer ongelukkig. De stille litanie van puberale zorgen die ik dagelijks telde als de kralen van een rozenkrans – ik was dik, ik was eenzaam, ik was veel te goed op de hoogte van het seksleven van mijn ouders, ik had geen schoenen en ik wilde, boven alles, de beste vriendin van de Hertogin van York worden – luwde totaal vanaf het eerste moment dat onze kampeerbus door Darkgate Street reed en dan linksaf naar de boulevard.

Aber had zoiets volmaakts dat mijn levenslange innerlijke monoloog erdoor tot zwijgen werd gebracht. Ik had stilte nodig om de hele plaats goed in me te kunnen opnemen. Er was een gotisch universiteitsgebouw dat op een kasteel leek, een kasteelruïne die net een ingestorte taart was, een victoriaans attractiepark boven op een klip dat gebouwd leek te zijn in opdracht van een dronken H.G. Wells (Een kabelspoorweg! Een camera obscura! Een golfbaan met REUSACHTIGE golfballen!) en bovendien – schitterend, oogverblindend, dwars door het centrum – de koude, harde glitterlijm van de zee. Naar verluidt zwommen er bij het ochtendgloren dolfijnen bij de rotspoelen.

Met mijn gezicht tegen het raampje gedrukt, nat van mijn adem, wilde ik me concentreren op deze plaats. En hem dan in één keer opeten, als een boterham met chips, maar dan nog lekkerder. Voor het eerst in mijn leven wilde mijn hart verder niets meer.

'Het is hier schijtbriljant!' kwetterde ik vanachter uit de kampeerbus.

'Niet vloeken waar die klotekinderen bij zijn!' antwoordde mijn vader.

23 jaar later ben ik terug met mijn man en kinderen, op de enige plek waar ik nog steeds gelukkig en stil van word. Ik was hier met Pete toen we net verliefd waren, daarna weer met elke baby; en nu gaan we elk jaar, eind augustus: trekvogels die je op een kaart kunt volgen. Volgens mij zijn zelfs de gesprekken altijd hetzelfde: 'Geen strand heeft betere kiezels!', 'Geen kasteel heeft een beter uitzicht!', 'Geen freakshop heeft een betere collectie doodskopvormige hasjpijpen, gozer!'

De eerste dag is de Aankomst – uitgedroogd en met kromgetrokken benen uit de auto vallen na een reis die altijd een uur langer duurt dan in je herinnering. Het magische aan Aber is dat het – 145 kilometer van de dichtstbijzijnde snelweg – vlak bij noch op de weg naar iets is, behalve de dolfijnen in de baai. Je komt alleen in Aber als je van plan bent om in Aber te blijven – minstens een nacht; meestal een week; de rest van je leven als je een van die hippies bent die hier neerstreken in de jaren zestig, of een van de achtduizend studenten per jaar die hier komen studeren en dan gewoon... nooit meer weggaan.

We gooien al onze spullen het appartement in en gaan dan langs de boulevard wandelen... de zee! De zee! Matrozenblauw! Of anders, als het slecht weer is, zo hard, opwindend en onstuitbaar als een zwaard, naar The Olive Branch op de hoek van Pier Street. Dat is een gezellige, rommelige, grenenhout-en-sprietenplantentent, en als we boffen is het tafeltje aan het raam vrij. Dan eten we heerlijk Grieks – mijn man is een Griek, dus hij is kieskeurig in die dingen – terwijl we over de baai naar de verre schimmen van Anglesey en Snowdonia staren. Omdat het de eerste dag van de vakantie is, heb ik minstens twee glazen wijn op tegen de tijd dat we klaar zijn en voor het eerst het strand op gaan: Pete en ik hangen tegen elkaar aan terwijl de kinderen zich voor de eerste keer, en daarna voor de tweede keer in de golven storten; wringen daarna hun korte broeken uit en leggen ze op het strand te drogen.

Het is een mooi kiezel-en-schaliestrand – knerpend, niet rammelend – en de stroming brengt een vlooienmarktvariëteit aan stenen naar de vloedlijn. Kwarts, leisteen, ordovicisch stollingsgesteente, meta-kalksteen van het schiereiland Lleyn, gladgepolijste stukjes glas van smaragdgroene ciderflessen – we vullen onze zakken met de interessantste vondsten; in de vorm van letters of dieren, of één keer een Volkswagen kampeerbus zoals wij vroeger hadden.

Je kunt urenlang tevreden krabben vangen langs de promenade, je benen bungelend in zee. 's Zomers lopen er op de promenade busladingen orthodoxe joden – de hoeden en pijpenkrullen geteisterd door de zeewind. Je snapt wel dat ze hier komen – Barmouth is te normaal, Tenby te popperig. Aber voelt net zo praktisch en stilstaand in de tijd als zij. Het is veel te winderig voor stadse sporen van antisemitisme om hier voet aan de grond te krijgen.

De zee wordt zijdezacht en felgroen als de zon ondergaat – de vloed met de minuut hoger, zuigend rond je knieën tot je eruit komt en naar huis moet lopen. Veilig achter het raam van het appartement barst de baai uit in een zonsondergang – brand, brand, roze nucleaire vlammenzee en dan de totale waanzin van de sterrenhemel boven Wales, weerspiegeld door de lichten van de treilers op weg naar Ierland.

De volgende dag is een echte stranddag en gaan we naar Ynyslas, 25 kilometer verder langs de kust. In de achterbak staat een picknick van Ultracomida op Pier Street – een beeldig Spaans restaurant/delicatessenzaakje met brood, kaas, olijfolie en gebak – en de tocht voert hoog genoeg om de ruige Cambrian Mountains te zien, die je helemaal tot het puntje van Dyfed achtervolgen. Ynyslas is een natuurreservaat met niets dan lucht, zandpoelen en duinen: in de loop van een ochtend kun je het afgaande tij volgen over eindeloze, nieuwe zandpoelen vol diertjes, tot je op een net bovengekomen zandbank stuit, kilometers ver de zee in.

De middag staat vervolgens in het teken van de trage, bedachtzame terugtocht naar het vasteland als de vloed weer opkomt – rennen over het zand, zandkastelen bouwen die meteen al gedoemd zijn en onze namen – 'MAMA', 'PAPA', 'LIZZIE', 'NANCY' – in metershoge letters in het zand schrijven, precies zoals mijn broers en zussen twee decennia geleden hun namen – 'CAIT', 'CAZ', 'EDDIE', 'WEENA', 'PRINNIE', 'GEZMO', 'JIMMY', 'JOFISH' – in hetzelfde, maar toch niet hetzelfde zand schreven.

De derde dag regent het dan – Cluedo – en de vierde dag regent het waarschijnlijk ook: het Ceredigion Museum op Terrace Road is het oude theater van Aberystwyth, nu volgepropt met bizarre agrarische werktuigen, archeologische vondsten, opgezette dieren, maritieme curiositeiten en een schattig café, allemaal in een Womble-achtige warboel. Dan naar Wasabi – Aberystwyths sushirestaurant op Eastgate – en dan naar huis voor een laatste rondje Cluedo.

Dag vijf is misschien wel mijn favoriete dag: totale onderdompeling in Aber. Een wandeling van een halfuur brengt je naar de top van Constitution Hill, naar het Luna Park – het prettig spookachtige victoriaanse pretpark op de klip bij Aber. Een gammel Mariakapelletje vol kaarsen, halverwege het pad, is de

207

plek waar je stopt voor chips. Boven is er thee met *Welsh cakes.* Dan brengt het kabeltreintje je weer naar het centrum voor de lunch in de Treehouse – nog een van Abers rommelige, grenen-harsige tentjes, maar nu eentje met troostrijke lokale natuur-voeding en warme chocola met chilipeper.

Op een regenachtige dag kun je er uren blijven zitten, terwijl de ramen beslaan en de geur van fenegriek, jasmijnthee en gei-tenkaas voor een lekker dromerig sfeertje zorgen om je kruis-woordpuzzel te maken of uit het raam te kijken naar de mil-joenen grijstinten van de natte leistenen daken van Wales. En dan, als het opklaart, het kasteel: een groene heuvel die uitkijkt over zee, waar de ribben van een veertiende-eeuws kasteel uit-steken. Het uitzicht is ongelooflijk, iets waar ik in Londen naar smacht: Cardigan Bay zover het oog reikt; de volle lengte van Wales zichtbaar in één lange blik. De eerste keer dat ik het zag – dertien jaar oud, in een natte, gehaakte poncho met mijn krij-sende broertje van twee aan de hand – was ik ineens krankzin-nig, woest jaloers op prins Charles.

'Niet te geloven dat hij de prins van dit alles is!' schreeuwde ik tegen de wind in. 'Ik zou hier een MOORD voor doen!'

En toen bedacht ik dat hij dat, via een omweg, natuurlijk ook had gedaan.

Maar de stille, koppige, afwachtende, eenzelvige Welsh-heid van Aberystwyth maakt het idee dat er iemand over 'heerst' lachwekkend. Dit oord verwerpt gewoon de gedachte dat het aan iemand anders dan zichzelf toebehoort. In de speeltuin in het dalletje naast het kasteel – beschut en vol overdadige witte wolken hortensia's – zijn de leien grafstenen van een gesloop-te kerk als paarse vloertegels langs de rand gelegd. Veel ervan zijn in het Welsh – de verhalen van boeren, kapiteins, politici en priesters die niet van het bestaan van Engeland zullen hebben geweten toen ze hier leefden en stierven: nooit verder reizend dan de bergen in onze rug en de zee voor ons.

Terwijl de wind weer overwaait, het gras psychedelisch, ver-regend groen zingt en de baai lijkt te bestaan uit een miljard ge-barsten visschubben die zich uitstrekken tot in alle eeuwigheid, kan toch niemand zich voorstellen dat er ten oosten van hier een Engeland ligt: plat, stoffig, gedempt van kleur, stil en o zo ver weg?

Op weg naar huis in de auto huil ik, zoals elke keer sinds 1988.

Aangezien ik net als al mijn broers en zussen thuis les kreeg, was de plaatselijke bibliotheek de extra kamer van ons huis: het was ons schoolgebouw en onze speelplaats. O, het was daarnaast nog een miljoen andere dingen – niet in de laatste plaats een handig gelegen toilet als je op Warstones Drive liep en plotseling moest – dus toen de coalitie besloot bibliotheken te sluiten – de lampen kapot te schieten en de gebouwen te laten vervallen – schreef ik dit stuk, waarop ik meer respons kreeg dan op al mijn andere stukken voor The Times. Het kwam terecht in een uiterst nuttige bloemlezing over bibliotheken, The Library Book, waarvan de opbrengst naar een fonds voor bibliotheken ging.

Bibliotheken: Kathedralen van onze ziel

Als iemand die thuis les kreeg en op haar zeventiende beroepsmatig begon te schrijven, is de enige alma mater die ik ooit heb gehad Warstones Library in Pinfold Grove, Wolverhampton.

Het was een lage, bakstenen schoenendoos op een stuk gras dat neigde naar woestenij en ik zat er twee keer op een dag – ik kwam er even enthousiast binnen als een feestganger bij een rave – nou ja, niet écht, maar zo goed als; toen ik alle grappige boeken uit had, ging ik verder met de sexy boeken, daarna de dromerige, de waanzinnige; de boeken over verre bergen, gekken, ziekten, experimenten. Aan de grote tafel las ik alle kranten: in een sociale-huurwijk in Wolverhampton waren kwaliteitskranten even misplaatst en verhelderend als een Eameslamp.

De kasten stonden naar verluidt vol boeken – maar dat waren natuurlijk in feite deuren: elke kaft die je opensloeg was even opwindend als Alice die haar gouden sleutel in het slot steekt. Ik rende hele dagen andere werelden in en uit als een *time bandit* of een spion. Ik vond het nergens zo opwindend als in die bibliotheek: nieuwe boeken scoren zodra ze binnenkwamen; boeken waar ik iets over had gehoord reserveren – en dan koortsachtig wachten tot ze kwamen, alsof ze de belichaming van Kerstmis waren. Ik moest bijna een jaar wachten op *Les Fleurs du mal* van Baudelaire, en toen was ik evengoed nog te jong en vond het een beetje rukkerig, dus na twintig pagina's gaf ik het op en pakte een Jilly Cooper. Maar *Fleurs du mal*, man! In een pand met uitzicht op een buurtsuper waar de sigaretten en de drank in een afgesloten metalen kooi stonden omdat ze anders gejat zouden worden! Alleen al de wetenschap dat ik het boek mocht vasthouden, was een troost in dit oord zo mijlenver van buitengewoonheid en verrukking.

Alles wat ik ben, stoelt op dit lelijke pand op zijn eenzame grasveld – verlicht in de winterse duisternis; open in de stromende regen – waar een meisje dat zo arm was dat ze niet eens een portemonnee had, tweemaal daags pure magie mocht beleven: reizen door de tijd, contact maken met de doden – Dorothy Parker, Stella Gibbons, Charlotte Brontë, Spike Milligan.

Een bibliotheek in het hart van een gemeenschap is een kruising tussen een nooduitgang, een reddingsvlot en een feest. Het zijn kathedralen van de geest; ziekenhuizen van de ziel; pretparken van de verbeelding. Op een koud, regenachtig eiland zijn het de enige openbare ruimten waar je geen consument bent, maar een burger. Een mens met hersens en een hart en het verlangen om in vervoering gebracht te worden, in plaats van een consument met een creditcard en een aangeboren 'behoefte' aan 'spullen'. Een winkelcentrum – elke winkel – is een plaats waar jouw geld de rijken rijker maakt. Maar in een bibliotheek kun je dankzij het belastinggeld van de rijken een beetje bijzonderder worden. Een bevredigende ommekeer. Een herstel van het machtsevenwicht.

Vorige maand bracht een gerechtelijk bevel, na het nodige protest, uitstel van de sluiting van bibliotheken in Somerset. In september zullen de sluitingsplannen van gemeenten in Somerset en Gloucestershire gerechtelijk worden onderzocht. Waar bezuinigd wordt, vechten demonstranten en juristen voor individuele bibliotheken als dorpelingen die gestrande walvissen terug in zee duwen. Een bibliotheek is zo'n krachtig symbool van de normen en waarden van een stad: bij elke sluiting kun je net zo goed zesduizend stickers op elk beschikbaar oppervlak plakken met: WIJ HEBBEN ERVOOR GEKOZEN DOMMER EN SAAIER TE WORDEN.

Hoewel ik een miljoen woorden heb gelezen over de noodzaak van de bezuinigingen, heb ik nog geen letter gezien over de exit-strategie: wat gebeurt er over vier jaar, als de bezuinigingen vruchten hebben afgeworpen en de economie weer 'normaal' is? Gaan we dan – als we weer welvarend zijn – de ronde doen om al die centra, klinieken en bibliotheken te heropenen, die bijna een half decennium donker en ongebruikt zijn gebleven? Hoe, dat is op dit moment moeilijk voorstelbaar; het kost miljoenen ponden om verlaten gebouwen te heropenen, en armlastige gemeenten zullen met een koude, realistische blik naar al hun miljoenen vierkante meters duur onroerend goed hebben gekeken. Tenzij de overheid inderdáád een exit-strategie heeft ontwikkeld voor de bezuinigingen, en heeft geëist dat de gemeenten de gesloten panden niet mogen verkopen, zullen onze victoriaanse en naoorlogse en zestiger jaren, bakstenen schoenendoosbibliotheken tegen de tijd dat alles weer 'normaal' is koffieshops en kroegen geworden zijn. Er zullen geen nieuwe bibliotheken voor in de plaats komen. Die bibliotheken zullen voorgoed verloren zijn.

En in hun plaats komen er duizenden nieuwe openbare ruimten waar het alleen maar gaat om het geld in je zak, en niet om de gretigheid in je hart. Kinderen – arme kinderen – zullen nooit het geweldige, heilzame gevoel van zelfverzekerdheid kennen dat ze 'hun' bieb binnenlopen en denken: ik heb zestig procent van alle boeken hier gelezen. Ik ben fantastisch. Bibliotheken die tijdens de Blitz openbleven, zullen worden gesloten door bezuinigingen.

Een triljoen kleine deurtjes dicht.

Zullen we nog een deugdzame column doen? Nu ik toch serieus bezig ben? Dit zijn de stukken waar ik aan denk als mensen zeggen: 'O, ik heb je werk gelezen! Helemaal niet slecht! Mijn vader leest je graag, geloof ik!' en dat ik dan zoiets heb van: ja, ik verander je leven met mijn marxistische/feministische dialectiek! Moet je zien hoe radicaal ik ben!

En dan blijkt verderop in het gesprek dat ze het gewoon hadden over die grappige column waarin ik Pete probeer te bewegen om me 'Puffin' te noemen.

In tegenstelling tot het grootste deel van de coalitie ben ik grootgebracht op een uitkering

In tegenstelling tot de meeste voorstanders van het voorstel om achttien miljard pond te bezuinigen op de uitkeringen – dat heen en weer gaat tussen het Lagerhuis en het Hogerhuis – ben ik grootgebracht op een uitkering. Arbeidsongeschiktheid; elke donderdag op te halen bij het postkantoor, in een schuifelende rij mankepoten, kuchers en mensen die hun capuchon ophielden.

Als je langs die rij reed, zou je misschien denken dat die mensen hun gezicht wilden verbergen omdat ze de boel belazerden – met 'zwartwerken'. In werkelijkheid waren dat angstige jongeren met geestelijke problemen en een arbeidsongeschiktheidsuitkering, die je drie keer tevergeefs zag proberen om in de bus te stappen. Zie die maar eens in een re-integratieproject te krijgen, dacht je dan. Zie die vrees maar eens in een kartonnen hoedje bij McDonald's te sluizen.

Sociale huisvesting op een uitkering is niet wat je denkt – voor het geval je het moet bedenken in plaats van het je te herinneren, of gewoon uit het raam te kijken. Het algemene idee is dat die wijken vol zitten met zwaarlijvige boeren die in een joggingpak op de stoep goedkope sigaretten roken en oefenen voor hun optreden in de *Jerry Springer Show* terwijl ze hun frauduleus ontvangen uitkering besteden aan een plasma-tv.

Uitkeringsgeld dat wordt uitgegeven aan plasma-tv's is de totemistische woede-opstoker van de beroepsmatig kwade maatschappelijk commentator: 'Ze besteden UW belastinggeld aan een SONY MET EEN BEELDSCHERM VAN 42 INCH!!! Dat VERZIN je toch niet!' – waarmee ze voorbijgaan aan het feit dat, als je ergens woont met parken vol gebroken glas en dreigende groepjes tieners op elke straathoek, en het idee van een auto of een vakantie lang geleden al hebt opgegeven, veilig thuisblijven als gezin en vijftien uur per dag tv-kijken een ongeëvenaard rendabele, vredige en onschuldige manier is om een beetje geluk te kopen.

Bovendien zullen ze er bijna nooit 'uw' belastinggeld aan hebben uitgegeven. Ze zullen gigantisch rood zijn gaan staan, net als de rest van het rijke Westen. Ze zullen hun tv hebben gekocht zoals jij dat hebt gedaan. Mensen met een uitkering zijn gewoon mensen – met een uitkering. Sommigen zijn leep, de meesten doen hun best en een aantal heeft meer hulp nodig dan wij ons ooit kunnen voorstellen. De verhoudingen zijn ongeveer hetzelfde als bij jou in de straat. Voor het geval je het moet bedenken in plaats van het je te herinneren, of gewoon uit het raam te kijken.

Hoe is dat, leven van een uitkering? Leven van een arbeidsongeschiktheidsuitkering: 'Ik heb de hele dag keihard lopen manken om dat eten op tafel te kunnen zetten!' zei mijn vader altijd als we aanschoven voor iets wat vooral bestond uit een hoop aardappels en ketchup. Eigenlijk ben je vooral bang. Bang dat de uitkering wordt bevroren of gekort of helemaal afgeschaft. Ik kan me geen leeftijd herinneren dat ik niet bang was dat onze uitkering zou wegvallen. Het was een angst die ik in mijn lijf kon voelen, in mijn borst – een klein, zwart, oogloos insect dat aan mijn ribben hing. Met elke Tory-begroting die een bevriezing van de uitkeringen aankondigde – nieuwe inkomenstoetsen, nieuwe beoordelingen – boorde het insect zijn kop verder in mijn botten. Ik herinner me dat ze de uitkeringen vier jaar achter elkaar bevroren: waarbij 'bevriezen' het woord is waarmee het journaal je vertelt dat je – toch al armlastig – bij de kassa verontschuldigend jam en siroop uit je tas haalt, terugzet in de schappen en vraagt of ze het nogmaals kunnen optellen. Elke week ben je bang dat je de eindjes niet aan elkaar zult kunnen knopen en er iets zal wegvallen: gas, boodschappen. Je huis.

Uiteindelijk – en waarschijnlijk tot grote voldoening van Richard Littlejohn, een rechtse columnist die dolgraag de minderbedeelden, en daarmee vrouwen, prostituees, armen, homoseksuelen, lesbiennes en immigranten, in de pers mag aanvallen, en waarschijnlijk op een dag een stevige berisping zal uitdelen aan zieken, suïdicalen en doden – hebben ze de televisie inderdaad weggehaald; precies tijdens *Twin Peaks*. En de kinderen maar huilen en huilen en huilen. Er was eigenlijk niks meer te doen. Ik bedacht een spelletje waarbij je zo lang zonder te knipperen op bed lag te staren naar de telegraaflijnen buiten het huis dat je ervan begon te huilen. Het was heel koud in huis. Pa lag hele dagen in bed – grote witte, plastic potten met pijnstillers op de vloer naast hem, als een spookachtige berg.

Door de geschiedenis heen moeten mensen die geen geld kunnen verdienen het al hebben van barmhartigheid: afschuwelijke, grillige barmhartigheid die van de ene op de andere dag kan wegvallen als de omstandigheden of meningen veranderen. Aalmoezen van de parochie, werkhuizen, armenhuizen – ad hoc, provisorische oplossingen die de hulpelozen dwingen steeds opnieuw auditie te doen voor hun weldoeners, in uitputtende pogingen om weer medelijden op te roepen voor een leven vol brood en kaas.

Daarom is de uitvinding van de welvaartsstaat een van de meest glorieuze gebeurtenissen in de geschiedenis: het morele equivalent van de maanlandingen. Niet afschuwelijk of grillig zoals barmhartigheid, maar zeker en constant – een recht. Juist en efficiënt: van de arbeidsongeschikten fraudeert slechts een half procent. Een systeem dat je waardigheid gunt, en de zekerheid op een leven dat anders een chaos vol armoede en ziekte zou zijn.

Nou ja, zekerheid totdat je zo hard in de begroting snijdt dat bepaalde uitkeringen helemaal verdwijnen. Daarmee breng je de angst voor het armenhuis en de parochiesteun terug. Daarmee bezuinig je het land terug naar de victoriaanse tijd.

Ik weet het nog, uit mijn jeugd. Ik kan de sombere verschrikking nog steeds voelen.

Nog eentje.

Ik weet hoe het is om arm te zijn. De tv werd weggehaald en wij moesten huilen

We horen de laatste tijd veel over de kloof tussen rijk en arm – het verschil tussen de mensen met geld en de mensen zonder.

Nou, ik ben arm geweest en ik ben rijk geweest. Toen ik arm was, wist ik dat ik arm was omdat we leefden van een uitkering, op matrassen op de grond sliepen en met z'n tienen een Mars deelden als toetje.

Nu ik rijk ben, weet ik dat ik rijk ben omdat ik vloerverwarming heb en me drie keer in de week een etentje bij Pizza Express kan permitteren, als ik dat zou willen. In feite heb ik het leven van een miljardair. Ik barst van het geld.

Ik weet dus wat het is om rijk én arm te zijn en ik heb gemerkt dat het eigenlijk op hetzelfde neerkomt. Zoveel verschil is er niet. Iedereen maakt vrolijk misbruik van het systeem waar hij mee te maken heeft.

Als je in Wolverhampton een vals keuringsrapport voor de auto nodig had, gaf je een vriend van een oom een tientje 'voor een biertje' en dan kwam er uit het niets een uitlaat opduiken – financieel gezien lullig voor de garage waar het ding gejat was, maar ach.

Nu ik in Londen woon, raden vrienden van vrienden je een goede boekhouder aan die je probleem met de omzetbelasting 'regelt' voor een honorarium ter waarde van een biertje – economisch gezien lullig voor het land, maar ach.

We zijn in wezen allemaal maar een stel apen dat met een stok maden uit boomstammen peutert. Maar. Er is één gigantisch verschil tussen rijk zijn en arm zijn en dat is het volgende: als je arm bent, voel je je zwaar. Zwaar alsof je ledematen vol water zitten. Misschien is het regenwater – je hebt een stuk meer regen in je leven als je arm bent. Regen waaraan niet te ontsnappen valt in een taxi. Regen waar je in moet staan tot de bus komt. Regen die in goedkope schoenen en jassen trekt, en door oude ramen – vaak gevolgd door kou en daarna schimmel. Een beetje vochtig, een beetje viezig, een beetje koud... je bent nooit op je best, of klaar om te stralen. Je hebt altijd iets nodig om je op te peppen: suiker, een sigaret, een nieuw, uptempo nummer op de radio.

Maar dat zware gevoel komt natuurlijk niet echt door de regen. Dat zware gevoel komt door de verkalking van geen cent te makken hebben. Want als je arm bent, verandert er nooit iets. Elk idee dat je hebt om dingen in beweging te zetten, wordt verijdeld doordat er nooit geld is. Je droom van een huis met hemelsblauwe muren; een jas met rode knopen; een dagje uit op zaterdag en dan langs een rivier wandelen. In plaats daarvan zie je steeds diezelfde scheur in de muur; duw je diezelfde auto aan, dezelfde heuvel af en verandert er nooit iets, tenzij het erger wordt: de dingen die je in eerste instantie had, beginnen nu langzaam te verslijten – ze gaan stuk onder je handen en worden niet vervangen.

Dat maakt dat je ledematen zwaar voelen; alsof je permanent bijna verzuipt. Je sleept tien jaar stagnatie met je mee, als een wagen zonder wielen. Misschien is er iets in de wereld waar je ongeëvenaard goed in zou zijn, iets waar je zoveel vreugde in zou scheppen dat je er bijna van zou kunnen vliegen. Maar dat zul je nooit weten: de wereld is een winkel en die is gesloten voor jouw lege zakken en je staat stil, zwaar en wel, midden in het dieptepunt van je leven. Je kijkt rond en begint te vermoeden dat je niet bestaat. Je lijkt immers onmogelijk enige indruk op de wereld te kunnen maken; je kunt niet eens je voordeur een ander kleurtje geven. 26 jaar ben je nu; als je 42 bent, ben je zelfs nog nooit in de dichtstbijzijnde stad geweest – te ver weg. En dus blijf je zitten. Je blijft stil zitten. Omdat je ledematen zo zwaar zijn. Ze zitten vol regen.

Als je nooit arm geweest bent, kun je je volgens mij niet indenken hoe het voelt – alleen al vanwege de tijdschaal. Je kunt je misschien een dag voorstellen, of een jaar – maar niet een leven lang. Niet hele generaties lang, doordrensend als miezerregen of doorgegeven als blindheid. Niet hoe een kind uit een arm milieu, als het iets wil bereiken, altijd die last achter zich aan sleept. Dat het tien keer zoveel moeite kost om ergens te komen vanuit een ongunstige postcode.

Mijn kinderen kunnen het zich niet voorstellen. Zij mogen graag spelen dat hun Sylvanian Familykonijntjes 'arm' zijn: ze genieten van de vernuftigheid waarmee een bank verandert in een bed voor vijf konijnen; ze vinden het leuk om maar één ding aan te kunnen trekken.

'Het is allemaal zo gezellig,' zeggen ze. 'Het is allemaal... klein.'

Stel dat je – laten we zeggen – een coalitieregering bent, bestaande uit dure kostschoolgangers en miljonairs, dan snap ik dat je jezelf ervan kunt overtuigen dat de armen het knus hebben in hun campers. Dat er maar één ding nodig is om de 'kloof' tussen hen en de rijken te dichten, namelijk dat het minder knus wordt. Dat hún leven moeilijker gemaakt moet worden – door uitkeringen en sociale huurvoorziening te schrappen – omdat dat ze motiveert, terwijl de rijken, als je ze het leven moeilijker maakt – door belastingverhogingen – kennelijk *gedemotiveerd* raken.

Maar het laatste – echt het allerlaatste – waaraan iemand die arm is behoefte heeft, is een moeilijker leven. Die ledematen staan al op barsten.

Er is iets te zeggen voor de vagere aspecten van het menselijk gedrag. Mensen die functioneren volgens een minder coherent, maar niettemin opwellend instinct. Mensen die gewoon... samenkomen.

De Occupy London-beweging sloeg in september 2011 zijn tenten op voor St. Paul's Cathedral, waar ze bleven tot ze uiteindelijk werden verwijderd in maart 2012. Veel commentatoren spotten met hun goedbedoelde vaagheid. Ik vond het prachtig.

Ik hou wel van protest. Oplossingen zijn niet nodig – vragen zijn genoeg

Ik hou wel van protest. We protesteren natuurlijk allemaal – als je uit je bed komt en 'M'n rug!' kreunt, als je 'IDIOOT!' naar de televisie roept, als je de krantenkoppen leest met woedende uitroepen als 'WAT hebben we gedaan?'.

Maar dat is slechts een zinnetje of wat – een minuutje betoog en dan ga je verder met het schoonvegen van het aanrecht, kranten opstapelen en praten over de diepgaande eigenaardigheid van de buren. We protesteren omwille van onze eigen bloeddruk en dan vergeten we het weer.

Maar iemand die protesteert – een echte demonstrant; iemand die buiten gaat staan protesteren – vind ik iets prachtigs. Een vleesgeworden bezwaar, een heel lichaam dat wordt ingezet voor één ding: het verwoorden van afkeuring, simpelweg door ergens te gaan staan.

In een wereld waar je met een minuutje computeren duizenden ponden kunt overmaken, een auto voor je deur kunt laten komen of pleiten tegen een doodvonnis, heeft het iets eenvoudigs, elegants en krachtigs om in plaats daarvan je schoenen aan te doen, de voordeur uit te lopen en ergens naartoe te gaan waar je lijfelijk een stem bent.

Er is een groep Chinese Falun Gong-demonstranten die sinds 2003 in estafette een tafeltje vol met folders bemannen bij de Chinese ambassade op Portland Place. Elke keer als ik ze passeer, bedenk ik dat er in China helemaal geen verkiezingen zijn: dit is de enige stem die ze hebben; zoals ze hier al acht jaar in de regen staan en proberen het helder gele tafelkleed droog te houden met een stakerige paraplu. Meer doen ze niet.

Als ik twee glazen gin ophad en me een beetje draaierig voelde, zou ik beweren dat bezettingsdemonstraties op de grens liggen tussen politiek en kunst – dat je door, laten we zeggen, voor een kathedraal te gaan zitten, iets heel anders bedoelt en wordt, dan als je in een supermarkt bent om groente te kopen. Je zet jezelf op een plek waar je niet hoort te zijn. Je bent daar niet op je plek. Een onbeheerde, misplaatste tas bij de bagageafhandeling. En op die manier wil je de wereld veranderen: gewoon door misplaatst te zijn. Moeilijk op te ruimen.

En zo protesteren de demonstranten voor St. Paul's Cathedral tegen de wereldwijde bankencrisis. Hun aanwezigheid heeft zoveel commentaar veroorzaakt – en vanuit zoveel verschillende standpunten – dat ze duidelijk meer zijn geworden dan zomaar een nieuwsitem – een feit waarvan verslag gedaan moet worden – en zijn verworden tot een oneindig kneedbare metafoor voor wat de commentator op hen wenst te projecteren. Toby Young van *The Telegraph* zag ze als 'opgedofte narcisten' die alleen maar demonstreren omdat ze 'het nieuws willen halen – dat is het enige waar het ze om te doen is'. Richard Littlejohn zag ze intussen als 'een onnozele, ingehuurde menigte... leeglopers van Mickey Mouse-universiteiten'. Ik zou uren kunnen vullen met gedachten over waarom die mensen zich juist van deze benamingen bedienden. Of eigenlijk niet – dat zou minder dan een minuut duren en zich beperken tot keihard 'KIJK NAAR JE EIGE! KIJK NAAR JE EIGE! KIJK NAAR JE EIGE!' blijven roepen tot mijn keukenwekker afging.

Afijn. Bijna iedereen die protesteerde tegen die demonstranten merkte twee dingen op: hoe ongewassen en slordig ze zijn, en dat de demonstranten niets meer dan 'vage slogans' hebben en nooit zelf een oplossing voor de bankencrisis hebben gegeven.

Op het eerste commentaar kun je maar één ding zeggen: 'Jongens, luister, ze zitten in tenten. Het zou alarmerend en verontrustend zijn als mensen die in hartje Londen op kampeermatjes slapen voor het ontbijt fris en fruitig uit hun tentje stappen met een scherp geperste vouw in hun broekspijpen. Jullie idee dat de revolutie 'vlot casual' moet zijn, suggereert een gebrek aan enig visueel denkraam aangaande eerdere revoluties. Daar was het over het algemeen nogal 'festival chic'.

Dat die tweede opmerking ooit gemaakt is, valt me nog iets meer tegen. Is dat tegenwoordig de toelatingseis voor kiezersprotesten – dat we overal een oplossing voor moeten hebben voordat we überhaupt iets mogen zeggen? Dat het kiezers, bij een wereldwijde bankencrisis die zo ernstig en complex is dat de samenwerkende machten van de Europese Unie niet met een oplossing kunnen komen – behalve 'Sms China! Daar zijn ze STINKEND RIJK!' – verboden wordt om commentaar te geven tot we een dikke map vol vergelijkingen hebben met 'Bankencrisis! OPGELOST!' op de voorkant?

Als we vinden dat demonstranten hun klep moeten houden tenzij ze met oplossingen komen, zien we ze aan voor columnisten, academici, adviseurs en politici. En in wezen hebben demonstranten een totaal andere reden van bestaan. Dan ga je voorbij aan de reden waarom mensen hun schoenen aantrekken, het huis verlaten en heel erg lang op de verkeerde plek gaan staan. Demonstranten hebben geen antwoorden. Dat zouden ze nooit beweren. Zij zijn namelijk een vraagteken. St. Paul's staat op dit moment op een plein vol vraagtekens – elke tent een zwart leesteken in het hart van de City. Een gigantisch zwart vraagteken dat we nu elke avond op het journaal zien, en in de kranten.

En de vraag die ze steeds maar weer stellen, is: 'Wat gaan jullie hieraan doen?'

Meer hoeven ze niet te zijn. Vragen stellen is prachtig. Vragen stellen is genoeg.

Ik vond het een onbegrijpelijk toeval dat het langzame terzijde schuiven van de onderklasse op hetzelfde moment kwam als ITV's immense wij-en-zij, upstairs-downstairs, meester-en-bediende hitserie Downton Abbey. Ik heb een ingewikkelde relatie met Downton. Nou ja, niet echt. Ik vind het idioterie – ongeveer zoals een grote hond die rondhuppelt in een jurk – en ik vind het heerlijk om me te verbazen over elke gestoorde, overdreven, oogrollende verwikkeling.

Ik schreef al een jaar hoe vermakelijk dom Downton is, voordat ik behoorlijk goed bevriend raakte met Dan Stevens, Matthew Crawley in de serie – of 'de knappe neef Matthew' zoals ik hem in mijn columns graag mag noemen, omdat ik weet dat hij daar een beetje ongemakkelijk van wordt, ook al kan hij niet ontkennen dat hij knap is. Ongelooflijk knap. Serieus, soms is het alsof je in de kroeg zit met de zon naast je.

Dan – en ik weet dat hij het niet erg vindt als ik dit zeg, vooral omdat hij het te druk heeft om dit te lezen en er dus toch nooit achter komt – is een begenadigde feestvreugdeverhoger. Een toegewijde en vreugdevolle drinker met een bovennatuurlijke, eindeloos vergevingsgezinde lever. Ik zag hem ooit per ongeluk een champagnekurk afvuren op een zwerver in Soho – maar toen bood hij vervolgens zo uitgebreid en hartgrondig zijn excuses aan, dat de zwerver zich volgens mij uiteindelijk gevleid voelde dat hij was aangevallen door iemand met zo'n volmaakt gezicht. Dat was de avond dat hij en Michelle Dockery – lady Mary in Downton, ook nogal een gezellige kerel – om twee uur 's nachts stonden te crunken op 'No Diggety' van Blackstreet. Terwijl ik naar ze stond te kijken, gaf ik hun in mijn hoofd korsetten en Eerste-Wereldoorloguniformen aan. Gezien de ongelooflijke verhaallijnen van Downton is dit iets wat in een volgend seizoen zomaar zou kunnen gebeuren.

226

Mijn favoriete avond uit met Dan was toen we samen naar een Olympisch Bal in West-Londen gingen en ons plechtig voornamen om ons niet te bezatten, aangezien het een doordeweekse avond was. Alles ging prima totdat we – op onze weg naar buiten, vrij nuchter – langs een bar liepen.

'Wij hebben cider nodig. Voor de taxi,' zei Dan gedecideerd. En kocht vier flessen.

Tegen de tijd dat we die achter in een taxi soldaat hadden gemaakt, waren we natuurlijk zat voordat we halverwege de weg naar huis waren en uiteindelijk gingen we naar mijn huis, waar we port dronken en platen draaiden.

Om één uur zocht ik tevergeefs naar een plaat – een illegale opname van Elton John die demo's van Nick Drake zingt. Geweldig – ik naar boven om mijn man wakker te maken, want die weet alle platen in ons huis precies te vinden.

'Pete,' zei ik, scheel van de port. 'Downton wil Elton Drake. Snoodgeval.'

Hij staat nog steeds in mijn mobieltje als 'Downton'.

Downton Abbey Recensie 1: Lady Mary's spookvagina

Downton Abbey is sinds zondagavond – eindelijk, eindelijk – terug. Dat zal je niet ontgaan zijn. Je moet wel op een spirituele retraite zijn geweest in een diepe put, met je ogen dicht, wil je het gemist hebben – als het om promotie gaat, is ITV 1 tekeergegaan als een succesvolle gangster die met zijn mooie, maar verwende dochter door een maffiarestaurant paradeert en opschept over haar schoonheid.

'Heb je haar gezien? Kijk dan toch! Kijk nou! Ze is *beeldschoon*,' schreeuwde de zender in alle paginagrote advertenties in de nationale kranten. 'Kijk mijn kleine *Downton* nou. Ze heeft grote klasse. Genomineerd voor Emmy's en zo. Ze is mijn prinsesje.

Niks is te goed voor haar. *Niks niet.* Als je haar iets doet, hang je, schattebout.'

Maar goed, kun je ITV 1 kwalijk nemen dat ze trots zijn? *Downton* staat momenteel in het *Guinness Book of Records* als 'de door critici meest geprezen serie aller tijden' – een nogal verbijsterende loftuiting als je denkt aan a) laten we zeggen *Twin Peaks* of *Life on Earth*; en b) het feit dat *Downton* een ander Guinness-record veel meer verdient: dat van 'de onnozelste serie aller tijden'.

Serieus, *Downton* is van het padje. Soms lijkt het alsof schrijver Julian Fellowes aan zijn schrijftafel zit – uitkijkend over zijn uitgestrekte landerijen met onder meer *drie rivieren* – terwijl hij een heliumballon leegzuigt en giechelend losgaat op zijn schrijfmachine. Dit is immers de dramaserie waarin een kwaadwillende, kettingrokende dienstmeid haar meesteres een miskraam bezorgde door doelbewust een stuk seringenzeep op de vloer te laten liggen, waar zij over uitgleed. Jawel, zo is dat. Ze vermoordde de ongeboren graaf van Downton met een stuk zeep. Dat is een verwikkeling waar ze zelfs bij *Dynasty*, in hun onzinnigste tijd, niet aan gedacht hadden.

Dus nu zitten we in Aflevering 1, Seizoen 2. Het is 1914. Alles wat we zien is een nachtmerrieachtig beeld van modder en prikkeldraad. Granaten fluiten in het rond en exploderen terwijl mannen gebroken op de grond vallen. In de loopgraven zien we mannen amper ouder dan kinderen huilen en sigaretten aansteken met bebloede, modderige handen. Geen twijfel mogelijk: dit dinertje verloopt helemaal niet goed.

De camera's dwalen door een doolhof van tunnels tot ze de man vinden naar wie ze op zoek zijn: Matthew Crawley, gespeeld door Dan Stevens. In vele opzichten is Crawley de spil van *Downton*'s wereld: als burgerjurist die onverwacht erfgenaam blijkt te zijn van het landgoed Downton – plus de helft van de knipperlichtromance van lady Mary/Matthew Crawley

–raakt Crawleys personage aan elk vraagstuk van klasse, lotsbestemming en passie.

Nog belangrijker is echter dat Crawley ongelooflijk aantrekkelijk is. Het valt op dat hij, in dit Stygische moeras, als enige volmaakt is. Waar verder iedereen eruitziet als een veentrol, is hij blond, gepolijst en smetteloos. Misschien heeft de modder – die immers Frans is – genoeg esthetisch gevoel om zijn schoonheid te respecteren en te weigeren aan zijn verbijsterend goedgesneden trenchcoat en roomblanke huid te blijven plakken, uit pure liefde.

Hoe dan ook, Julian Fellowes weet dat de verzamelde negen miljoen kijkers niet naar ITV 1 kijken voor een biofilm over oorlogsdichter Wilfred Owen. Er blijven negen miljoen Cup-a-Soups onaangeraakt staan terwijl de kijkers roepen: 'Valt dit even tegen. Waar blijft Maggie Smith met haar hooghartige blik als iemand het verkeerde knopenhaakje gebruikt?'

Vandaar dat Matthew Crawley al na twee minuten vaag in de verte staart, waar het OORLOG is.

'Als ik denk aan mijn leven op Downton, lijkt dat een heel andere wereld,' zegt hij hopeloos smachtend terwijl het beeld langzaam op zwart gaat.

En zo gaan we terug naar het beeldige, oude, geruststellende Downton zelf, waar alles gebeurt waar *wij* naar smachten: grillige dienstmeiden die de bedden opmaken met opbollende lakens; dartele livreiers die in de houding staan terwijl dames uit koetsen stappen; kakkineuze meisjes die hun schildpadhaarborstels neerleggen en tranen plengen om gedwarsboomde romances. Het leven op Downton gaat door, ondanks de oorlog – ofwel 'die VERDOMDE oorlog' om de volledige naam te gebruiken.

En die volledige naam valt vaak. Mensen verwijzen veel naar de oorlog. Terwijl de Eerste Wereldoorlog toch zeker behoort tot de Top Tien Evenementen Waar Je Niet Naar Terug Hoeft Te Verwijzen, lijkt het nodig dat de kleinste verandering in de huishoudelijke routine ten opzichte van Seizoen 1 van de nodige context moet worden voorzien met een snelle vermelding van de wereldbrand die aan de gang is.

Dit is dan wel vermakelijk in een scène vol achterstallig kussenopschudden in de salon – 'Het is oorlog. Je kunt de maatstaven niet zo hoog houden als anders' – maar het bereikte een hoogtepunt toen lady Sybil in de gang lady Cora tegen het lijf liep.

'Wat bent u vroeg op, mama.'

'De oorlog jaagt ons allen vroeg uit de veren.'

Dit noopt de kijker tot de vraag: 'Werkelijk? Reikt het gedreun van de granaten in de Dardanelles helemaal tot in Yorkshire?'

Niet alleen vormt de oorlog een hinderpaal voor de opgeschudheid van kussens, maar het is, zo blijkt, ook enorm balen. Lady Sybil verneemt per brief dat haar voormalige aanbidder, Tom, te Vlaanderen het loodje heeft gelegd.

'Soms heb ik het gevoel dat elke man met wie ik ooit gedanst heb, dood is,' zucht ze. Schat, ik heb ook kerstborrels van kantoor meegemaakt. Ik weet precies hoe je je voelt.

En de liefde blijkt alom te worden dwarsgezeten. De sexy DILF, butler Bates, lijkt eindelijk ergens te komen met kamermeisje Anna, nadat hij het hele eerste seizoen naar haar heeft lopen smachten als een kalf op kalmeringsmiddelen. Hij vertelt haar zelfs zijn plannen voor hun toekomst.

'Ik wil een hotelletje openen, op het platteland,' zegt hij terwijl hij haar hand vasthoudt op de stoep van de bijkeuken.

Bates Hotel? Net als in *Psycho*? Serieus? Is hij dat echt van plan? Je ziet voor je hoe Julian Fellowes een extra stevige teug van zijn helium nam toen hij die zin schreef. Zoals fans van de serie weten, lijkt Fellowes zijn mafste heliummomenten te bewaren voor Bates. Laten we niet vergeten dat Bates degene was die in Seizoen 1 een 'geheime beenoprekker' droeg – tot hij de pijn niet meer kon verdragen en het geval in een meer wierp.

Maar goed, Bates' Ondraaglijke Pijn Van De Geheime Been-oprekker uit Seizoen 1 is niets vergeleken bij de kwellingen die Fellowes in Seizoen 2 voor hem in petto heeft: seconden na-dat hij zijn plan voor Bates Liefdeshotel heeft ontvouwd, duikt Bates' kwaadaardige ex-vrouw op om alles te versjteren.

Begrijpelijkerwijs is het eenbenige verliefde kalf Bates in eer-ste instantie niet van zins om haar te ontvangen – en hij laat haar een halfuur wachten in de keuken.

'Sorry voor het wachten, Vera,' zegt hij als hij eindelijk bij haar komt. 'Ik was... op zolder. Een paar kasten... aan het oprui-men.'

Eén blik op de superkwaadaardige kop van Vera Bates ver-raadt dat Bates, met dat soort smoesjes, de pineut is. Ze gaat hem naaien, tot ver in Seizoen 3. Kamermeisje Anna kan niets doen behalve wegrennen en bij de karnton tranen plengen in haar schort.

Boven is de liefde al even ingewikkeld. De stralend aantrekke-lijke Matthew Crawley is thuis met verlof en is aanwezig bij een benefietconcert op Downton, waar hij lady Mary voor het eerst tegen het lijf loopt sinds ze hem dumpte, waarna hij haar terug-dumpte (Ingewikkeld verhaal. Niet over nadenken).

Hoewel Matthew inmiddels verloofd is met de oenige lady La-vinia en lady Mary het hof wordt gemaakt door Richard Carlisle ('Bedoel je sir Richard Carlisle? Die al die akelige kranten leidt?' legt lord Crawley handig uit als was het een exposé. Vaak zou je *Downton* net zo goed *Exposé Abbey* kunnen noemen), weten we dat lady Mary en Matthew Crawley elkaar uiteindelijk zul-len vinden. Hun liefde is echt en oprecht – want Matthew houdt nog steeds van haar, ondanks haar Vreselijke Geheim: een korte affaire met een Turkse diplomaat die eindigde met zijn dood in haar bed.

Ik weet niet helemaal zeker hoe zoiets officieel werkt, maar volgens mij betekent dit dat de geest van Mr Kemal Pumak nu wellicht spookt in Mary's intieme delen. Elke keer als ze naar Matthew Crawley kijkt, wacht ik op het moment dat het spook jaloers 'woe-HOOOeee' roept.

Maar helaas, aan het einde van Aflevering 1 zat ik nog steeds te wachten. Nog geen succes dus – maar met nog zeven afleveringen te gaan, en het feit dat je erop kunt rekenen dat *Downton* bizar is, weet ik vrij zeker dat ik voor het eind van het seizoen Pumaks gesmoorde 'woe-HOOOeee' zal horen.

Ik heb een tijdlang elke week een stuk over Downton *geschreven – gewoon omdat het simpelweg beschrijven van wat er speelde me totaal de slappe lach gaf.*

Downton Abbey Recensie 2: ER ZIJ SEKS! ER ZIJ SEKS!

'Gaan de verhaallijnen in *Downton* te snel?' is de vraag die velen op dit moment stellen. En met goede reden. We hebben immers vorige week gezien dat de hele Eerste Wereldoorlog in *Downton* slechts vijf afleveringen heeft geduurd. In dit tempo kan Maggie Smith tegen Kerstmis aanmatigend commentaar geven op de etiquette van Neil Armstrongs maanlanding ('Maar is hij wel VEURgesteld aan de Fluitertjes? Is hij bekend met hun FAMILIE?').

Maar ach, zolang je de stoelriem stevig vastmaakt – en misschien op voorhand een medicinaal sherry'tje inneemt – is het razende tempo prima. Het is een giller! Je moet een aflevering van *Downton Abbey* gewoon zien als een rit met een 'spookhuistreintje' – zoals je die tegenkomt op een kermis of op een pier. Je stormt naar binnen door de klapdeuren en ziet de graaf van Grantham (Hugh Bonneville) in de voorraadkamer een beweduwd kamermeisje zoenen, rijdt een brug op om Ethels buitenechtelijke baby in die voorraadkamer te bekijken, waarna je op het laatste rechte stuk terechtkomt waar iemand geschaakt wordt, een ander op wonderbaarlijke wijze genezen wordt en een onbeantwoorde liefde wordt onthuld voordat de titelrol gaat lopen. Steek je handen in de lucht en gil als het sneller moet! Het kost maar twee pond, plezier voor het heeeeeeele gezin!

Uiteraard zijn sommige snelle plots uitgebreider dan andere snelle plots. De megaplot waar *Downton* op dit moment om draait, is de toestand van neef Matthews (Dan Stevens) broek. Het speelt zich dezer dagen allemaal af in neef Matthews broek. Daar zit het hele verhaal opgeborgen.

Zoals je misschien nog weet is neef Matthew de bovenaards mooie, blonde erfgenaam van Downton Abbey, die dapper de helse oorlog in trok om koning en vaderland te dienen – waarbij hij slechts een keer of wat op Downton kwam aanwippen voor belangrijke concerten, bals, scènes waarin het gewoon prettig was om hem erbij te hebben en onzekere, verboden-liefde staarpartijen met lady Mary (Michelle Dockery).

Op een bepaald moment kwam neef Matthew vanuit de oorlog aanwippen toen lady Mary tijdens een concert 'If You Were the Only Boy in the World' aan het zingen was – waarna hij het laatste couplet van een liefdevol duet met haar meezong, om daarna onmiddellijk weer terug te gaan, ten oorlog. Dat is de scène waarvoor Vera Brittain in *Testament van de Jeugd* nooit genoeg ballen of waanzin had – maar die nu eindelijk in *Downton* tot leven is gebracht door Julian Fellowes. Hoera! Als die denkwereld zo hemelsblauw blijft kunnen we in Seizoen 3 van *Downton* – dat speelt tijdens de Grote Crisis – Bugsy Malone met een puddingbuks verwachten, of zelfs – wat dondert het ook! – Scarlett O'Hara die de brand van Atlanta ontvlucht met paard en wagen terwijl Miss Melly achterin ligt te bevallen. Ga er ook maar meteen helemaal voor, zeg ik dan! Gil als het sneller moet!

Afijn. Matthews broek. In een oorlog vol onbeschrijfelijke gruwelijkheden is de walgelijkste daad van de moffen een aanval op neef Matthews – gezien zijn kakkineuzigheid mogelijk letterlijke – kroonjuwelen. Toen hij in Aflevering 5 van het front kwam, zat hij in een rolstoel – 'een impotente kreupelaar die riekt naar braaksel', zoals hij zichzelf omschreef, duidelijk een tikkeltje Downton-depri.

Een paar geweldige momenten lang leek het alsof Downton alle remmen losgegooid had door er een personage in te schrijven van wie de kloten er in het heetst van de strijd afgeblazen waren – pas de tweede dramaserie aller tijden waarin dat werd geprobeerd, na de grensverleggende testikelontploffende BBC-serie Lilies uit 2007.

En jawel, de eerste scène van afgelopen zondag leek dat te bevestigen: de graaf van Downton keek ernstig een auto na die de oprijlaan af reed, waarbij zijn sombere blik suggereerde dat Matthews ballen op een dienblaadje in de wagen lagen, op weg naar een nette begrafenis.

Maar – tot onze oneindige vreugde – bleek dat niet het geval te zijn. Helemaal niet. Matthew was juist broekioso intacta, zoals men dat in het Latijn zou zeggen. De inhoud van zijn oranjerie was present en onberispelijk – het ontbrak hem slechts aan de 'seksuele reflex'. Of toch niet? Tien minuten later zat Matthew in zijn rolstoel in de verte te staren.

'Bates,' zei hij tegen zijn lijfknecht. 'Stel dat ik een... tinteling zou voelen, wat zou dat dan betekenen? De artsen zeggen steeds dat dat de herinnering aan een tinteling is, maar ik blijf het maar voelen.'

'Als er een verandering op til is, zal die zich vanzelf melden,' zei Bates met alle boerenwijsheid van een man die op het platteland is grootgebracht.

Hoewel het soms zo leek, ging Downton natuurlijk niet alleen maar over neef Matthews broek. Mijn favoriete subplot draaide om de doortrapte Mrs O'Brien en Thomas die zich waagden op de naoorlogse zwarte markt – en het landgoed Downton probeerden een poot uit te draaien door Kokkie bedenkelijke etenswaren te verkopen. Hoewel ze in eerste instantie blij was dat ze aan dergelijke luxe ingrediënten kon komen – 'Ik heb dit vóór de oorlog voor het laatst gezien!' riep Kokkie terwijl ze een stuk-je sukade omhooghield als een soort onvoorwaardelijke uiting van respect voor de hogere klasse – merkte Kokkie toen ze het eindresultaat proefde dat men Thomas knollen voor citroenen had verkocht.

'Dit is gips!' riep Kokkie terwijl ze taart op de vloer spuwde en de ombudsman ging uithangen tegen Thomas.

Thomas ging uiteindelijk terug naar zijn pakhuis vol met nu dus onverkoopbare, giftige ingrediënten en begon – razend en wel – de hele zaak te slopen. Toen hij herhaaldelijk op een enor-me zak in stompte en 'NEE!!!' riep, bedacht ik dat dit de eerste keer was dat ik ooit een man had zien vechten met 'wat meel' – en wederom dankte ik de geflipte grootsheid van Downton.

Maar toch eindigde de aflevering van zondag zoals hij be-gon: in de broek van neef Matthew. Na Tintelgate waren we al-lemaal extra alert op verdere ontwikkelingen in Matthews bek-ken – maar we beseften dat de doorbraak die hij nodig had wel-licht een hoge tol zou eisen. Eerdere gevallen van mensen die in dramaseries 'spontaan' herstellen van volledige verlamming lij-ken veel drama met zich mee te brengen – plotseling hervonden kracht in hun benen als er een geliefde in gevaar is, bijvoorbeeld, of als ze zelf in levensgevaar zijn.

Toch voltrok Matthews wonderbare genezing zich niet hele-maal op die manier.

Toen Lavinia – Matthews huidige, onrechtmatige verloofde – zich bij hem in de salon voegde, merkte ze dat er iets heel erg mis was op Downton: 'Kijk!' zei ze, wijzend op een tafel met zes kopjes en schotels. 'Ze zijn vergeten het theeservies weg te ha-len!'

Terwijl ze naar de tafel liep om de gruwelijke vergissing van het personeel te verhelpen, werd Lavinia door Matthew gewaar-schuwd.

'Dat is te zwaar voor je!' zei hij toen ze het dienblad pakte.

Maar... te laat! Lavinia had – onvermijdelijkerwijs – de prijs betaald voor de achteloosheid van de arbeidersklasse: ze struikelde over een rijk geborduurd voetenbankje en moest zich vastgrijpen aan de marmeren schouw, naast de goudbronzen klok.

'Hemeltje! Dat scheelde maar een haartje!' riep ze ademloos – voordat ze beiden beseften dat dit levensgevaarlijke moment Matthew uit zijn verlamming had geschokt: hij stond nu naast haar, zijn gebroken rug verleden tijd, de toekomst nu opnieuw rooskleurend door de mogelijkheid van rampetamperij.

Na het vernemen van het goede nieuws over zijn erfgenaam haastte de graaf van Grantham zich Downton door om iedereen bij elkaar te roepen in de salon om Matthew te aanschouwen. Serieus, hij leek één whisky verwijderd van het luiden van de klokken van Downtons kapel en het schreeuwen van 'ER ZIJ SEKS! ER ZIJ SEKS!' naar de verzamelde cast.

Ik denk dat het personeel vervolgens opdracht kreeg om het speciale servies 'ter herontdekking van de seksuele reflex der erfgenaam' uit de kast te halen, dat al generaties lang in de familie was, zodat heel Downton zo Downton-esk mogelijk feest kan vieren – met een maximum aan formaliteit, eigenaardigheid en afwas voor het voetvolk.

*We zijn een goed team, Pete en ik. Allebei journalist, allebei dol op kool-
hydraten, allebei van mening dat de ideale kinderoppas voor de zomervakantie een man is met dubieuze kwalificaties en een soortgelijke reputatie,
die zijn brood verdient met gigantische, doorzichtige hamsterballen waar
je je kinderen in kunt stoppen.*

De zomer is een noodsituatie

'Het probleem met de zomer is dat het, als je werkt en kinderen
hebt, een noodsituatie is,' zegt mijn man. 'Een complete noodsituatie.'

Vandaag is de ergste dag van augustus, tot nu toe: we zitten
samen naast een twaalf meter lang pierenbad aan de boulevard
in Brighton.

Een vrolijke, kettingrokende kobold uit Manchester heeft hier
een nieuw soort attractie opgesteld: gigantische plastic 'hamsterballen' waar je kinderen in stopt om ze vervolgens te water
te laten in het pierenbad. Onze kinderen hebben deze vorm van
vermaak omarmd met het enthousiasme van echte hamsters.
Ze komen steeds ondersteboven voorbij rollen terwijl ze gillen:
'DIT IS VET GAAF, MAN!' en een vredesteken maken.

Vanaf de picknicktafeltjes zwaaien we terug, roepen dingen
als: 'Jullie zien er totaal gestoord uit! We laten jullie hier en gaan
alleen naar huis!', en typen dan weer als een malle verder. Mijn
man probeert het definitieve resumé te schrijven over UB40's
eerste, politiek verontwaardigde, kritisch bejubelde album. Ik

ben bezig met een bezielend, pro-feministisch betoog tegen waxen, zowel de Brazilian als de Hollywood, van vierduizend woorden.

Af en toe kijkt mijn man me wezenloos aan en zegt: 'Dub.'

Ik kijk even wezenloos terug en zeg: 'Schaamhaar.'

De kinderen tollen op de achtergrond voorbij en gillen: 'CO- WABUNGA, MAN!'

Omdat het vakantiegeld op is na twee weken zomervakantie, is dit pierenbad vandaag ons kantoor. Een kantoor zonder plafond, waar miezerregen op onze laptops valt. Maar het is veel spannender dan het klinkt: aangezien de gemeente Brighton onverklaarbaar treuzelig is wat betreft het verschaffen van gratis stopcontacten langs de gehele boulevard, hebben we de extra spannende, tegen-de-klok-factor dat we ons werk moeten zien af te krijgen voor de accu ermee kapt.

'Hoelang heb jij nog? Ik zit op zevenendertig minuten,' zeg ik dan, terwijl ik angstvallig de cijfers in de gaten houd.

'Ik nog maar zeventien,' antwoordt mijn man. 'Ik heb de schermhelderheid zo laag gezet dat het net een soort venster op de eeuwige nacht is.'

Het heeft iets van een aflevering van 24 waarin Jack Bauer één ongelooflijk belangrijke e-mail moet versturen.

Hierover klagen zou natuurlijk betekenen dat je een gigantisch gebrek aan relativering hebt. Wij zijn met de beste wil van de wereld niet de meest gestreste ouders op de boulevard van Brighton – eerder die dag kwam ik langs een kind dat op de grond lag te kronkelen en jammerde: 'Ik WIL niet dat oma voor altijd dood is!'

Wij zijn tenminste puike, telewerkende mediabobo's, hou ik mezelf voor, en wij *kunnen* ons werk gewoon meenemen naar een reusachtig, opblaasbaar pierenbad in Brighton.

Stel je voor dat je je *draaibank* hierheen zou moeten slepen, denk ik steeds. Of je *smeltoven*. Of de *berg* die je moet beklimmen

– omdat je een professioneel bergbeklimmer bent, zoals Chris Bonham. Wij boffen nog.

Voor werkende ouders is het heel simpel: de vakantiecijfers deugen niet. Jullie, de ouders, hebben vier weken per jaar vakantie. Jullie kinderen hebben echter dertien weken vrij. Ergo, je wordt gek. Dat is een systeem dat niemand tegenwoordig meer zou verzinnen. Het is een ergerlijk overblijfsel van het patriarchaat – een maatschappij die keihard ontkent dat a) MAMA NU OOK EEN DEADLINE HEEFT en b) DE MEESTE KINDEREN EEN THEATERWORKSHOP VAN DRIE WEKEN MET EEN ZOOI VAGE STUMPERS NET ZO VERVELEND VINDEN ALS JIJ, ALS JE IN HUN SCHOENEN STOND. Het is *geen* oplossing voor gezinnen met twee werkende ouders om duizenden kinderen de complete soundtrack van *Bugsy Malone* aan te leren – hoewel ik, terwijl ik het schrijf, besef hoezeer mijn kernwaarden zijn veranderd sinds ik als twaalfjarige Blousey Brown wilde zijn.

Twee weken later begint het nieuwe schooljaar. Bij de schoolingang lijkt het wel de eerste verzamelplaats van een vliegramp. Lichtelijk verwarde ouders staan hun kinderen gedag te zwaaien, met de uitstraling van mensen die recentelijk zoveel geld hebben uitgegeven, en zoveel gunsten van oma en opa hebben gevraagd, dat ze nu eigenlijk naar huis moeten om vijf dagen lang heel stil te blijven liggen voor ze zich weer een beetje normaal kunnen voelen.

'Dus je hebt het overleefd?' zegt iemand.

'Ja. Al weet ik niet precies meer hoe. Ik geloof dat ik zesduizend pond heb uitgegeven aan *Doctor Who*-dvd-boxen en zakken kaascrackers.'

Dan pakken ze hun mobieltje om moedeloos vervoer terug uit Polperro te regelen voor hun draaibank.

Maar weet je? Heimelijk is dat precies wat ik zo leuk vind aan de zomervakantie. In tegenstelling tot mijn man kick ik op noodsituaties. In de zomer kun je zomaar doen alsof je in de Tweede Wereldoorlog leeft – de straat op hollen met je krulspelden en een fluitketel onder je arm en dan roepen: 'DE DUITSERS KOMEN ERAAN!' onder het genot van sigaretten van de zwarte markt.

Maar nu is het herfst en kun je dat soort dingen niet meer maken. Je kunt je kroost niet meer in een kartonnen doos onder de patiotafel laten slapen. Geen gin op het gazon meer, om twee uur 's nachts. Geen KitKats en appels meer als ontbijt. Je zult je schoenen moeten opduikelen – van achter de lavendelstruik waar je ze in juli hebt neergegooid – ze weer aantrekken en je weer normaal en verstandig gaan gedragen.

Tot Kerstmis in elk geval.

Hier volgt zo'n beetje mijn complete levensverhaal in 895 woorden. Ik kom nog eens terug op mijn gegronde reden om niet naar het buitenland te gaan. Ik weet eigenlijk niet wie ik met deze 'ik vertik het om te reizen'- tirade probeer te bereiken. Misschien de Thomas Cooke in mijn hoofd.

Tijdreizen op dezelfde vier plekken

Ik ben geen groot liefhebber van 'op reis gaan'. Elke vakantie die ik doorbracht op een 'nieuwe bestemming' leek slechts te bestaan uit herhaaldelijk langs restaurantjes wandelen die veel leuker waren dan waar we zojuist gegeten hadden, onder het uitroepen van: 'O! Die zaak ziet er enig uit! Dáár zitten geen verwilderde, eenogige katten onder de tafel.'

En dan zwijg ik nog over het feitelijke reizen van 'op reis gaan': een onderneming die zo vreselijk is dat er aparte verzekeringen, ziekten en piepkleine haardrogertjes aan te pas komen. Elke keer als ik denk aan een of ander ver wonder dat ik heel graag zou willen zien – Sydney Harbour bij avond bijvoorbeeld, of Venetië vanaf een brug – vraag ik mezelf af: 'Wil ik dit zo graag zien dat ik om vijf voor zeven 's ochtends mijn schoenen ervoor wil uittrekken bij de security op Heathrow?'

En elke keer luidt het antwoord: 'Nee, bedankt. Ik hou liever mijn schoenen aan en dan kijk ik wel naar een documentaire over die dingen.'

Dus in plaats van op reis gaan, ga ik gewoon... naar bepaalde plekken. De afgelopen twintig jaar naar dezelfde vier plekken:

Aberystwyth, Brighton, Gower, Ullapool. Meer niet. Nergens anders naartoe. Steeds opnieuw, herhaal en weer terug. Als een beginsteek die je telkens op dezelfde plek opzet, maar steeds net vanaf een andere kant. Als ik er weer kom, zie ik mijn spookbeelden van vorige bezoeken. Als ik erheen ga, reis ik niet door de ruimte – maar door de tijd.

Dus als ik naar Ullapool in de Highlands ga, loop ik door de hoofdstraat en zie ik flikkerende, analoge uitzendingen van eerdere perioden in mijn leven. De tijdcode van het oudste spookbeeld is 1986. Augustus – de augustus dat we een kampeerbusje kochten. We zijn van alle andere campings in de omgeving af gejaagd, aangezien de eigenaren denken – vanwege mijn zeven broers en zussen en regenboogkleurige kaplaarzen – dat we zigeuners zijn die van Stonehenge verdwaald zijn. Het is een ellendige vakantie: het stortregent doorlopend en het is koud. We kunnen niets anders doen dan worstsoep eten en het boek *Kidnapped* van Robert Louis Stevenson aan elkaar voorlezen met een steeds bespottelijker Schots accent. Iedereen is nijdig. De hond verzuipt bijna. Ik wil dat we een berg beklimmen of in zee gaan zwemmen, maar we zitten vijf dagen lang in een ruimte zo groot als een klerenkast naar druipnatte ramen te staren en dan gaan we naar huis.

Tien jaar later, en de spookbeelden van 1995 zijn van een betere kwaliteit – een frisser tafereel. Ik ben nu negentien. Ik heb een vriend met een auto zover dat hij me naar Ullapool brengt zodat ik het eindelijk kan zien als de zon schijnt – of in elk geval door de beregende ramen van iets met meer ruimte, zoals een hotel. Overdag beklimmen we een berg én we zwemmen in zee, want ik heb nu de leiding over mezelf. 's Avonds – na de duurste wijn die we ooit besteld hebben – £ 22! – beseffen we dat we waarschijnlijk verliefd zijn en lopen zonder iets te zeggen naar dezelfde hotelkamer. Vier jaar later komen we er terug op onze huwelijksreis, waar we de eerste avond alleen maar huilen, ook al houden we van elkaar, want...

Hier sta ik op de boulevard van Brighton, in 1994. Ik heb net tegen mijn beste vriend gezegd dat verkering geen goed idee is. 'Wij moeten alleen maar vrienden zijn,' zeg ik. Ik heb over liefde gelezen in boeken en weet zeker dat ik er alles van weet. Dit is een van de verstandigste dingen die ik ooit gedaan heb. Ik ben achttien. Ik adem mijn sigarettenrook uit als een volwassene.

Hier ben ik, vier jaar later, op datzelfde stuk boulevard, met diezelfde vriend. We zitten op een bankje. Mijn hoofd ligt in zijn schoot. We praten over namen voor ons kind in mijn buik. Mijn bruidsjurk zit in een tas aan onze voeten. We trouwen over drie dagen. Sinds de vorige keer dat we hier waren heb ik geleerd dat ik op mijn achttiende niets wist. Ik weet nu dat liefde een stille zekerheid kan zijn – als het eerste aprilzonnetje op je armen – en niet de vulkanische explosie waar ik op zat te wachten.

Over negentien uur zullen we horen dat de baby dood is. Het verdriet dat op ons afkomt heeft vijf messen in elke hand: het zal op ons aanvliegen als een sneeuwstorm en ons tegen de grond slaan.

We zullen huilen op onze huwelijksreis in Ullapool – zo verloren dat ik je niet eens zou kunnen zeggen of het die keer regende. Op dat moment dacht ik dat de diepzeedruk van het verdriet zo hoog was dat het mijn hart voorgoed plat zou persen. Ik wist zeker dat ik er alles van wist.

Vanochtend, aan het begin van mijn vakantie in Brighton, zag ik onze dochters – acht en tien – op het strand.

Mijn hart is nu nog groter, dacht ik. En ik weet wat liefde is, en ik rook niet, en het verdriet is niet mijn dood geworden, en ik weet dat ik nog steeds niets weet, en ik heb nu de leiding over mezelf.

Een beginsteek die je steeds opnieuw opzet op dezelfde

plek, wordt steeds sterker. In Ullapool, Gower, Aberystwyth en Brighton reis ik niet om mijn blik te verruimen.

Ik keer terug – en dat is iets heel anders.

Deel 4

Passies, adviezen en sterfgevallen

Waarin ik Paul McCartney VAN THE BEATLES *ontmoet en hem vraag wat er zou gebeuren – 'wat God verhoede, sir Paul' – als zijn gezicht verminkt zou worden bij een gruwelijk auto-ongeluk, rouw om het overlijden van Amy Winehouse en Elizabeth Taylor, de 'Mafkezen Brievenbus' open en gedetailleerd verslag doe van de Royal Wedding. Maar eerst: terug naar een klein huiselijk geschil.*

Mijn Franse jurk

Het is 19:48 uur. Ik sta op het punt de deur uit te gaan voor een avondje uit met vriendinnen. Ik heb gecontroleerd of ik een extra panty in mijn handtas heb, gezorgd dat de afstandsbediening die het doet daadwerkelijk in de hand van mijn oudste kind ligt – voor mij dus geen paniekerige sms'jes meer met: we kunnen de zapper nergus [sic] vinden!!!' om 22:00 uur – en als laatste moet ik nu nog even afscheid nemen van mijn echtgenoot.

Ik loop zijn 'studeerkamer' binnen, waar hij zit te luisteren naar een reggaecompilatie terwijl hij mijmerend naar zijn nieuwe mok van de folkgroep Fotheringay kijkt, die vol thee zit. Hij kijkt tevreden.

'Ik ben weg, schat,' zeg ik.

'Veel plezier,' zegt hij terwijl hij stralend zijn koptelefoon af zet.

Het is even stil. Ik sta een beetje naar hem te staan, zeg maar. Onheilspellend, wellicht.

'Ik ben dus weg,' zeg ik nogmaals, op resolutere toon. 'Londen in. Met mensen.'

'Vergeet je sleutels niet!' zegt hij opgewekt. 'Heel veel plezier. Doe de groeten aan... welke kudde schalkse, kettingrokende nichten jou ook in bruikleen heeft vanavond.'

Het is weer stil. Ik staar hem heel aandachtig aan. Hij staart terug met enige verwarring. Pete merkt dat er hier iets dringends onafgemaakt is gebleven, maar hij weet niet wat. Ik voel dat zijn hartslag versnelt, als een angstige laboratoriumrat die een doktersspiegeltje bespeurt. De rat weet niet precies wat er gaat gebeuren – maar hij weet dat het niet best is.

'Wil je... een lift naar Finsbury Park?' vraagt hij uiteindelijk.

'HOE ZIE IK ERUIT?' schreeuw ik.

Pete is onmiddellijk berouwvol – 'Sorry!' – maar ook weer op bekend terrein.

Twaalf jaar geleden, kort voor onze bruiloft, vertelde ik hem – met het soort onverschrokken eerlijkheid die alleen geliefden zich kunnen veroorloven – dat ik in ons huwelijk maar op twee regels zou staan. 1) Dat hij nooit of te nimmer meer in onze huiskamer een surpriseparty voor mijn verjaardag organiseert. En 2) dat hij, elke keer als ik in een nieuwe outfit voor hem verschijn, zonder aarzeling moet zeggen: 'Wat zie je er slank uit zo!'

'Wat zie je er slank uit zo!' zegt Pete, dolblij dat hij weer op vaste grond staat. Hij zet zijn koptelefoon weer op. Hij denkt blijkbaar dat alles nu afgehandeld is.

'Pfff. Veel plezier vanavond,' zegt hij – en wendt zijn blik weer naar zijn Fotheringaymok, waarop de hele band staat afgebeeld als vijftiende-eeuwse minstrelen. 'Ik zie je morgenochtend.'

Helaas voor Pete is 'Wat zie je er slank uit zo!' *niet* het voor echtgenoten verplichte antwoord waar ik in dit gesprek op uit was. De jurk die ik aanheb is een nieuwe ontwikkeling, wat betreft mijn 'modebereik'. Qua silhouet is het een *tea dress* uit de jaren vijftig, maar qua dessin heeft het een Afrikaans thema. Ik draag de jurk met zebrasandalen en een slangenleren clutch. Eigenlijk wil ik weten of ik er zo een beetje uitzie als een soort damesversie van 'Ace Ventura – Pet Detective'. Ik weet niet of deze 'psychedelische safari' werkt.

Als ik nu voor een van mijn vriendinnen of vrouwelijke familieleden stond, zouden ze dit onmiddellijk begrijpen. Mijn zus Weena zou me bijvoorbeeld hebben begroet met: 'Je corrumpeert de algemene vooroordelen van naoorlogse chicks met een of ander "gestoord Ghanees gay-discostijltje". Het is "Mad Men meets multiculti Brixton Market". Je zegt feitelijk dat je links bent – maar met grote tieten. Lekker is dat. Daar kun je rustig voor gaan.'

Dat doen vrouwen – elkaar vertellen welk verhaal hun outfit uitstraalt om te bevestigen dat de draagster goed zit. De vrouwen die je na staan vertellen je wat je zelf al dacht over wat je met je 'look' wil zeggen en de impact ervan – vandaar dat ons groepje van acht onze vriendin Hughes kan begroeten met: 'Pas gescheiden, sletterige secretaresse... maar met onverwachte neon rave-stiletto's! Jij bent een sexy dame die zich vanavond niet aan één man vastklampt, maar de gezamenlijke extatische revolte van een zaal vol feestgangers opzoekt. In de Pizza Express waar we gaan eten.'

Vrouwen spreken de taal der kleding. Alles wat we dragen, is een zin, een alinea, een hoofdstuk – of soms alleen een uitroepteken.

Helaas spreekt Pete de taal der kleding echter niet. In wezen schreeuwen mijn jurk en zebrasandalen hem toe in het Frans. En aangezien hij er geen woord van kan verstaan, raakt hij in paniek.

'Het is een eersteklas kledingstuk,' zegt hij terwijl hij ernaar staart. 'Opvallend. Het is, eh, geweldig dat "ze" maar steeds met vernieuwende dingen blijven komen – zelfs in 2012 nog. Dat... moet goed nieuws zijn voor de modewereld!'

Het is heel even stil – dan begint hij zo hysterisch te lachen om de vertwijfeling waarmee hij dat allemaal heeft gezegd, dat hij van zijn stoel glijdt, de koptelefoon nog in zijn hand, en met een rode kop op de grond knielt, met tranen over zijn wangen.

Daar zit hij nog steeds als ik de deur uit ga. Wat best irritant is, want ik wilde eigenlijk wel een lift naar Finsbury Park. Mijn zebrasandalen doen zeer.

SPOILER ALERT: *er zit heel veel informatie over de verhaallijn in de nu volgende recensie, dus* DOE NU JE OGEN DICHT *als je het nog steeds niet hebt gezien, rare Holmes-hater.*

Sherlock Recensie 3: Beter wordt televisie niet

In veel opzichten komt *Sherlock* niet echt over als een tv-serie. Het enorme fanthousiasme dat het oproept in Groot-Brittannië is iets wat je normaal eerder zou verwachten bij een popster of een rockband. Mensen gingen om half zes 's ochtends in de rij staan voor kaartjes voor de eerste voorvertoning in het British Film Institute. Er zijn hele websites gewijd aan de fantasieën van fans over seksuele confrontaties tussen Holmes en Dr Watson. Er zijn vrouwen die wenen als je de naam 'Benedict Cumberbatch' uitspreekt – en niet alleen omdat ze het in hun hoofd tevergeefs proberen te spellen.

Dan gaan we nu over naar 'A Scandal in Belgravia', de eerste van drie nieuwe, avondvullende *Sherlocks*, belast met de zware taak om een van de succesvolste debuutseizoenen aller tijden te overtreffen.

Al in de eerste twee minuten maakte schrijver Steven Moffat duidelijk dat hij niet van plan was rustig te beginnen terwijl hij zijn draai aan het vinden was: een dominatrix genaamd 'The Woman', met een parelwitte kont, komt een slaapkamer binnen met een paardrijzweepje en vraagt: 'Bent u stout geweest, hoogheid?'

'Ja, Miss Adler,' antwoordt een bekakte stem.

En dan begint de titelrol te lopen. Jawel. Inderdaad. De eerste aflevering van het nieuwe seizoen van *Sherlock* ging over een Kate Middleton-sm-chantage-scenario. Daar heb je niet van terug, *Waterloo Road*.

De volgende negentig minuten waren, om het wetenschappelijk uit te drukken, zo goed als tv maar kan zijn: andere programmamakers hebben vast aan hun eigen polsen zitten bijten van jaloezie en ontzag tegelijk. Niet alleen heeft *Sherlock* de rijkdom van een cast met grootheden als Benedict Cumberbatch, Martin Freeman, Lara Pulver en Rupert Graves, maar deze aflevering had als krachtig onderwerp 'Sherlock Holmes en de liefde'.

Nadat Holmes in het eerste seizoen is neergezet als een van de prominentste mannen van de eenentwintigste eeuw, 'een man met een bereikbare superkracht' – vol melk en ijs en miljarden dollars aan synapsflikkeringen – lijkt dit seizoen te gaan graven in zijn zwakheden. Ze hebben hem opgebouwd – en nu gaan ze hem afbreken. Of, in dit geval, opblazen, door hem te bestoken met een fantastisch stel tieten.

Want Sherlock kan Irene Adler niet doorgronden – 'The Woman' – een chique dominatrix met compromitterende foto's van Middleton (dat wordt in elk geval gesuggereerd, al wordt het nooit duidelijk) op haar telefoon.

Irene Adler, gespeeld door Lara *True Blood* Pulver, woont in een prachtig huis vol monochroom damast, en haar lipstick is zo rood als damascusrozen. Op bevel van het Paleis wordt Holmes naar het monochrome huis gestuurd om de foto's terug te halen, en Adler bereidt zich voor op zijn komst.

'Wat trek je aan?' vraagt haar minnares/assistente Kate.

'Het Gevechtstenue,' antwoordt Adler.

Als Holmes arriveert – bespottelijk genoeg als geestelijke; hij gedraagt zich nu al als een dwaas – verwelkomt ze hem naakt.

Het Zakentenue. Hij is sprakeloos – niet alleen door het zwijgende gezag van haar blote kont die voor hem langs gaat als hij op de bank zit; maar ook door haar gezicht. Hij kan haar niet doorgronden. Holmes, die iedereen kan doorgronden – met een snelle blik op Watson zoekt hij geruststelling: hij ziet dat diens schoenen verraden dat hij vanavond een date heeft, zijn stoppelbaard dat hij een elektrisch scheerapparaat heeft gebruikt – kan Adler op geen enkele manier duiden. Ze kan zich volledig verbergen, zelfs als ze naakt is. Vooral als ze naakt is. Want, zo helpt ze Holmes herinneren: 'Hoezeer je ook je best doet [met een vermomming], het blijft altijd een zelfportret.'

Holmes is zo verbluft door de nieuwigheid van iemand die hem te slim af is, dat hij op dat moment niet eens beseft dat hij op haar valt.

En Adler valt ook op Holmes, tegen beter weten en haar hele karakter in. Adler is even intelligent als Holmes, maar ook even beschadigd: ze bewaart chantagemateriaal in haar telefoon omdat ze 'zich een weg baant in de wereld' met een reeks streken en slimmigheden; ze heeft 'vrienden' die ze geregeld verdooft met de injectiespuiten in haar nachtkastje. Bijna alles in de wereld verveelt haar. Seks is niet leuk – het is gewoon werk. Wat haar werkelijk opwindt, zijn detectives en detectiveverhalen. Hoewel ze lesbisch is, is Sherlock Holmes degene die haar uiteindelijk echt opwindt.

En dus was 'A Scandal in Belgravia' anderhalf uur met twee vreemde, snelle, sexy mensen die elkaar in verwarring brengen: niet echt wetend waarom ze van streek zijn in elkaars gezelschap, niet echt wetend wat ze met hun gevoelens aan moeten. Ze hebben allebei werk waarvoor ze hun emoties moeten wegdrukken: moeten ze dat blijven doen – of moeten ze elkaar echt vertrouwen?

Uiteindelijk leidt hun catastrofale ontmoeting tot een vliegtuig vol lijken dat staat weg te rotten op een landingsbaan terwijl

Mycroft, de Britse regering en de Amerikaanse regering wanhopen. 'Holmes en Adler' zijn bepaald niet de nieuwe *Hart to Hart*. Ze heeft hem verraden, hij heeft haar verraden en al Holmes' sombere verwachtingen over de liefde – 'De chemie is uitermate simpel. En heel destructief' – zijn uitgekomen. Liefde zal het nooit zijn voor Holmes. Hij wil graag dat dingen een conclusie hebben, en een afloop. Liefde heeft helemaal geen conclusie of afloop. En bovendien was hij gevallen voor een gek. Dat was een flinke vergissing.

Van 20:10 tot 21:40 uur was het vaak moeilijk te zeggen welk lichaamsdeel meer door *Sherlock* werd gestimuleerd: het oog of het brein. Want terwijl het script doorstuiterde met een heerlijke combinatie van maffe, razendsnelle dialogen en freerunning-achtige plotsprongen, was de regie van Paul McGuigan zo weelderig als een speelfilm. Je raakte de tel kwijt, zoveel schitterende momenten zaten erin. Een shot van bovenaf op Mycroft (Mark Gatiss) die zijn paraplu dichtklapt en een café binnenschiet om te schuilen voor de regen leek gechoreografeerd; Baker Street 221 b heeft er nog nooit zo weelderig uitgezien.

McGuigan leek zich vooral te buiten te gaan in de scène waarin Adler – in een poging haar telefoon terug te krijgen – een injectiespuit in Sherlocks arm stak en hij wegzweefde in een bizarre staat van narcoleptische wazigheid. Terwijl Sherlock bedwelmd achterover zakte, wentelde de camera naast hem eenmaal, tweemaal om – soms kon je niet zien of hij omhoogviel of omlaag. Toen hij eindelijk op de grond terechtkwam, was zijn gezicht dezelfde kleur als de witte was op de vloer waar hij tegenaan stuiterde.

Daar, in een droom, bevond Holmes zich ergens op de heide – Adler naast hem, op een chaise longue. Twee ontheemde, bleke, elegante stadsschepsels in al dat brute, natte groen. Holmes kon nog steeds niet spreken: bewusteloos van de barbituraten, zijn bed oprijzend uit het mos als een vriendelijke grafsteen, en Holmes viel erop neer, in een oogwenk buiten bewustzijn en de volgende scène in.

Zo'n krankzinnig mooi stukje cinematografie zul je zelden zien en – begeleid door de overdadige, wenende soundtrack van David Arnold en Michael Price – na anderhalf uur liep je van je televisie weg met het idee dat je zojuist via je hersens kreeften, champagne en truffels gevoerd had gekregen.

De dag na de uitzending barstte er een humeurige consternatie los op een aantal blogs, waar geroepen werd dat Moffats script vol vrouwenhaat zat. Irene Adler was uiteindelijk gered door Holmes, zo was het argument. Ze was voor hem gevallen en moest vervolgens door hem gered worden, als een of andere Sneeuwwitje-achtige courtisane. Als militant feminist is mijn 'vrouwenhaatalarm' uiteraard altijd gespitst – maar ik moet zeggen dat er geen enkele bel rinkelde tijdens *Sherlock*; behalve een kortstondige zucht toen ik bedacht hoeveel chique callgirls ik door de jaren heen op televisie voorbij heb zien komen (ongeveer zes miljoen), vergeleken bij het aantal dat ik in het echt ben tegengekomen (niet één).

Want *Sherlock* is een detectiveverhaal en geen nieuwsprogramma. Het maalt niet om statistieken en zo hoort het ook. Ik zag alleen twee beschadigde mensen die elkaars leven aan het verzieken waren, terwijl Martin Freeman vanaf de zijlijn zijn gepatenteerde 'Martin Freemanwenkbrauwen' liet zien. En verder zag ik natuurlijk een van de beste televisieprogramma's die dit land ooit heeft voorgebracht.

Twee van de sterkste columns in dit boek – over mijn haar.

Ik wil auteursrecht op mijn kapsel

Ik kan niet beweren dat ik in mijn leven veel dingen heb uitgevonden. Geen geneeskundige doorbraak. Geen plasticver-
bindingen. Geen kürelementen in het kunstschaatsen. Oké, ik
was lid van een comité van dikke kinderen in de Midlands dat
in 1988 de Kaaslolly bedacht – ongeveer 50 pence aan goedkope cheddarkaas op een vork geprikt en daar dan op zuigen tijdens marathons van de cbbc-kinderklassieker *Cities of Gold* –
maar ik was maar een radertje, zij het een nogal stevig radertje, tussen andere, even begaafde en gigantische raderen. Het is
ook waar dat ik behoorde tot datzelfde comité van dikke kinderen dat, stuk voor stuk puberend, tijdens een hopeloze Kerstmis de Sherry Cappuccino bedacht. De geschifte lagen Nescafé
en huismerksherry van de buurtsuper zal iedereen die het spul
tot zich genomen heeft voor eeuwig bijblijven. Sterker nog, het
zal waarschijnlijk ook voortleven in de kopjes waar we het uit
dronken. Het was een kleverig goedje.

Maar bezijden dat is het duidelijk dat, als ik de rol van James
Stewart zou spelen in een versie van *It's a Wonderful Life*, en me
levensmoe van een brug zou storten, Bedford Falls slechts de
schouders zou ophalen en nog een teugje eierpunch nemen,
zoals altijd. Ik heb werkelijk geen greintje bijgedragen aan de
grootse strijd van de mensheid.

Toch is er één povere, schamele innovatie waarop ik volgens mij aanspraak kan maken in mijn anderszins weinig creatieve leven, en dat is mijn kapsel. Met Halloween 2003 – let op die datum, haarhistorici, want ik ben ervan overtuigd dat die ergens bestaan; misschien aan de De Montford University in Leicester – leefde ik mij vrolijk dronken uit met een spuitbus grijze haarverf. Toen ik de volgende ochtend wakker werd, keek ik in de spiegel en was verbijsterd door wat ik daar zag. Wat ik daar zag, was Het Kapsel van Mijn Leven. Het Kapsel van Mijn Ziel. Ik had een ijzige veeg haar over mijn linkeroog hangen. Een blauwgrijze streep. Een berijpte lok. Het had iets van actrice Eleanor Bron, iets van Morticia Addams, iets van de wijze, oude aap uit *The Lion King*. Dit was duidelijk het Recept voor Mij. Ik ging naar de kapper en liet me semi-grijs verven.

De eerste drie jaar waren mijn kapsel en ik heel gelukkig. Oké, bejaarden waren geneigd bij de bushalte op me af te stappen om hun medeleven te betuigen ('Oooo, je bent net zoals ik. Ik was totaal grijs op mijn negenentwintigste, nadat ik gordelroos had gehad. Je moet zo'n pakje haarverf bij de drogist halen.'), maar ik had het idee dat ik op een soort Haar Queeste was. Ik had het gevoel dat ik grenzen aan het verleggen was. Ik had het gevoel dat ik creatief bezig was.

Toen viel de bom. Vorige zomer belde mijn broer Eddie – het dissidente lid van het Kaaslolly-comité, die in 1988 had geopperd dat we ons bij onze bestekresearch slechts zouden concentreren op de vork – me vanuit Brighton.

'Ik heb net een vrouw zien lopen met jouw haar,' zei hij. 'Bij Peacocks,' voegde hij eraan toe. 'Ze kocht leggings.'

In eerste instantie voelde ik me gevleid. Ik kom vrij vaak in Brighton. Het was niet buiten de grenzen van het mogelijke dat die vrouw mijn kapsel had gezien en er simpelweg door geïnspireerd was. Ik kon het haar niet kwalijk nemen. Ik heb haardynamiet in handen.

Toen belde mijn zus een maand later, ook vanuit Brighton.

'Ik heb VIJF VROUWEN gezien met jouw haar,' gooide ze er meteen uit.

Toen vond ik het niet leuk meer, dat moet ik toegeven. Die vrouwen hadden vrij duidelijk hun kapsel niet van mij afgekeken. Zij hadden het afgekeken van de vrouw die het van mij had afgekeken. Zij kenden hun haarklassiekers niet.

Op die manier was er alle kans dat mijn kapsel de geschiedenis in zou gaan met het etiket 'herkomst onbekend'.

Toen, een week voor het einde van het schooljaar, escaleerde de zaak gigantisch, zij het vooral in mijn hoofd. Voor het hek van de school stond op een ochtend – even verbijsterend als de aanblik van een ijsbeer – een moeder *met mijn haar*. Op mijn eigen territorium! Zo brutaal als de wat pretentieuze grijstint die haar – duidelijk inferieure – kapper had verzonnen!

De angst om te sterven als een onbekende haarverfgrootheid was vervelend genoeg, maar dit nieuwe scenario was volstrekt andere koek. Volgens mij weet elke vrouw wat het betekent als een andere vrouw jouw karakteristieke stijl jat. Zo herinner ik mij uit mijn tienertijd de toorn van mijn vriendin Julie toen ze zag dat een klasgenootje zich haar toenmalige handelsmerk had toegeëigend – een gewatteerd jack, gedragen met buttons langs de elastieken zoom.

'Het is oorlog,' zei ze botweg terwijl ze bij Burger King een sigaret rookte, iets wat destijds nog mocht.

En nu had die kapseljattende vrouw mij natuurlijk de oorlog verklaard. Want je kijkt geen kapsel af van iemand die je elke dag ziet als je denkt dat het je *rotter* zal staan. Die kapseljattende moeder dacht dus dat mijn kapsel haar *beter* stond. Dat het in grote lijnen een goed kapsel was, maar dat het *verpest werd door de toevoeging van mijn gezicht*. Ze diste me. Dat was overduidelijk de daad die de aanleiding zou vormen voor het uitbreken van een oorlog.

Maar hoe voert men een Haaroorlog? Onbevredigend genoeg is dat de vraag waar ik momenteel op blijf hangen, met nog vijf weken zomervakantie te gaan voor ik mijn folliculaire aartsvijand weer zal treffen. In mijn optiek heb ik slechts drie opties: 1) Haar vermoorden – de verstandige, maar mogelijk immorele optie. 2) Zelfmoord plegen – onverantwoord, gezien mijn prominente plek in het carpoolrooster. 3) Een compleet nieuw kapsel nemen – eerlijk gezegd kun je me dan net zo goed vragen een reis naar Mordor te ondernemen om De Ene Ring in de Doemspleet te werpen. Ik ben tweeëndertig. Ik ben te oud voor een dergelijke queeste. Dit is het kapsel waarmee ik, in voor- of tegenspoed, zal sterven.

Dus hier sta ik, ongevraagd in een haarimpasse gedwongen. Ik kan er niet bij dat er voor dit soort kwesties geen richtlijnen van overheidswege zijn. Ik trek me de haren uit het hoofd.

Tot zover de kleur. Maar hoe zit het met de omvang?

Meiden met *big hair* zijn mijn meissies

Tot mijn vijfentwintigste was mijn grootste angst in het leven dat ik kaal zou worden. Als ik er ook maar een seconde over nadacht, verloor ik mezelf in zo'n zweterige, steeds erger wordende paniek waar andere mensen het over hebben als ze vastzitten in zinkputten of boven op het Empire State Building staan.

Mijn angst voor haarverlies stoelde op ijskoude analyse van de feiten: als tiener was ik stilletjes onaantrekkelijk.

'Je hebt een rond, blozend boerengezicht,' zei mijn zus op een gegeven moment, waarbij ze haar 'behulpzame' stem opzette. 'Als een Halloweenpompoen... maar dan minder sexy.'

Aangezien we ook nog arm waren, had ik niet de middelen – zoals mode, make-up of cocaïne – om mijn allure voor de toeschouwer te vergroten. Dus mijn haar was simpelweg een kostbaar bezit, aangezien ik het heel erg lang kon laten groeien. Lang haar is zo'n beetje de enige schoonheid binnen je bereik als je geen cent te makken hebt.

Tegen de tijd dat ik dertien was, hing mijn haar tot op mijn heupen. Ik verzorgde het vlijtig. Niets was te goed voor mijn haar. Ik zat maar wat, at boterhammen met jam en fluisterde 'Groei dan! Groei dan!' tegen mijn hoofd, op een toon die ik follikelstimulerend achtte.

Op een gegeven moment las ik in een negentiende-eeuws

schoonheidsboek dat spoelen met een rauw, losgeklopt ei het haar extra glans zou geven. Dus toen liep ik de volgende twee jaar rond met een eierige, licht zwavelachtige geur om me heen. Ik was niet zozeer een vroegrijpe 'nymphette' als wel een 'omelette'.

In die jaren van haarcultivering – ik was in wezen een 'haarkweker', druk bezig met de haarakker op mijn hoofd – verlegde ik mijn aandacht, langzaam maar zeker, van het hebben van 'lang haar' naar het willen hebben van 'big hair'.

Dit is feitelijk een 'haarmantel', besefte ik toen ik, vijftien jaar oud, omlaag keek. Ik loop erbij als Captain Caveman. Ik heb niks aan *lengte*. Wat ik nodig heb, is *omvang*. Dat haar moet grotendeels gedragen worden door mijn hoofd. Ik ga touperen.

Ik wendde me weer tot mijn negentiende-eeuwse schoonheidsbijbel en zag dat victoriaanse vrouwen hun gigantische opgestoken kapsels tot stand brachten door hun haar op te vullen met 'ratjes': kleine kussentjes die ze op hun hoofd vastspeldden om hun haar er vervolgens overheen te schikken in een reeks welvingen, knotten en golven.

Ik moest en zou een opgestoken kapsel zo groot als een hoed, dus ik ging zelf van die 'ratjes' gebruiken. Alleen was op dat moment het enige wat ik in huis kon vinden om 'ratjes' mee te benaderen, de papieren inleggers voor in de badstoffen luiers die mijn moeder voor de baby's gebruikte.

Hoewel ze in eerste instantie stevig op mijn hoofd bevestigd leken, vielen die inleggers er geregeld uit als ik bij de bushalte stond, door het park liep, boodschappen probeerde te doen bij de kruidenier, enzovoort. Dan stond ik, net als iedereen om mij heen, te staren naar iets wat op een gigantisch maandverband leek, dat zojuist uit mijn hoofd op de grond gevallen was.

'Mijn ratjes,' zei ik dan ter verklaring. Dat maakte het er kennelijk niet beter op.

In de jaren nadien heb ik, goddank, uitgedokterd hoe ik mijn

Haarvergrotingsneigingen op een wat praktischer manier kan bevredigen – gewoon door het half zo kort te knippen en het dan elke ochtend tien volle minuten te touperen, even routineus als yoga of de hond uitlaten voor andere mensen.

Terwijl ik mij opgewekt opblaas tot ongeveer het silhouet van Chewbacca, heb ik tijd om na te denken over wat ik nou precies zo fundamenteel aantrekkelijk vind aan big hair.

Ten eerste is er de voor de hand liggende kwestie van perspectief. Als ik een omvangrijk kapsel heb, lijkt mijn lichaam in vergelijking kleiner. Op het gebied van hulpmiddelen om slanker te lijken, is dit de makkelijkste truc die ooit bedacht is. Geen modediëten, korsetterie, gezichtsbedriegelijke bruiningsspray of kunstige couture: gewoon een enorm kapsel.

Ten tweede, als je er glamorous bij wilt lopen, is een enorm kapsel reuze praktisch. Op hakken loop je moeilijk, het kralenwerk op een dure jurk schuurt. Een enorm kapsel kan echter niet van je hoofd vallen. Je kunt je haar nooit achter in een taxi laten liggen. Het kan niet kapot, is niet te stelen en, belangrijker nog, het kost niets. Gewapend met een kam kun je je haar als eiwit opkloppen tot een gigantische schuimtaart van haar zonder dat het je een cent kost. Groot haar is het feestkapsel waar Marx absoluut achter gestaan zou hebben.

En ten slotte: hoewel ik niets heb tegen mensen met iel haar – voor zover ik weet, zijn er nooit gevallen gemeld van 'iel haar tegen big hair'-vechtpartijen 'op straat'; wij hebben geen conflict – hebben meiden met big hair iets waardoor ik meteen geneigd ben om ze leuk te vinden. De iconografie van vrouwen met grote kapsels is onweerstaanbaar: kwebbelende barmeiden in een strak panterprintje; Rizzo die in *Grease* d'r haar staat te touperen in de toiletten op school; Tracy in *Hairspray* die jammert: 'Maar Jackie Kennedy, onze First Lady, toupeert haar haren ook!' als de docenten haar suikerspinkapsel verketteren. Dusty Springfield. Alexis Colby-Carington. Amy Winehouse.

Het is het kapsel van een *working-class* meisje op rooftocht; aan de boemel. Een feesthelm. Een gigantisch haaraureool dat duidt op een heilige losgeslagenheid – zoals de Maagd Maria gehad zou hebben als ze in The Ronettes had gezeten.

Via haar komen we vanzelfsprekend en makkelijk bij het beroemdste kapsel van de eenentwintigste eeuw. Niet dat van mij, helaas – al is dat iets waar ik alle uren die God gezonden heeft mee bezig ben – maar het kapsel van de hertogin van Cambridge, geboren Kate Middleton, de toekomstige koningin van Engeland.

De Royal Wedding in maart 2011 was een van de grote media-evenementen van de afgelopen tien jaar. Televisiemakers en kranten van over de hele wereld vroegen zich af hoe ze in hun verslaggeving een goed beeld konden geven van de grandeur, geschiedenis en emotie van deze gebeurtenis. Aan de ene kant was het iets wat in de encyclopedie zou belanden en waarschijnlijk als weerspiegeling van het tijdperk gezien worden. Aan de andere kant: twee jonge, blije, verliefde mensen. Hoe kun je die heftige tegenstelling nu het beste verslaan? Hoe? Hóé?

Gelukkig wist ik het: gewoon alles opschrijven wat Gary Kemp van Spandau Ballet gedurende de hele ceremonie twitterde.

De beste Royal Wedding aller tijden

Het was dan misschien een Royal Wedding, maar er stond eigenlijk helemaal geen druk op.

Als William en Kate het *Six O'Clock News* van ITV 1 de avond voor hun bruiloft hadden aangezet – misschien in hun badjas, maskertje op hun gezicht, lekker ontbijtcrackers eten – dan had presentator Julie Etchingham hun zenuwen gesust.

'Dit huwelijk,' zei Etchingham voor de deur van Buckingham Palace, 'is een gelegenheid om optimistisch te zijn over de toekomst – in een tijd dat onze geschiedenis wordt gekenmerkt door een moeilijke economische periode in dit land en RAMP-SPOED en DOOD *over de hele wereld.*'

Goh. Dat is nog eens een suggestie om op je bord te krijgen: dat je bruiloft op de een of andere manier het effect van de lekkende kerncentrale in Fukushima teniet zal doen. Hoeveel vertrouwen je ook in eerste instantie gehad mag hebben wat betreft je jurk, het hapjesbuffet en de wodka-ijsslee, je zult er toch even van opkijken als *het nieuws* je vertelt dat men het mogelijk acht dat je huwelijk radioactiviteit kan tegengaan.

Maar het leuke van zoiets als een Royal Wedding is natuurlijk dat iedereen er *inderdaad* een beetje raar van gaat doen. Vorige week *was* geen gewone week. Het was zoiets als de laatste schooldag, of de vrijdag van Glastonbury: alles stond op z'n kop. Niets gaat zoals normaal. In de winkels is geen vlaggetjesslinger, bier of houtskool meer te krijgen, er was geen nieuws meer te bekennen in kranten of op tv, en wat normaal gesproken een werkdag zou zijn, werd een vrije dag waarop het volstrekt acceptabel was om om elf uur 's ochtends laveloos op de bank te zitten en met een enorme schuimrubberen hand-met-vlaggenprint pinda's naar je mond te brengen.

En zo bracht de vooravond van de Royal Wedding net zoveel nieuwigheid met zich mee als de dag dat je verhuist – al je normale spullen en gewoonten verschuiven, zodat je uiteindelijk in de voortuin zit met een avondmaaltijd van sardientjes met marmelade, en alleen lepels om het op te eten. Er ontsponnen zich vreemde gesprekken. Donderdag in de politieke talkshow *This Week* beweerde Richard Madeley bijvoorbeeld dat het huwelijk de volgende dag zou worden 'geconsummeerd' in Westminster Abbey – een gebeurtenis die onbegrijpelijkerwijs niet in het veertien pagina's lange souvenirprogramma van *The Times* genoemd werd.

Later in dat programma vroeg presentator Andrew Neil aan

Madeley of hij 'Charles zou dumpen en William koning maken'.

Madeley antwoordde: 'Tja, wel als hij kierewiet was, natuur-lijk', met een joviale zekerheid die suggereerde dat Madeley, mocht de troonopvolger inderdaad 'kierewiet worden', zou op-staan om Charles met een spade af te maken, als ware hij een ou-de das die door een auto was aangereden.

Toen de schemering inviel op 28 april 2011 was het duidelijk dat dit een dag was die in ieders gedachten zou voortleven als de dag dat mediapersoonlijkheid Kerry Kantona [@KerryKan-tona] twitterde: 'Veel geluk Kate en Wills. Hopelijk loopt het niet zo af als mijn vorige twee', en Jeff Brazier [@JeffBrazier] (ex-vriend van wijlen Jade Goody, bekend van de Britse *Big Brother*) zijn grootse Royal Weddingstatement maakte: 'Wills, ik vind je vrouwtje strak. En daarom wil ik even zeggen: "Goed gedaan."'

Vrijdag 29 april 2011

8:35 uur. Blijkbaar had Kate Garraway aan het kortste eind ge-trokken: ITV 1 had haar Londen uit gestuurd, ver weg van de bruiloft, naar Buckleberry – waar de Middletons wonen. Dit is Middletonia. Middletonaria. Middletonton.

In een strapless jurk en een enigszins misplaatst harig bole-rootje – het was kouder dan iedereen had verwacht – zat Garra-way voor de pub van Buckleberry, omringd door de plaatselijke bevolking. Een van hen had een gigantisch konijn vast, dat een hoge hoed met de Britse vlag op zijn kop had.

'Buckleberry is het centrum van het universum geworden!' zei Garraway – overduidelijk niet waar, noch in termen van de bruiloft (die internationale nieuwscrews hadden niet voor niets hun tenten bij Westminster Abbey opgeslagen) noch wat betreft de samenstelling van het universum (dat geen waarneembaar centrum heeft).

We schakelen over van Garraway naar de menigte langs de

Mall. Er klinkt een enorm gejuich en de regisseur wilde blijkbaar weten wat er aan de hand was. Helaas – het was een grote truck die de chemische toiletten kwam legen, waarvoor het publiek vrolijk en ironisch met Britse vlaggetjes zwaaide. Brits publiek weet precies hoe het zich dient te gedragen op een Grote Dag als deze, als de ogen van de wereld op hen gericht zijn. Je juicht even vurig voor de strontkar als je zou doen voor prinses Michael van Kent. Dat is een van de geniepige voordelen als je een onderdaan bent.

Op klasse gebaseerde valsheid is dan weer een van de geniepige voordelen als je een nieuwspresentator bent. Alistair Stewart stond al sinds zes uur 's morgens bij het Goring Hotel op de stoep om verslag te doen van de leegheid van het niets-gebeuren waar Kate Middleton uiteindelijk in zou stappen op weg naar de Abbey.

'De politie is hier geweldig subtiel aanwezig,' fleemde hij. 'Soms is het moeilijk te zien of het een Middleton is – of iemand van het personeel.'

Wat ook geweldig is aan deze bruiloft is dat het allemaal zo vroeg plaatsvindt. Terwijl de natie op hun officiële vrije dag de cafetière klaarzet en ruziet over de laatste Coco Pops in de variatieverpakking, moeten de koning van Swaziland en Elton John naar hartje Londen zien te komen op een dag met beperkte openbaarvervoeropties en vervolgens twintig minuten in de rij staan om Westminster Abbey in te komen.

Kijk, het is pas kwart over negen en daar staat David Beckham, reddeloos in een file van sterren en hoogwaardigheidsbekleders, te oefenen op zijn 'starend in de verte met een nobele blik' terwijl de menigte schreeuwt: 'Becks! Becks! Becks! Becks!'

Misschien is het puur de schok van het vroege uur, maar Beckhams wenkbrauwen lijken een tikje in de richting te neigen van die van Ming the Merciless uit *Flash Gordon*. Naast hem staat zijn hoogzwangere vrouw Victoria op tien centimeter hoge Louboutins, een tikkende menselijke tijdbom. Aangezien het nu 9:16 uur is en de dienst pas om 12:15 uur afgelopen is, zal haar zwangere blaas een reden tot paniek en bezorgdheid zijn voor alle televisiekijkende moeders.

'Zit dat arme schaap nog in die kerkbank?' zullen ze vragen terwijl ze zelf gebruikmaken van hun eigen, gemakkelijk bereikbare toiletfaciliteiten. 'Laten we hopen dat ze niet hoeft te niezen, want anders is het einde verhaal.'

Gisteravond, voordat de bruiloft begon, was er een aantal dingen waar je met grote zekerheid op had durven wedden. 1) Het herhaaldelijk gebruik van de termen 'De jurk', 'Sprookjesbruiloft', 'Wat Engeland het beste doet', 'De ogen van de gehele wereld', 'Diana's jongens' en 'Daar is prinses Beatrice en zij draagt een... ding'.

2) Dat de meeste vrouwen in het land ergens tijdens de ceremonie behoorlijk hard zullen huilen.

En ten slotte, de grootste zekerheid: 3) Dat het ultieme verslag van de dag van de BBC komt: plechtig, eerbiedig, begripvol, statig, goed geïnformeerd en helemaal passend bij een koninklijke gebeurtenis.

Uiteindelijk blijkt echter dat het verslag van de BBC inderdáád plechtig, eerbiedig, begripvol, statig en goed geïnformeerd is – en totaal niet passend bij deze koninklijke gebeurtenis. Terwijl de BBC ons een uitgebreid kijkje achter de schermen geeft op het schema van de Household Cavalry ('Die jongens zijn al sinds vijf uur vanochtend hun laarzen aan het poetsen!') en diepzinnige 'pratende hoofden' in de studio laat zien die de architectuur van Westminster Abbey bewonderen, stort ITV 1 zich er echt in: hoedenmaker Stephen Jones wordt gedwongen commentaar te geven op de creaties van andere hoedenmakers die door de deuren van de Abbey lopen ('Dat is heel... beeldig,' opperde hij uiteindelijk met een samengeknepen mondje), we zagen onbetaalbare beelden van het arriveren van graaf Spencer ('Daar is hij met zijn nieuwe verloofde – hij heeft steeds weer een nieuwe, hè?') en er werd ingezoomd op prins Harry's vriendin Chelsy Davies, zodra ze uit een auto stapte ('Het mooie van Kate is dat ze zo naturel is,' mauwde Julie Etchingham terwijl Chelsy's vrolijke, helderoranje gezicht richting altaar ging).

Misschien wel de ultieme redactionele beslissing van de dag kwam om half tien, toen ITV 1 midden in een live interview met David Cameron, die nogal braaf stond te glimmen ('Ik weet zeker dat het hele land deze jonge mensen heel veel geluk wenst'), toch maar overschakelde naar de aankomst van tv-persoonlijkheid Tara Palmer-Tomkinson bij Westminster Abbey.

De enige mogelijke reden voor deze nieuwsflash-achtige urgentie – Cameron was letterlijk halverwege een zin – was om te zien of Palmer-Tomkinson, zoals de pers had gespeculeerd, haar 'nieuwe neus' al had, na de recente ondergang van haar neustussenschot: waarmee het overduidelijk was dat, in elk geval vandaag, de neusintegriteit van een brutale aristocrate belangrijker was dan alles wat een premier zou kunnen zeggen of doen.

ITV 1 had begrepen wat de BBC was ontgaan, of wellicht niet kón begrijpen: dat de manier waarop dit land naar de Royal Family kijkt, veranderd is, en wel ten goede. De onzinnige, kinderlijke eerbied die we hadden toen Charles en Diana trouwden – een tijd waarin men ervan uitging dat Diana maagd was, verontwaardigd reageerde toen *Spitting Image* met een pop van de Queen Mother kwam en mijn vader me volkomen serieus voorhield dat ik nooit de koningin in het openbaar mocht bekritiseren 'omdat je dan misschien een klap in je gezicht krijgt' (ik was zeven) – is verdwenen, en dat is beter voor ons allemaal. Meningen over wat de nationale reactie op het leven en de dood van Diana 'betekende' zijn dertien in een dozijn, maar ik kan me niet onttrekken aan het idee dat we intussen allemaal geleerd hebben dat prinsen en prinsessen even eenzaam, hoopvol, verward, ontrouw, sluw, verloren, ongekunsteld, aardig, onnozel en breekbaar kunnen zijn als wij allemaal, en dat eisen dat ze meer dan onvolmaakt en menselijk zijn waarschijnlijk heel slecht afloopt voor alle betrokkenen.

De gezondste manier waarmee de toekomstige 'onderdanen' van William en Kate hun bruiloft konden bekijken was dus alsof ze aanwezig waren bij de bruiloft van een vriend: dat wil zeggen in goed vertrouwen arriveren, een paar glazen drinken en daarna de rest van de dag de draak steken met de versieringen, het eten, de muziek, de locatie en de andere gasten. Gewoon ernaar kijken zoals ze naar *X Factor* zouden kijken – juichen voor de 'goeien' en op Twitter bitchen over de belachelijke of vermakelijke elementen. En in dit geval was dat precies wat ITV deed.

Tegen tien uur hadden alle sterren en hoogwaardigheidsbekleders zich verzameld in de Abbey en was het tijd om stil te staan bij wie er, dankzij de beperkte gastenlijst, pijnlijk afwezig was. Persoonlijk snakte ik naar Bill Clinton – de oude Big Dog. Hij was geweldig bij de Olympic Bids – altijd op de achtergrond in beeld, als een mijnenveger op zoek naar seks en hapjes. Ook Tony Blair was een goede kandidaat geweest – of, als hij niet kon, Michael Sheen, die de hele ceremonie had kunnen doen als Blair en dan als voormalig voetbalcoach Brian Clough of tv-journalist David Frost naar de receptie had kunnen gaan.

De aankomst van Guy Ritchie onderstreepte intussen hoe geweldig het geweest zou zijn als Madonna en hij het gered hadden, en dat ze nu door de Abbey spookte als Cruella de Ville met een sixpack, waardoor Nick Clegg van schrik in tranen uitbarstte. En wie had George Michael daar niet willen zien – een tikje stoned nadat hij zijn Jeep tegen een nabijgelegen boom geparkeerd had? Het was dus maar goed dat hij bij volmacht aanwezig kon zijn via Twitter terwijl hij de ceremonie thuis volgde –

waarbij hij, zo liet hij ons weten, 'een onderbroek met de Britse vlag' droeg.

10:10 uur, en Huw Edwards van de BBC begint enorm te stressen over het schema van de dag. 'Prins William heeft *tien seconden* om tevoorschijn te komen,' zei hij, waardoor het een beetje op een aflevering van 24 leek.

10:11 uur, en – een minuut achter op schema – William kwam eindelijk tevoorschijn in het felrode uniform van de Irish Guards. Zoals popcriticus Tim Jonze [@timjonze] het op Twitter beschreef: 'Hij is verkleed als Pete Doherty in 2003!'

Op CNN maakte ontzetting zich meester van de Amerikaanse deskundigen bij het zien van de minibusjes waarmee de rest van de koninklijke familie naar de Abbey ging.

'Dat zijn airport shuttles!' jammerde er eentje – waarschijnlijk in de pijnlijke overtuiging dat royals en aristocraten slechts vervoerd kunnen worden in een gigantische, uitgeholde pompoen, voortgetrokken door eenhoorns.

Wat de Amerikaanse commentatoren niet begrepen hadden, is dat een horde mensen in een bus zetten iets is waar Groot-Brittannië erg goed in is. Kijk maar naar de film *Summer Holiday*. Uitwedstrijden. Pakistaanse bruiloften in Wolverhampton. Dat gedoe met die bussen is een van onze sterke punten.

Martin Kemp [@realmartinkemp] van Spandau Ballet vond echter van niet: 'Minibusjes? Doe toch normaal,' snoof hij op Twitter. 'Spandau of Duran waren daar nooit in gestapt. Ik wed dat Elton John er niet in gaat. Kop eraf, die vent die dat bedacht heeft.'

Op de BBC was Kate Middleton eindelijk uit het Goring Hotel gekomen onder oogverblindend flitslicht. Hoewel we haar niet echt konden zien, hadden vrouwen één ding opgemerkt en met hun vuist in de lucht geslagen: de jurk had mouwen! Yes! Eindelijk was de tirannie van de gruwelijke mouwloosheid VOORBIJ!

GOD ZEGENE JE, MIDDLETON! MODE ZAL ONS NU WEER DE OPTIE BIEDEN ONZE BOVENARMEN TE BEDEKKEN, ZOALS GOD HET BEDOELD HEEFT. Als de BBC een Body Dysmorphia Meter had gehad, dan was er onmiddellijk een landelijke daling van veertig procent geregistreerd. De grootste nalatenschap van onze toekomstige koningin was in werking getreden.

Mouwen terzijde, die eerste beelden van Middleton in de auto waren niet ideaal. De telelens kaderde het geheel zodanig af dat zowel haar hoofd als het onderste deel van haar torso buiten beeld viel, en we slechts het decolleté van Ms Middleton konden zien.

'Het is een beperkt, maar prachtig beeld,' zei Huw Edwards plechtig monotoon, alsof hij nu de Officiële Rijksgeilneef van de BBC was. Terwijl Michael Middleton, de vader van de bruid, liep te redderen om de jurk en de sleep de auto in te krijgen, ging Edwards verder: 'Hij zorgt dat alles onbezoedeld en intact blijft' – ongelukkig commentaar bij een man op zijn knieën, half begraven onder de jurk van zijn dochter, op de ochtend van haar bruiloft.

11:05 uur, en de vaderlandsliefde van het hele land bereikte een hoogtepunt. Deze bruiloft zag er *schitterend* uit. Wat zal China *jaloers* zijn. Lekker PUH, Frankrijk. *Niemand* kan dit beter. Amerika heeft misschien een grappiger leider – Obama's schimpscheut naar Donald Trump behelsde clips uit *The Lion King* en gevatte politieke steken onder water; David Cameron imiteert Michael Winner in een reclame voor autoverzekeringen – maar als het gaat om de allerbeste gigantische ceremonie vol prinsessen en mensen met uniformen, heeft deze bruiloft gewonnen. Dit is zelfs beter dan de laatste scène van *StarWars*.

William en Harry met zijn bedhaar stonden te dollen bij het altaar als Luke en Han. Het eerste bruidsmeisje – Pippa Middleton – had een geweldige kont. De wenkbrauwen van de aartsbis-schop van Canterbury waren weelderig genoeg om Chewie te kunnen spelen, en David Cameron en Nick Clegg zouden even-tueel C3PO en R2D2 kunnen doen. Wat was dit geweldig.

Alsof hij wilde bevestigen wat iedereen dacht, twitterde Way-ne Rooney [@WayneRooney]: 'Gefeliciteerd, prins William en Kate. Wauw, wat een opkomst.' Rooney wist net zo goed als ie-der ander hoe belangrijk de kaartverkoop was.

Terwijl William de ring om Kate's vinger schoof, begeleid door een vreemd, piepend geluid – volgens mij van zijn schoe-nen – en het stel hun best deed om niet te giechelen, werd één ding prettig duidelijk: dit was niet die zo omhooggeschreven 'sprookjesbruiloft', godzijdank. Het was gewoon... menselijk.

Want niet alleen heeft het publiek nu een ander beeld van de royals sinds de laatste bruiloft van een kroonprins, de Royal Fa-mily is zelf ook veranderd. Bij de bruiloft van Charles en Diana kreeg je het gevoel dat alles was gearrangeerd door de ouderen in de familie en hun adviseurs, en dat Charles en Diana daarin waren geparachuteerd, als het symbolische vlees in een giganti-sche machinerie. Die dag zagen Diana – in haar te grote jurk – en Charles – met zijn hart ergens anders – eruit alsof ze levend wer-den verzwolgen door St. Paul's Cathedral. In zekere zin is het alsof ze nooit meer naar buiten zijn gekomen.

Bij deze bruiloft voelt het echter alsof alles is bedacht door een veel jongere en zelfverzekerdere generatie: die meisjes met hun glanzende haren en wat onbeholpen jongens met blozende wangen; dat verbond van hechte broers, zussen, nichten en ne-ven. Er hangt een sfeer van vrijheid, eenvoud, kameraadschap en plezier waarvan je je kunt voorstellen dat prins Charles het vanuit de kerkbanken met een bitterzoet gevoel aanziet. Deze jonge royals lijken hun koninklijke positie veel beter in de hand te hebben dan hun ouders dat ooit hadden.

Wie geniet er nou niet van deze dag?

Het onverwachte antwoord was 'Stephen Fry'. Halverwege de ceremonie – ongeveer tijdens die psalm die leek op dat lied van de theepot in de musical *Beauty and the Beast* – twittert Fry [@stephenfry] uit het niets: 'Ding heeft Trump binnengelaten. Dit twaalfde frame begint een enorme vorm aan te nemen. Zenuwslopend.'

In eerste instantie dacht iedereen dat het een grapje was – maar toen Fry vervolgde met: 'Pauze en ze gaan door met 7-5 voor Judd Trump. Niemand loopt op dit moment uit, maar beide halve finales kunnen tot het eind spannend blijven...' werd het duidelijk: Stephen Fry – vriend van prins Charles – was *serieus* een snookerverslag aan het twitteren tijdens een Royal Wedding.

Hier moest ingegrepen worden – en degene die ingreep was de jaren tachtig-goochelaar Paul Daniels: 'NOU EN?' vroeg Daniels [@ThePaulDaniels] aan Fry, terwijl heel Twitter de adem inhield. Zou Daniels werkelijk Fry gaan aanpakken?

Daniels had zich al tijden heel geestdriftig uitgelaten over deze Royal Wedding: hij had alle 'hatelijke klootzakken die overal opduiken' al gehekeld zodra ze de dag durfden bekritiseren, en had expliciet gezegd: 'WAUW. Zo HOORT een prinses eruit te zien' toen Kate Middleton arriveerde, en ons verteld dat zijn vrouw Debbie McGee al vanaf tien uur 's ochtends zat te 'snikken'. En in zijn Musketierachtige verdediging van de royals vond Daniels een onwaarschijnlijke bondgenoot: de legendarische pop uit de jaren tachtig, Roland Rat.

'Ik snap niet dat deze Engelse kerel zo cynisch is!' twitterde Rat [@rolandrat] naar Daniels; waarschijnlijk in vol ornaat met een zonnebril en een roze bomberjack.

'Kop eraf, die man!' vindt ook Daniels. 's Werelds onwaarschijnlijkste online koningsgezinde militie verzamelde zich.

Toch was, sorry dat ik het zeggen moet, in de pauze tussen de ceremonie en de kus op het balkon, de stemming op Twitter een beetje aan het verzuren. Er begon een licht aangeschoten kroegagressiviteit post te vatten. Je voelde dat door het hele land straatfeesten plaatsvonden waar beroemdheden met tegenzin aan mee moesten doen – nadat ze gedwongen waren 'de deur uit te gaan en niet zo ongezellig te doen' door niet-beroemde echtelijke partners; waarna ze de rest van de middag grimmig blik na blik bier achterover zaten te slaan aan een halflege schragentafel en hun leed de wereld in twitterden terwijl hun buren de polonaise inzetten.

Jarvis Cocker, de – onlangs gescheiden – frontman van Pulp [@reallyjcocker] twitterde nogal smartelijk: '10% van alle huwelijken loopt uit op een scheiding. Geloof me – ik kan het weten.'

George Michael [@GeorgeMichael] klonk een beetje... vaag toen hij twitterde: 'Het grootste drama is dat Alexander McQueen er niet was om een schitterende creatie voor Kate te maken' – om minuten later, en waarschijnlijk na de nodige woedende reacties haastig te moeten toevoegen: 'Natuurlijk is Diana's afwezigheid het allergrootste drama – maar dat spreekt eigenlijk vanzelf.'

De dag was kennelijk snel ontaard in narigheid voor filosofisch essayist Alain de Botton [@alaindebotton]. Nadat hij zich de hele dag stilgehouden had op Twitter, deed De Botton om vier uur 's middags plotseling zijn duit in het zakje met: 'Vrouwen missen vaak het verschil tussen vrouwen die mooi zijn en vrouwen met wie je naar bed zou willen.'

Tien seconden later verklaarde de volgende tweet wat De Botton in zijn hoofd had: 'Kate vs Pippa.'

Terwijl de wereld probeerde te verwerken dat De Botton zijn Neukbaarheidslijst der Middletonzusjes juist de dag van de Royal Wedding wereldkundig meende te moeten maken, kwam Jack Tweed, de weduwnaar van Jade Goody [@JackTweed] eindelijk met zijn statement over dit wereldwijde gebeuren: 'Dit huwelijk boeit me geen reet iedereen die twittert dat het wel zo is, zit te liegen!!!'

Hij had het uiteraard mis – net als die keer dat hij die jongen van zestien aanvloog met een golfclub en achttien maanden cel kreeg. Het boeide de mensen ontzettend. Ze genoten van het idee dat het een even groot evenement was als de Olympische Spelen, of de inauguratie van een president – en dat het ook nog om liefde draaide in plaats van om sport of macht. Ze genoten toen ze zagen hoe dit nogal ernstige jonge paar hun huwelijksbeloften uitsprak, zoals we het altijd mooi vinden als jonge mensen hun huwelijksbeloften uitspreken. En ze genoten van het bepaald slash-fiction-achtige idee dat Pippa Middleton en prins Harry elkaar zouden kunnen bespringen. Tegen half twee 's middags brulde de hele natie: 'Kom op! ZOENEN! ZOENEN! Je WEET DAT JE HET WILT!' tegen Pippa en Harry op het balkon, alsof het de film *Seven Brides for Seven Brothers* was, maar dan met veel minder personages. En zonder baarden.

Terwijl de kersverse hertog en hertogin van Cambridge in hun Aston Martin naar de receptie vertrokken – waar ze naar verluidt dansten op 'You're the One That I Want' uit *Grease* en prins Harry zijn speech als getuige begon met de woorden 'Pippa, bel me', waarna hij met een stagedive van een vensterbank de menigte in sprong – had je de gelegenheid om te bedenken dat ze – het twee miljard man sterke publiek daargelaten – zichzelf precies de bruiloft hadden gegeven die ze hadden gewild.

En ze hadden ons ook de bruiloft gegeven die we wilden: vanuit het hart, een wereldwijd publiek waardig, met David Beckham in beeld en zodanig vroeg voorbij dat iedereen om twee uur in de kroeg kon zitten.

Een van de redenen waarom ik het te druk heb om me te laten bezwange-
ren door een panda is dat ik de dag heb doorgebracht met Paul McCartney.
IK HEB DE DAG DOORGEBRACHT MET PAUL McCARTNEY!

Mijn dag met Paul McCartney. Van The Beatles

Ik had geen idee dat ik zou gaan huilen tot ik begon te huilen.

We staan aan de zijkant van het podium van het Mediolanum Forum in Milaan. Buiten is de mist zo dik als sneeuw, waardoor er nog maar zo'n vierenhalve meter zicht is. De hardcore Mc-Cartneyfans – die hier zijn hoewel het nog middag is – staan in lange rijen voor elk van de vijfentwintig ingangen van het Mediolanum. De mist smelt hen samen tot eenvormige, enorme, vage wezens.

Als ik de arena per taxi nader lijkt het alsof Mediolanum Forum wordt belegerd door een reeks draken of trage brontosaurussen. Ze zingen een dampig 'She Loves You' de omliggende witheid in.

Een bijzonder groot, dreigend exemplaar is ruim vijftien meter lang. We rijden erlangs op weg naar de backstage-ingang.

'Yeah, yeah, yeah,' zingt het Monster van Loch Ness somber terwijl het langzaam in onze achteruitkijkspiegel verdwijnt. 'Yeah, yeah, yeah.'

We gaan het Mediolanum in, en het hele gebouw doet precies wat de rijen buiten ook doen: wachten. Wachten tot Paul McCartney arriveert. Hij zou om half vijf aankomen, maar het is nu half zeven – radio's sputteren updates over waar hij zich bevindt. Zijn naam wordt nooit echt genoemd: het is alleen 'Hij'. Net als wanneer de dieren het over Aslan hebben in *De Kronieken van Narnia*: 'Hij laat nog een halfuur op zich wachten.' 'Hij doet een radio-interview.' 'Hij is onderweg, richting het paleis Cair Paravel.'

Iedereen weet dat McCartney het onderwerp van elk gesprek is. Hij is de reden dat iedereen hier aanwezig is.

Om de tijd te doden terwijl we op Hem wachten, leidt John Hammel – de afgelopen zesendertig jaar McCartneys gitaartechneut – me naar de zijkant van het podium om McCartneys gitaren te laten zien. Ze zijn op ooghoogte opgesteld in een rij, waardoor het lijkt alsof je niet zozeer naar muziekinstrumenten staat te kijken, maar eerder alsof je aan hoogwaardigheidsbekleders of royals wordt voorgesteld. Ze hebben een stille présence. Hun levensverhaal is beter dan dat van de meeste mensen.

'Dit is de gitaar van 'Yesterday',' zegt John en pakt een wat gehavende akoestische gitaar van het rek. Er zitten wat krassen en schilfertjes bij de hals. 'Hier heeft Paul 'Yesterday' voor het eerst op gespeeld, in de *Ed Sullivan Show*.'

Er zit een sticker van Wings op, zie ik. 'Ja, al sinds 1973.'

Het is een opvallend onbeschadigde sticker als je bedenkt dat hij er al sinds 1973 op zit. McCartney pulkt er blijkbaar niet zenuwachtig aan.

'Dat is de Casino – die kocht Paul toen ze *Revolver* aan het opnemen waren,' vervolgt John terwijl hij de volgende uit het rek haalt met de uitstraling van een sommelier die onvoorstelbaar dure wijnen uit de wijnkelder heeft gehaald. 'Daar heeft hij de solo van 'Taxman' op gespeeld. En 'Paperback Writer' is erop geschreven. Die ukelele heeft hij van George. Die Les Paul heeft hij van Linda – die zal zo'n veertigduizend pond waard zijn. En dit... is de Hofnerbasgitaar.'

We zijn allebei even stil terwijl we ernaar kijken. Dit is het instrument dat eruitziet als een kauwgumkauwende, haartoupe-rende viool – het instrument waarmee Paul op de Royal Variety Show van 1963 'Rammelen met die juwelen', zei en netjes boog voor de Queen. De basgitaar die begon met mono rock-'n-pop-'n-roll en uiteindelijk op het dak van de Apple Studio belandde. De McCartney Hofnerbasgitaar.

'Die is onvervangbaar,' zegt John, al behoeft dat geen betoog. 'Er was nog maar één andere en die is op bestelling gestolen – die zal zich nu ergens in een of andere privécollectie bevinden. Als ik er was geweest, zou hij nooit gestolen zijn,' zegt John met de stille zekerheid van een man die elke potentiële dief op zijn handen en knieën zou laten rondkruipen, onder een stoel zoekend naar zijn afgehakte benen. 'Ik slaap met die Hofner in mijn slaapkamer. Ik zet hem in de kledingkast. Ik heb hem altijd zelf bij me.'

'Paul gebruikt ze omdat ze het beste van het beste zijn,' zegt John eenvoudig. 'Hij wil dat geluid op het podium. Hij is er niet voorzichtig mee. Hij gooit ze graag naar me, de kop eerst, als een pijl. Ik heb er nog nooit eentje laten vallen.' Hij is even stil. 'Nog niet.'

Ik raak de Hofnerbasgitaar met mijn wijsvinger aan. Ik zie hem nonchalant op de vloer van Abbey Road liggen terwijl Paul en John ernaast zitten, sigaretten roken en liedteksten neerkrabbelen op een velletje uit een notitieboekje. Dat is het moment dat ik begin te huilen.

Ergens ben ik niet echt verbaasd dat ik huil. Als goddeloze hippie zijn The Beatles het denkraam dat mij inzicht geeft in het universum. Toen ik tien was en hoorde dat mijn oma was overleden, at ik van verdriet een rijk gevuld krentenbrood in z'n geheel op, dat ik vervolgens via het raam van de gang uitkotste op het dak van de schuur terwijl ik heel triest 'Yesterday' zong. Pauls woorden waren het enige wat ik in mijn kinderlijke verdriet kon aangrijpen.

Het komende halfuur zou ik nu eindelijk in een positie zijn dat ik dit verhaal aan Paul McCartney kwijt kon.

Ik moet dit verhaal niet aan Paul McCartney vertellen.

Met mijn mouw veeg ik de tranen van mijn gezicht.

'Daar komt hij. *Stage left*.'

De radio's komen sputterend in actie. Er bliepen een paar telefoons. De aandacht van de complete arena gaat naar de *stage left*-ingang, waar een stel gigantische deuren opengaat en mist de hellingbaan op krinkelt.

Terwijl het gouden licht van de koplampen naar binnen straalt, klinkt er een half vreugdevol, half klagelijk 'PAUL! PAUL!' van de opeengepakte diplodocussen die buiten staan. Een auto rijdt de hellingbaan op, een beveiligingsman opent het portier en, daar, nu, hier: McCartney stapt uit. McCartney. Met een rechte rug, gehuld in een prachtige, lange, middenblauwe jas.

Hij oogt als een rechte lijn – een rechte lijn die zich altijd in een rechte lijn beweegt, al decennialang niet gehinderd op zijn doelgerichte weg. Hij loopt de arena in. Hij begroet de crew. Hij komt op mij af.

'Hoe heet jij?' vraagt hij. Ik noem mijn naam.

'Ik ben Paul,' zegt hij, alsof het een mop is. Het idee dat niemand weet wie hij is, is absurd. Paul hoeft al sinds 1963 de informatie 'Ik ben Paul' niet meer te verstrekken.

'Het is geweldig om backstage te zijn bij een concert van McCartney,' had Stuart Bell, zijn pr-man, eerder gezegd. 'Want je kunt er zomaar, laten we zeggen, Bill Clinton tegenkomen die in de gang zit te wachten! Wachten op Paul. Ze willen allemaal op Paul wachten.'

Al lopende trekt McCartney zijn jas uit en gaat rechtstreeks het podium op, waar zijn band al klaarzit. Hij krijgt zijn gitaar aangereikt en begint meteen te soundchecken met 'Honey Don't' van Carl Perkins.

Het volgende halfuur speelt hij voor een publiek van dertig Italiaanse prijswinnaars een set die de meeste mensen zouden bewaren voor als ze de hoofdact zijn op een festival.

'Something', 'Penny Lane', 'Things We Said Today'.

Halverwege 'Penny Lane' overdenk ik hoe oprecht kapot de wereld zal zijn als Paul doodgaat, en dan begin ik weer te huilen. We willen allemaal geloven in iets wat we kunnen bekijken met het ontzag en het vertrouwen van een kind. Een Beatle is een door de mens gemaakt iets wat je met evenveel verbijstering kunt bekijken als de maan.

O, Paul! denk ik somber terwijl McCartney zo gezond als een vis het podium af springt en de Italiaanse prijswinnaars een vrolijk 'Ciao!' toewuift met de energie van een man van eind twintig. Paul! Ik zal een *knetterharde* wake voor je houden als je doodgaat.

En dan gaan we naar Pauls kleedkamer. Hier hangen zijn kostuums, waaronder zes handgemaakte, kraagloze Nehru-jasjes – het klassieke Beatle-pak – en zes paar gitzwarte, handgemaakte Beatlelaarzen. Daarnaast ligt een splinternieuw paar Giorgio Armani-sokken. Een Beatle betreedt nóóit het podium met reeds gedragen sokken. Dat hebben we vandaag geleerd.

De kleedkamer is bepaald niet overmatig luxe – de muren zijn versierd met een paar kleurige Indiase foulards, er brandt een Diptyque Oyedogeurkaars op de koffietafel. Vier bamboeplanten in potten bij wijze van wat interieurontwerpers volgens mij 'kamergroente' noemen. Een Pilatesmatje en -bal liggen onder de gigantische tv waar de Grand Prix op te zien is. En dat is het. De algehele vibe is een soort 'Londens middenklasse comfort'. In wezen zitten we in Islington.

'Hallo!' zegt Paul, schudt me de hand en gaat ons voor naar de sofa. Hij eet handenvol chocoladerozijnen en werpt af en toe een blik op de Grand Prix – 'Wie is er aan het winnen?' – terwijl ik me voorbereid op de vraag die me het meest bezighoudt. Als je in je leven meer dan 3000 concerten hebt gegeven (2523 met The Beatles, 140 met Wings en 325 solo), waar loop jij dan nog warm voor, Paul McCartney?

'Ik vind het leuk... om het allemaal te laten zien,' zegt Paul terwijl hij nog een chocoladerozijn neemt. 'Ik wil de mensen een leuk avondje uit bieden. Ik heb ooit een verhaal over Bob Dylan gehoord – een van de jongens van zijn band vertelde me dat ze een keer in de kleedkamer zaten, zo van: "Die versie van 'Tambourine Man' – we gaan lekker, Bob!" en dat Bob toen zei: "Goed, dat gaan we morgenavond dus anders doen." Nou snap ik dat wel, en het is oké, maar zo ben ik dus niet.'

'Als ik naar een concert van Prince ga... ik bedoel, hij speelt geweldig gitaar, maar dan wil ik dat hij 'Purple Rain' speelt. Ik zou me waarschijnlijk bekocht voelen als hij dat niet doet. Als ik naar de Stones zou gaan, wil ik dat ze 'Ruby Tuesday', 'Honky Tonk Woman' en 'Satisfaction' spelen. De hits, bedoel ik dus eigenlijk. Waarom zijn hits hits? Omdat we ze goed vinden. Dat zijn de beste nummers.'

McCartney legt uit dat zijn soundcheck – alleen bezocht door prijswinnaars – voor hem het moment is 'dat ik het meer obscure spul kan spelen; een beetje jammen. Maar dan probeer ik te bedenken hoe ik het zou vinden om mij een potje te zien jammen als ik ervoor betááld had. Dan zou ik waarschijnlijk denken: waardeloze lamstraal die je bent, en dan zou ik mij niet meer willen zien.'

Dan vertelt Paul drie dingen die erop wijzen – in scherp contrast met zijn verontrustende uitstraling van het alfamannetje, de stamoudste van de planeet – dat hij na al die jaren nog steeds onzeker is.

Als eerste vertelt hij dat hij altijd alleen de eerste twee concerten van een tournee aankondigt 'om te zien hoe snel die uitverkocht zijn', zodat hij – als alles binnen zes minuten uitverkocht is zoals bij het concert in de o2 deze week – kan verzuchten: 'Goh, er zijn dus nog stééds mensen die me willen zien.' Hij zwijgt even en nuanceert zijn opmerking dan: 'Al zullen daar natuurlijk ook de nodige zwarthandelaars tussen zitten.'

Als tweede vertelt hij dat hij pas de laatste tijd veel leadgitaar speelt: 'Omdat ik de eerste keer dat we ooit optraden – in het pre-Beatletijdperk – alles totaal verknalde, die eerste avond. In de Co-op Reform, Liverpool Broadway,' verduidelijkt hij. 'Boven een winkel. Ik ging echt op mijn bek – mijn zenuwen kregen de overhand. Dus sindsdien heb ik nooit meer leadgitaar gespeeld.'

'Heeft het zó lang geduurd voordat je het weer durfde?' vraag ik ongelovig.

'Ja,' antwoordt hij. 'Ik bedoel, ik ben nu niet echt zenuwachtig, maar het was echt heftig: toen The Beatles voor het eerst in Wembley stonden, weet ik nog dat ik kotsmisselijk op de trap van het plaatselijke gemeentehuis zat. Ik dacht: ik moet hiermee stoppen.'

Dan vertelt hij dat zelfs Paul McCartney af en toe een 'moeizaam optreden' heeft.

'Soms moet je op een bedrijfsfeest spelen. We hebben ooit gespeeld op een feest voor Lexus en toen dachten we: o mijn god, ze staan daar maar. Wat zijn ze terughoudend. Dus toen draaide ik me om naar de rest van de band en zei: "Hou je zenuwen in bedwang! Niks aan de hand! Maak je geen zorgen! We zijn goed!" En we hebben geleerd om onze zenuwen in de hand te houden omdat we ze altijd weten te pakken. We pakken ze uiteindelijk altijd. Ze komen altijd terug.'

Mensen moeten weleens naar het toilet, zeg ik. Misschien waren ze gewoon even naar het toilet. Paul kijkt ontzet.

'Ik heb geregeld dezelfde nachtmerrie, dat mensen weggaan. Altijd al gehad. Ik droom nog steeds dat ik met The Beatles optreed, zo van [zingt]: "*If there's anything that you want*", het klinkt geweldig – en dan staan er mensen op om weg te gaan.

En dan draai ik me om naar de rest van de band en ik zeg: "O god! 'Long Tall Sally'!" Die titel roep ik altijd in mijn dromen, 'Long Tall Sally' – daarvoor komen ze wel terug.'

Nu ik weet dat Paul nog steeds behoorlijk last van de zenuwen heeft, besluit ik dat dit het moment is om hem wat goedbedoeld advies te geven voor zijn aankomende concerten in Groot-Brittannië. Hij heeft onlangs 'The Word' en 'Give Peace a Chance' aan zijn setlist toegevoegd, maar er zit nog steeds een opvallende lacune in de twee uur durende show met daarin 'Maybe I'm Amazed', 'Blackbird', 'A Day In The Life', 'Let It Be', 'Live and Let Die', 'Jet', 'Hey Jude', 'Let It Be', 'Day Tripper', 'Get Back', 'Eleanor Rigby', 'Penny Lane', 'Yesterday', 'Helter Skelter' en 'Golden Slumbers'.

'Paul,' zeg ik. 'Weet je waar de mensen volgens mij van uit hun dak zouden gaan? The Frog Chorus. "We All Stand Together" van The Frog Chorus.'

Hij kijkt me argwanend aan.

'Serieus,' zeg ik. 'Er is een hele generatie die in een gigantische proustiaanse extase raakt als ze dat horen.'

'O mijn god,' zegt McCartney met een peinzende blik. 'Wauw. Daar had ik niet aan gedacht.'

'*Go frog! Go frog!*' zeg ik bemoedigend. 'Denk je eens in hoe het zou zijn als iedereen ineens "Boem boem boem/Baya!" begint te zingen!'

Ik ben 'We All Stand Together' van The Frog Chorus voor Paul McCartney aan het zingen, voor het geval hij het vergeten is.

'Je hebt een heel gevaarlijk idee in mijn hoofd gezet,' zegt hij, zo te zien nog steeds niet helemaal zeker of ik het wel echt meen. Maar ik ben bloedserieus.

Van het kikkerlied gaan we door naar McCartneys recente huwelijk met zakenvrouw Nancy Shevell. De kranten schreven uitgebreid over McCartneys optreden tijdens de receptie bij hem thuis – 'ik heb niet gespeeld' – en dat de buren de politie hadden gebeld om te klagen over de herrie.

'Nou, onze naaste buren waren zélf op het feest,' zegt McCartney, 'en ze vonden het geweldig. Maar we gingen inderdaad door tot drie uur 's nachts; met Mark Ronson als dj die keiharde rock-'n-roll draaide, en als ik verderop in de straat had gewoond, had ik waarschijnlijk zelf óók geklaagd. Drie uur 's nachts? Dan was ik compleet door het lint gegaan.'

Van mijn afgesproken twintig minuten met McCartney heb ik nog maar drie minuten te gaan – ik heb vijf minuten verspild door te vragen wat hij van de huidige economische situatie vindt ('Als de banken omvallen en we ze redden – oké, dat snap ik. Maar wat volgens mij niet klopt – ze hebben ons niet terugbetaald. Volgens mij heeft iedereen zoiets van: "Wacht even... heb ik iets gemist?" Wat dat betreft sta ik achter al die mensen [demonstranten]. Dat geld moet terug.') en of de geruchten over een aankomende McCartney-autobiografie, of een autobiografische documentaire, waar zijn ('Britney Spears schreef haar memoires toen ze, wat, drie jaar was? Ik heb mijn complete verzameling filmbeelden en foto's door Hewlett Packard laten digitaliseren en inventariseren, dus ik kan alles in een paar tellen vinden. Misschien moet ik het een keer doen, voor ik het vergeet.').

'Het andere grote nieuwsfeit van het jaar was het hacken,' breng ik hem in herinnering. 'Je was toch gehackt?'

'Ja,' zegt McCartney met een ernstig gezicht. 'Er verschenen verhalen dat ik op vakantie zou gaan naar de Bahama's of zo – terwijl ik zeker wist dat ik dat tegen niemand had verteld. En het ergste is dat je dan iederéén gaat verdenken. Je personal assistant, die je altijd zo'n geweldige meid vond – 'Stel nou dat zij...' In de tijd van mijn scheiding besefte ik dat het heel goed mogelijk was dat ik door een heleboel mensen gehackt werd, om állerlei redenen...'

Paul trekt hier zijn wenkbrauwen op. Hij heeft het duidelijk over Heather.

'Dus ik deed alles via de telefoon en dan zei ik: "Als je dit noteert, *get a life*." Het is vervelend als je niet gewoon vrijuit kunt praten via je eigen telefoon. Ik zeg tegenwoordig niet meer zoveel aan de telefoon. Als ik een boodschap achterlaat, stelt die weinig voor. Je censureert jezelf naar gelang de nieuwe situatie van de nieuwe wereld. Ik denk dat het best goed zou zijn als ze daar een soort wetten voor bedachten. Trouwens,' vervolgt McCartney, ineens opgefleurd, 'weet je wat ik echt irritant vind? Ik wil graag op vakantie kunnen zonder dat ik twee hele weken mijn buik moet inhouden [vanwege eventuele paparazzi]. Ik zag vorige week een kerel op het strand in het zand spelen, zijn buik hing over zijn korte broek heen en ik was echt jaloers op hem.'

McCartney peinst nog wat verder over hacken. 'Weet je, ik zou best een baan als roddeljournalist willen. Ik heb natuurlijk een betere baan, maar het lijkt me leuk om gewoon... kletskoek te verzinnen. David Beckham. Je kunt álle kanten op met David Beckham.'

McCartneys personal assistant zegt dat mijn tijd erop zit, dus dit is het moment dat ik Paul McCartney de vraag voorleg wat hij zou doen als zijn gezicht verminkt zou raken bij een gruwelijk ongeluk.

'Paul, stel dat je een vreselijk ongeluk zou krijgen en je gezicht zou helemaal verminkt zijn – wat God verhoede, uiteraard – zou je dan je oude gezicht laten reconstrueren, of zou je het veranderen zodat je eindelijk weer anoniem zou kunnen zijn?'

Volgens mij is dat best een goede vraag. Hij raakt aan roem, schoonheid, identiteit, ego en het idee dat je binnen één mensenleven twee levens zou kunnen leiden. Maar Pauls feitelijke, huidige gezicht doet vermoeden dat hij er anders over denkt.

'Ik zou mezelf het gezicht van David Cameron geven,' zegt

McCartney, die het duidelijk een stomme vraag vindt.

'Waarom?'

'Omdat ik een geintje maak. Rare meid.'

'Sorry – maar eh... Cameron? Dat lijkt me een ongekend gruwelijk idee.'

'Weet ik. Dat maakt het extra grappig,' zegt McCartney geduldig. 'Stel je voor, ik zing 'Yesterday', dan denken mensen: wie is dat? Cameron? Maar even serieus, ik ben van de school van niet-eens-aan-denken. Ik haal me liever niet dat soort beelden in mijn hoofd. Ik zie liever een beeld van een heerlijk leven, heel gelukkig zijn en dat mijn hele familie gelukkig oud wordt. Die andere dingen, daar denk ik niet aan.'

En dat is het dan – mijn tijd met Paul McCartney zit erop, en nu heb ik hem ter afsluiting gedeprimeerd met beelden van zijn gruwelijk verminkte gezicht. We gaan samen op de foto en dan loop ik de gang in, waar ik een zacht, treurig gebrul laat horen, zoiets als Chewbacca in *Star Wars* als er iets misloopt. Waarom heb ik McCartney een vraag gesteld over zijn verminkte gezicht? Waarom? Waarom? Ik ben de meest ontaarde Beatlesfan sinds Mark David Chapman.

Een uur voor de show klinkt het onmiskenbare geluid van een Amerikaanse tourmanager die vlak bij de catering iemand staat uit te kafferen. Wie *Spinal Tap* heeft gezien, weet hoe dat klinkt: 'Hoe vaak moet ik het nog zeggen: als ze geen pasje hebben, TRAP JE ZE ERUIT!'

Kennelijk heeft iemand stiekem lokale opportunisten binnengelaten. Wie daar precies achter zit, is niet duidelijk – maar het is wel opvallend dat de hoofdcommissaris van politie en zijn sidekick daar staan, met glimmende laarzen, een iets-te-grote pet en een van schrik vertrokken bek. Niemand van McCartneys entourage praat met ze.

'Ze hebben geen reden om hier te zijn, maar je kunt de plaatselijke politie niet tegenhouden als ze per se willen komen,' legt iemand uit.

Als het geschreeuw verstomt blijven de hoofdcommissaris en zijn sidekick alleen achter bij de catering, waar ze McCartneys tiramisu eten met zo'n blik die is voorbehouden aan kwade Italiaanse politiemannen die in hun eentje romige toetjes zitten te eten.

Showtime, en op het podium ziet McCartney er twintig jaar jonger uit dan in zijn kleedkamer. Dat ligt niet aan de belichting – het komt door de muziek. 'Penny Lane' zingen werkt effectiever dan botox of een facelift, als jij degene bent die het nummer ooit geschreven heeft. Hij stort zich op de tweeënhalf uur durende set met de energie van een man die tegen de twintig loopt. Dit is een *moordend* concert.

Er zit een moment in 'Jet' dat hij met één hand die zware, oplichtende bas met de pluizige randjes bespeelt en over de menigte uit staart met een blik die ik niet meteen kan plaatsen. Dan herinner ik me een interview waarin hem wordt gevraagd: 'Als je andere bands ziet, ervaar je dat dan als concurrentie?'

Waarop McCartney antwoordt: 'Nou, eigenlijk werkt het andersom. Ik wil niet onbescheiden zijn, maar als ik andere shows zie, denk ik vaak: goh, wij rocken best lekker.'

En plotseling weet ik het antwoord op de vraag: 'Waar loopt Paul McCartney nog warm voor?' Al dat gedoe over dat hij een onzekere performer is – ja, dat zal best een deel van zijn motivatie zijn. Maar de vonk komt van de combinatie tussen die onzekerheid en het feit dat niemand ter wereld dit zo goed doet als McCartney, dat hij dat weet en dat zijn onuitgesproken agressieve kant dat podium op wil om, zo elegant als menselijk mogelijk is, de concurrentie te verpletteren.

In de grond is McCartney nog steeds die bekuifde rock-'n-roller in de vreemde combinatie van zwart leer met cowboylaarzen die in 1961 in Hamburg, om vier uur 's nachts, totaal van de wereld van de speed, speelde voor matrozen en hoeren. We mogen hier dan in een arena staan waar ze de hele dag hebben gewacht op de aankomst van een geridderde, wereldbekende hoogwaardigheidsbekleder – maar de set waar hij doorheen vlamt, klinkt als de Death Star van de rock-'n-pop. Niets kan tippen aan die vuurkracht. Deze oude man is het hart van het grootste popconcert ter wereld. Alleen al met de eerste 'Aaaah' van 'Eleanor Rigby' scheurt hij iedereen die hem ook maar zou kunnen benaderen voorbij.

Als het concert afgelopen is, vraag ik me in verwarring af waarom een juichende, dansende Kate Middleton bij ons aan de zijkant van het podium staat te freaken op 'Helter Skelter'. Je vindt het *vanzelfsprekend* dat iedereen op deze wereld fan van McCartney is – maar ik sta ervan te kijken hoe weinig beveiliging de toekomstige koningin bij zich heeft. Dan realiseer ik me dat het Nancy Shevell is – Lady McCartney – met haar splinternieuwe trouwring glinsterend in het licht. Ze heeft de extreem opgewekte uitstraling van iemand die net drie weken terug is van haar huwelijksreis en zich suf geniet bij het uitpakken van alle diamanten van haar huwelijkslijst van warenhuis John Lewis.

Als Paul de 'Golden Slumbers'-medley afrondt, haalt Shevell een rode badjas die ze, als hij zwetend van het podium komt, met een zoen om hem heen slaat.

McCartney loopt samen met haar de hellingbaan af – het Mediolanum uit, zijn tourbus in. Zijn privéjet staat klaar: tegen drie uur vannacht ligt hij thuis in zijn bed. De crew staat langs zijn route naar de tourbus – juichend en applaudisserend. Hij geeft ze in het voorbijgaan stuk voor stuk een high five.

'Bedankt!' roept hij iedereen toe. 'Bedankt!'

En dan rijdt de colonne met blauwe zwaailichten de mist in, begeleid door het half vreugdevolle, half klagelijke 'PAUL!

PAUL!' – het geluid dat sinds 1962 bij elke aankomst en elk vertrek klinkt.

Ik vlieg terug naar Londen met zijn plectrum in mijn portemonnee.

En dan gaan we het nu hebben over afvallende sterren – celebrity weight-loss, *een onderwerp dat op Google meer hits oplevert dan 'potentiële nucleaire holocaust' en 'Charlie bit my finger' bij elkaar.*

Celebrity weight-loss: de waarheid

Door de jaren heen ben ik heel dik (maat 52 – probeer dáár maar eens in een houtje-touwtjejas mee door de draaihekjes van Regent's Park Zoo te komen) en heel dun geweest (niet dus, maar elk artikel over afvallen begint met die zin, heb ik gemerkt) – en in al die verschillende versies van lijvigheid is mij één ding opgevallen: vrouwen moeten liegen over hoe ze zijn afgevallen; en hoe beroemder je bent, hoe erger de leugen.

Als iemand die niet beroemd is vijf kilo afvalt en wordt gevraagd om daar iets over te vertellen, zal hij of zij zeggen: 'O, ik heb wat vaker sla gegeten en ik ben een paar keer gaan hardlopen', op zo'n enigszins ongemakkelijk toontje van 'ander onderwerp'.

In werkelijkheid is zo iemand natuurlijk om acht uur 's morgens hellingen op gaan rennen met 'Don't Stop Believin' op repeat op de iPod, jankend van de brandende pijn die zich op mysterieuze wijze slechts in één bil voordoet, om vervolgens thuis aan een groot bord koude bietenpuree te beginnen, en zou hij of zij liever sterven dan daarvoor uit te komen.

Deze terughoudendheid om volledige openheid te geven over de hele onderneming komt voort uit het feit dat a) hij of zij geen

Afval-zeur wil worden (die van het toilet terugkomt en roept: 'Hé, mensen! Jongens! Luister eens! Ik ben DRIE ONS kwijt!') en b) zich ervan bewust is dat je, mocht je weer aankomen – wat statistisch gezien voor de hand ligt – niet wilt dat iedereen je medelijdend aankijkt en zegt: 'Al die moeite – en dan verpest ze het weer met een tiendaagse vakantie met een all-you-can-eatbuffet vol hartige crêpes. Ach, ze is ook maar een mens.'

Nee – als het gaat om de omtrek van je kont wil je dat ze denken: 'Zo gewonnen, zo geronnen.' Het doel is een zekere bestudeerde nonchalance wat betreft je gewicht. Het is geen punt.

Maar. Als het gaat om afvallende sterren neemt die 'bestudeerde nonchalance' absurd extreme vormen aan. Als iemand die haar halve leven besteedt aan het lezen van roddelglossy's – en aldus geen enkele verloren post-baby-/nieuwe cd-/nieuwe vriend-kilo mis – kan ik met zekerheid stellen dat we een tijdperk van Vorstelijke Sterrenleugens over afvallen doormaken, en ik heb mijn persoonlijke favorieten hier gerangschikt:

1. Eerste post-baby fotoshoot: mama ziet er SEXY uit! Ze gaat in een bandage-jurk van Herve Leger naar een première – slechts ZES WEKEN nadat ze er een mensenkind uitgepoept heeft! Hoe kan dat, grote ster – HOE?

'Ik loop zo druk achter de baby aan te rennen dat de kilo's er vanzelf af vlogen!' onthult de beroemde mama giechelend.

Ho even, vrouwtje, ho even! 'Ik loop zo druk achter de baby aan te rennen dat de kilo's er vanzelf af vlogen'? Maar hoe dan? Jouw ervaring lijkt in niets op die van mij! Toen *ik* kinderen kreeg, zat ik, als ik me goed herinner, het grootste deel van de tijd met een kribbig, half slapend kind met krampjes tegen me aan: ik kon niet van mijn plek voor zelfs maar de meest basale menselijke handelingen zoals heel diep ademhalen of de afstandsbediening zoeken.

De eerste negen maanden van een kinderleven zijn berucht om hun immobiliteit. De opvallende onbeweeglijkheid van een baby is de inspiratiebron geweest voor een aantal baanbrekende uitvindingen, zoals de buggy en de draagzak. Hoe iemand – zes weken na de bevalling – achter iets 'aan kan rennen' dat zo beweeglijk is als een eeuwenoud hunebed is mij een compleet raadsel. Misschien binden beroemde papa's de baby's vast aan op afstand bestuurbare helikoptertjes waar ze de beroemde mama's achteraan laten rennen, het hele huis door. Ja. Zo moet Victoria Beckham na de geboorte van Cruz al die kilo's zijn kwijtgeraakt.

2. 'Ik heb het zo druk gehad met mijn werk, dat ik gewoon vergat om te eten!' Wederom, sterren, lijkt jullie ervaring in niets op die van mij. Ik werk aan de periferie van de entertainment/mediawereld en één ding dat mij is opgevallen in die entertainment/mediawereld is dat elke werkgerelateerde bezigheid die je in die branche kunt hebben – vergaderingen, fotoshoots, afterparty's, filmen – gepaard gaat met MINIMAAL drie van de volgende zaken: een schaal met plakken ham en kaas, brioches, chips, gigantische opgemaakte sandwichschotels, minihamburgers, vlees op stokjes, een verzameling onzinnig mutserige cupcakes, prijzige chocoladekoekjes, vierentwintig Schotse eieren, een of andere salade-achtige meuk waar niemand zich aan waagt en zoveel lattes met extra melk dat je er een hypothetische en draaiende Lactose Jacuzzi mee zou kunnen vullen. Onder dat soort omstandigheden kun je niet 'vergeten' om te eten. *Iedereen* om je heen behandelt zijn voortdurende lichte mediapaniek door zichzelf geraffineerde koolhydraten toe te dienen, afgewisseld met sigaretten die ze buiten roken terwijl ze hun minnaars sms'en dat ze die dag met een stel neurotische bitches moeten werken. Doe gewoon wat zij doen. Dan 'herinner' je je snel genoeg dat je moet eten!

3. 'Ik ben bij een geweldig vrouwtje geweest en toen bleek dat ik een tarweallergie heb/dat ik met mijn bloedgroep geen kaas kan verdragen/dat de vorm van mijn gezicht aangeeft dat ik dik word van bananen – en sinds ik dat uit mijn dieet heb geschrapt, zit ik strakker in mijn vel dan ooit!' De waarheid: 'Je ziet het; sinds ik alle pillen die ik van de dokter krijg in een grote bak naast mijn bed heb gegooid en ze naar binnen gooi als tumtummetjes, ben ik gek geworden* en heb ik heel weinig honger meer. Wat een HEERLIJK leven heb ik!'

* slaap ik zesentwintig uur achter elkaar

Nu, bijna aan het einde van het boek, een paar necrologieën om de boel af te ronden. We wankelen naar het laatste stuk via de dood en verlies. Zwart gesluierd en aanwezig aan het graf, peinzend. Dankbaar. Verward.

Twee van mijn favoriete vrouwen overleden in 2011 – Amy Winehouse en Elizabeth Taylor. Twee zwaar drinkende Britse vrouwen met volle lippen – wijven die waren opgetrokken uit eyeliner, gratie en ballen.

Als fan had ik in mijn dromen af en toe vrolijk e-mailcontact met de beide dames – ik genoot het enorme plezier hun namen in mijn inbox te mogen zien, in zwarte pixels; namen die meestal op billboards staan, met lichtjes. Vragen stellen, niet om een quote te los krijgen, maar uit nieuwsgierigheid. Op de een of andere manier proberen twee vrouwen te vermaken die – allebei met Cleopatra-ogen – alles hadden gezien voor ze 25 waren.

Uiteindelijk werd het enige wat ik ooit tegen ze gezegd heb deze necrologieën – de foutste brieven, nooit verstuurd; maar nu wel geplaatst met een kop erboven.

Elizabeth Taylor: zwaar, als natte rozen

Het waren de allermooiste ogen en nu zijn ze voor altijd gesloten: violet, intens mooi, zwaar bewimperd, de buitengewone ogen van Elizabeth Taylor zijn overgegaan van feit tot artefact. Man, wat was ze geweldig – mijn favoriet, mijn meest bekeken. De beste aller legenden. Als ster in een tijdperk van Dames van het Grote Toneel en Mokkels uit de Filmwereld wist Taylor ze allemaal te overdamesen en overmokkelen – zelfs de fabuleuze

Ava Gardner die ooit, toen haar toenmalige man Frank Sinatra werd beschreven als '55 kilo vergane glorie', reageerde met: 'Jazeker. En vijf kilo daarvan is pik.'

Maar Taylor overklaste dat moeiteloos – met een privévliegtuig genaamd Elizabeth, twee Oscars, een roomblanke huid en de gave om elke man onder de tafel te kunnen drinken kon ze in elk gezelschap haar entree maken als de gezagvoerder van een ruimtevloot. Niemand was beter dan zij – maar goed, er was dan ook niemand achtenswaardig genoeg om haar naar behoren te vereren totdat Richard Burton de eerste en de tweede keer ten tonele verscheen en haar van de sokken kuste. Hun relatie was net een bom die steeds opnieuw afging: ze werden aan het begin van hun affaire door het Vaticaan verketterd voor 'erotische dwalingen', maar boemelden zorgeloos de hele wereld over terwijl ze Van Goghs, Pissarro's, Rembrandts en diamanten verzamelden, ruziemaakten, dronken en grote bedden verwoesttten.

Burton was verloren zodra hij haar zag – zijn beschrijving van hun eerste ontmoeting is een van de meest verbijsterende liefdesverklaringen ooit geschreven. Hij zindert van stormachtige lust, zelfs veertig jaar na dato.

'Ze was zo onvoorstelbaar mooi dat ik bijna hardop moest lachen. Haar lichaam was een waar mirakel van bouwkunst – het werk van een ingenieur of een genie. Een lichaam dat verder niets nodig had. Een lichaam, verliefd op zijn eigen passie. Ze was onomstotelijk adembenemend. Ze was buitensporig. Ze was een duistere, onverbiddelijke rijkdom. Ze was verdomme té, met andere woorden.'

In een wereld waar vrouwen zich nog steeds zorgen maken dat ze 'te' zijn – te fors, te luidruchtig, te veeleisend, te uitbundig – toonde Taylor maar weer eens wat een vreugde het zowel voor mannen als voor vrouwen kan zijn als een vrouw werkelijk bezit neemt van alles wat ze heeft. Burtons koosnaam voor haar was 'Oceaan'. Soms leek dat nog te nietig.

Aan mijn muur hangt een foto van Taylor als eind veertiger. Ze staat erop met David Bowie – ergens buiten in LA, gok ik. Bowie is uitgemergeld – op het hoogtepunt van zijn cocaïneverslaving – maar evengoed zijn ze allebei duidelijk machtig en beeldschoon. Hij heeft zijn armen rond Taylors middel geslagen – een dikkere, rondere taille dan in haar ingesnoerde tijd in *Cat on a Hot Tin Roof*; ze is zwaar, als natte rozen. Ze ziet eruit als een banket. Ze brengt een sigaret naar Bowies mond met een blik die wulps en moederlijk tegelijk is – haar lippen zijn halfopen; je kunt haar bijna horen koeren: 'Alsjeblieft, schat...' In dat ene beeld reduceert ze David Bowie – *David Bowie* – tot een hulpeloze puber.

Ze was een stormfront van een vrouw, behangen met saffieren. Vanavond zal ik een glas ijskoude champagne drinken op haar nagedachtenis. En dan eet ik een diamant.

En Winehouse.

Winehouse – spring als een leeuw op je stem en neem de benen

Op een manier die morbide noch sentimenteel is, kan ik op dit moment alleen maar op YouTube naar Amy Winehouse kijken. Ik bekijk haar in de keuken, in de slaapkamer; in de tuin, op de laptop terwijl ik mistroostige slingers zomerhop terugsnoei. Haar stem lijkt niet te passen in de buitenlucht, maar ik wil haar rechtop in een tuinstoel zetten. Nu eens in de zon. In mijn hoofd noem ik haar 'Winehouse', als een cartoonfiguur of een brutaal kind: Winehouse met haar tattoos en haar op haar hoofd geschroefde suikerspinkapsel; Winehouse met haar lange enkels, een fles in de hand, wankelend en brullend. Een postapocalyptische Marge Simpson; Betty Boop aan het roer van een piratenschip. Winehouse in de popquiz *Never Mind the Buzzcocks* waar ze de schertsende, onbeholpen bezorgdheid van presentator Simon Amstell van zich af liet glijden met de droge timing van Joan Rivers of Dennis Leary.

Zou Amy willen samenwerken met het MOR-zangeresje Katie Melua, vroeg Amstell zich af. (MOR is als genre ook wel bekend als *middle of the road* vanwege de resolute vastberadenheid waarmee de stijl zijn niet-aanstootgevende eenheidsworstmuziek door het hart van de rock/pop heen ramt. Melua was destijds capabel genoeg om de bestverkopende artiest van Europa te worden, dankzij haar talent om driehonderd kilometer lang in de middenberm van de popmuziek te blijven zonder ooit uit te wijken naar iets memorabels.)

'Ik zou nog liever kattenaids krijgen,' antwoordde Winehouse vinnig, geestiger dan alle comedians in het programma, maar nog steeds Winehouse – Amy Winehouse met die stem, met die verbazingwekkende stem, angstig, kwaad, sexy als Billie Holiday; klaar om van leer te trekken. Ze schreef 'Back to Black' – een van de beste singles van de eenentwintigste eeuw, een pezig nummer dat halverwege zomaar oplost in zijn eigen narigheid, waarna je alleen nog een kerkklok hoort luiden en Winehouse die zingt: 'Black... Black...' alsof dat de enige richting is die haar nog rest – op haar drieëntwintigste. In de videoclip kleedt ze zich voor een begrafenis. Elegant. Strak rokje. Eyeliner. Ze doet haar handschoenen aan met droge ogen. Op haar vierentwintigste heeft ze vijf Grammy's. Op haar zevenentwintigste is ze dood.

Ik blijf naar haar kijken omdat ik niet goed de vinger kan leggen op mijn gevoelens bij haar overlijden. Haar dood komt immers niet onverwacht – het zat er al een hele tijd aan te komen. En toch is iedereen erdoor van slag – onze verwachting is nauwelijks voorbereiding.

Zo gaan we ons voelen als de ijsbeer eindelijk uitgestorven raakt, denk ik, na het lange, trieste afwachten. Of als de laatste tijger doodgaat.

Toch zullen we nog steeds niet echt begrijpen waarom – hoewel we bijna elke minuut hebben gevolgd. Ik ben niet de enige die verbluft is; vrienden en vooral vriendinnen blijven maar piekeren over de dood van Winehouse. Het is geen jankend, opgekropt boe-hoe, zoals bij de dood van Diana. Het heeft meer van bosdieren die om een ander, overleden, bosdier heen lopen zonder te begrijpen waarom het er niet meer is. Of hoe het zo heeft kunnen gaan.

Misschien komt het deels doordat we niet zagen wie Winehouse destijds werkelijk was. Zoals iedereen heb ik altijd gedacht dat alcohol en drugs haar probleem waren: al die jaren gefotografeerd worden met bebloede schoenen, naargeestig rondwarend om drie uur 's nachts. Toen de Hawley Arms in Camden – destijds het epicentrum van de dronken wereld – afbrandde, zei iedereen voor de grap dat Winehouse dat had gedaan, per ongeluk. Winehouse, met een onfortuinlijke combinatie van een crackpijp en Elnett-haarspray.

Maar toen een vriend zei: 'Stel nou dat haar grootste probleem niet drank of drugs was, maar haar eetstoornissen?', leek het alsof de YouTube-beelden plotseling opnieuw werden afgedraaid; maar nu met nieuwe ondertitels.

Je ziet Amy Winehouse bij de Mercury Awards in 2007 het podium op komen terwijl het publiek geschokt de adem inhoudt, de felle neonkleuren van haar jurk steken lelijk af tegen de diepe holtes van haar sleutelbeen. Iedereen denkt dat het door de crack komt – maar ze geeft interviews waarin ze zegt dat ze elke ochtend hardloopt op de loopband. Ze draagt hotpants en kort afgeknipte shirts die haar smalle, verkrampte middeltje laten zien – zelfs midden in de winter, zelfs als het sneeuwt. Ze kookt voor iedereen, maar eet zelf geen hap. 'Ze eet alleen Haribo,' onthult een vriend in de *Daily Mirror*. Met zo'n eetstoornis kun je net zo goed tegen drank en drugs als een pasgeboren kind.

En omdat het bij eetstoornissen allemaal gaat om je leven weer in de hand te krijgen, lost dat het grootste raadsel op dat mij dwarszat sinds ik hoorde dat Winehouse was overleden: hoe kun je zo'n talent hebben – zo'n eens-in-een-generatie, ogenschijnlijk gewichtloos, eindeloos talent – en het dan zo laten toetakelen door je verslavingen dat je grote album uit 2006 meteen je laatste is. Dat wil je toch zeker beschermen zoals je eigen kind, het dienen zoals je een keizerin zou dienen? Had ze dan geen zelfdiscipline? Om haar pure Winehouseheid veilig te stellen? Nou, wel dus. Ze was druk bezig met die zelfdiscipline. Ze at niet.

Iedereen zonder een talent als dat van Winehouse – en dat zijn wij verder allemaal – wij staren er alleen maar naar, als niet-na-ijverige Salieri's, en we vragen ons af hoe iemand zoiets onvoorstelbaars in zich kan hebben – zonder dat ze er tegelijkertijd door verheven werd. We gaan denken als kinderen. Had dat talent haar niet op de een of andere manier kunnen redden? Had een song zo verbazingwekkend als 'Back to Black' haar niet kunnen beschermen tegen haar demonen? Had Amy Winehouse niet gewoon op haar stem kunnen klimmen alsof het een leeuw was, om dan uit het raam te springen en de benen te nemen, heel ver weg?

Maar misschien is dat wel precies wat ze gedaan heeft.

Dit is de laatste column in het boek. We eindigen waar we begonnen – in bed, waar mijn man zich met tegenzin uit zijn bewusteloosheid sleept om zich bezig te houden met zo'n onderwerp dat rondspookt in het hoofd van vrouwen over de hele wereld, maar door mannen gezien wordt als een on-miskenbaar bewijs van krankzinnigheid.

Mijn tragisch vroege dood

Het is 23:48 uur. We willen net gaan slapen. Ik hoor de afwasma-chine beneden zijn zelfverheerlijkend genaamde Superwash-programma afronden. Het huis is stil.

Naast me schakelt Pete's adem drie versnellingen terug – naar de eerste *stop-motion*-dromen. Het was een lange dag. Hij ver-dient zijn rust. Vandaag is nu voorbij. *Sleep well, sweet prince*, denk ik. Slaap zacht.

'Pete?'

'M.'

'Wat zou je het meest missen als ik tragisch jong zou overlij-den?'

'Huh?'

'Stel dat ik aan mijn einde zou komen – morgen – misschien gewelddadig – wat zou je dan het meest missen?'

'Niet nu. Alsjeblieft. Erg moe.'

'Stel dat er een trieste, jonge politieagent met zo'n zieken-huisserieblik aan de deur komt en zegt: "Ik moet u helaas mede-delen dat er een ongeluk heeft plaatsgegrepen", wat zou dan het eerste zijn dat in je hoofd opkwam, waardoor je zou gaan huilen?'

'Moet dit echt? O god, dit moet dus echt?'

Pete draait zich om. Ik ga rechtop in bed zitten.

'Want ik weet wel wat *ik* het ergst vind aan mijn tragisch jonge dood,' zeg ik. 'Dat ik er niet ben voor de meiden als er voor het eerst een of andere trut op de middelbare school iets vals zegt over hun schoenen. Dat ik nooit Frans heb geleerd. Dat ik nooit die met tv-prijzen overladen sitcom heb geschreven die speelt in een impresariaat voor look-a-likes geheten *Cher & Cher Alike*. Maar jij? Waar zou jij je totaal kapot en machteloos door voelen?'

Pete zucht. Hij is nu helemaal wakker. Hij kijkt ook echt een beetje triest. In bed over de dood praten is blijkbaar een beetje deprimerend. Hij tast onder het dekbed naar mijn hand en pakt die vast.

'Het totale verlies van kameraadschap, liefde en seks,' zegt hij, met een kneepje in mijn hand.

Stilte.

'Dat is nogal breed,' zeg ik.

'*Wat?*'

'Ik wilde specifiekere dingen horen.'

'Wat?'

'Ik wilde me exact de momenten van de dag kunnen voorstellen waarop je ineens roept: "Ze is dood!" en snikkend op de grond ineen zijgt.'

'Waarom. Wil. Je. Dat. In *godsnaam?*'

Dat vind ik best een vreemde vraag.

'Dat vraagt elke vrouw zich af,' leg ik geduldig uit.

'Hoezo?'

'Gewoon. Dat is een vrouwendingetje. Iets wat wij doen. Dat moet je gewoon accepteren omdat je de aarde met ons deelt – net zoals wij accepteren dat jullie de keuken in komen met een boek over de geschiedenis van het wegrestaurant van 1920 tot nu, terwijl jullie zeggen: "Moet je die foto's zien! Stuk voor stuk juweeltjes!", rondzwaaiend met een foto van drie mannen in kreukvrije pantalons die voor een café langs de A6 een sigaretje staan te roken. Dat doen *jullie*. Wij stellen ons graag voor wat voor effect onze tragisch jonge dood op ons manvolk heeft. Dus. Waardoor, *heel specifiek*, zou jij je hopeloos en gebroken voelen?'

'Splinters,' zegt Pete.

'Wat?'

'Splinters. Als meisjes splinters oplopen. Jullie kunnen die dingen er met een speld uit peuren. Jezus. Dat kan ik niet. Splinters.'

Stilte.

'Oké,' zeg ik, 'nu ben je *te* specifiek. Kun je de focus van je rouwcamera ergens afstellen tussen "het totale verlies van kameraadschap" en "splinters"? Ergens in het midden?'

Pete denkt na. Hij denkt een hele tijd. Zijn adem stokt een beetje. O god, hij huilt! Ik voel een enorme golf van liefde voor hem – zoals hij daar huilt om mij, zijn overleden vrouw, in het donker.

'Word je er verdrietig van?' vraag ik terwijl ik in zijn hand knijp.

'Blarrrr. Weer in slaap gevallen,' zegt hij. 'Was ik aan het snurken? Erg moe.'

'Ik ben DOOD,' zeg ik. 'DOOD op m'n zesendertigste. Zeg verdomme wat het hardste aankomt! Nu! Zeg op! Nu meteen!'

'Oké,' zegt Pete, nu helemaal wakker en rechtop in bed. 'Ik zou je missen als ik wakker word. Ik zou je missen als ik ga slapen. Ik zou je missen als ik bang ben en jij zegt: "Iedereen kan de vinkentering krijgen", en dat alles dan minder erg lijkt. Ik zou je elke keer missen als de kinderen lachen of huilen. Ik zou je elke keer missen als ik naar die boom achter in de tuin kijk, die boom waar jij zo dol op bent, of als ik je parfum ruik bij een vrouw die voorbijloopt, of als ik iemand zo hard zie lachen dat hij knorrend als een varken op de grond ligt te snikken. Ik zou jou missen. De. Hele. Tijd.'

Het is een prachtige lijst. Zo vol van liefde, en herinneringen, en trots. Wat ben ik een geluksvogel.

'En mijn broodpudding dan?' zeg ik. 'Niemand kan zo lekker broodpudding maken als ik.'

'Ja,' zegt Pete, nog steeds emotioneel. 'Ik zou het erg vinden om de broodpudding van een ander te moeten eten.'

'...en woordspeligheid,' zeg ik. 'Je tweede vrouw zou nooit zulke goede woordgrappen maken als ik.'

'Ook dat is waar,' zegt Pete, nu wat abrupter.

'En volgens mij is een van mijn sterke punten altijd geweest dat ik een grote hoeveelheid informatie tot me kan nemen en die vervolgens kan uitdunnen tot de essentiële dingen op een heel begrijpelijke manier...'

'Als je maar weet,' zegt Pete terwijl hij zich omdraait om te gaan slapen, 'dat dit absoluut weer een herinnering wordt waar ik van ga huilen. Heel hard.'

Met dank aan

Er zou niets in dit boek staan als ik, gedurende mijn achttien jaar bij *The Times*, geen reeks parodistisch gevatte en leuke redacteuren had gehad, waardoor het schrijven van columns daar een droombaan werd die ik net zo graag voor niks gedaan zou hebben. Enorm bedankt, Sarah.

Vine, Alex O'Connell, Emma Tucker, Shaun Philips, Mike Mulvihill en vooral de serieus gestoorde en geniale Nicola Jeal, dankzij wie mijn werk iets werd waar ik, bij gelegenheid, op een februarimiddag om vier uur in Cliveden House zat met een gigantische trouwjurk en een Kate Middleton-pruik, net te doen alsof ik een look-a-like van prins William zat te zoenen. En James Harding: jij bent de *Gentleman Editor* van Fleet Street, en ik ben trots dat ik voor jouw krant mag werken. Ik weet hoezeer ik bof dat ik met jullie allemaal te maken heb. Bedankt.

Bij Ebury: Ik kan niet genoeg waardering uitstorten over Jake Lingwood, de hoofdbobo, die GROOT droomt en het vervolgens allemaal waarmaakt, en Liz Marvin, voor haar totale onoverwinnelijkheid. En er is een reden waarom Ebury's pr-man Ed Griffiths prijzen wint – hij is wetenschappelijk en aantoonbaar de beste. Ik ben dol op je, Mr Jeff Pigeon.

Bij mijn Amerikaanse uitgever: Jennifer Barth geloofde tegen de klippen op dat *Vrouw zijn, hoe doe je dat?* – een boek geschreven door iemand uit Wolverhampton die ooit, terwijl ze met haar hele familie voor de tv zat, een mondvol sardientjes over het scherm nieste, eraf schraapte en weer opat – in de VS zou kunnen verkopen, en het vervolgens in de *New York Times* Top Tien wist te krijgen. Dat is een gebeurtenis waar ik eerlijk gezegd nog van lig bij te komen terwijl iemand me met spetters koude gin probeert bij te brengen.

En Gregory Henry, de Amerikaanse publiciteitsagent voor het boek, kreeg een verbazingwekkende campagne van de grond – hoewel hij om een enorme handicap heen moest werken, namelijk een auteur die *lift* zegt in plaats van *elevator* en geen idee heeft wie Diane Sawyer is. Of wie die aardige dames waren die we bij de *Today Show* tegenkwamen. Wie waren dat? Ze roken naar wijn. Dat vond ik leuk. Ik bedank ook Jonathan Burnham, Erica Barmash, Amy Baker, David Watson, Dori Carlson, Lelia Mander en al die andere leuke mensen van HarperCollins.

Georgia Garrett – als je ooit stopt als mijn literair agent, maak ik er een einde aan. Je hebt een hoofd voor zaken, een lijf voor zonde en het hart voor lange lunches.

Alle mensen met wie ik mocht meelopen voor hoofdartikelen: bedankt. Ik hoop dat ik een beetje zorgvuldig ben geweest. Het was heel opwindend om jullie allemaal te ontmoeten. Gareth Dorrian – bedankt dat je reageerde op mijn paniekerige, verontruste Tweet: 'IK BEN DRIE WEKEN OVER MIJN DEAD-LINE EN GEEF EEN FLES CHAMPAGNE AAN DEGENE DIE EEN TITEL VOOR MIJN BOEK KAN BEDENKEN' met het volmaakte, elegante, woordspelige en Beatle-achtige *Moranthology*. Geniet van je champagne. Ik heb nog nooit met zoveel genoegen drie postzegels op een fles blanc de blanc geplakt.

Net zoals bij het vorige boek moet ik iedereen bedanken met wie ik de hele dag op Twitter rondhang, in de gelagkamer van mijn virtuele *Cheers*: @salihughes, @gracedent, @Martin_Carr, @DavidGArnold, @heawood, @Hemmo, @pgofton, @laurenlaverne, @traceythorn, @alexispetridis, @Dorianlynskey, @porksmith, @mydadisloaded, @mattpark, @nivenj1, @indiaknight, @victoriapeckham, @jennycolgan, @mrchrisaddison, @laurakirsop, @evawiseman, @emmafreud, @scouserachel, @julianstockton, @zoesqwilliams, @Eos-Chater, @sophwilkinson en

@stevefurst. Bedankt voor jullie vriendschap in mijn laptop.

Voor mijn dochters: mama heeft gelogen. 'Men' heeft Disney World eerlijk gezegd *niet* gesloten en alle attracties zijn *niet* omgesmolten tot nuttiger zaken zoals stoelen voor op school – en JAWEL! We *kunnen* er nu heen, nu mama klaar is met al dat typen! *The Guys* – Caz, Weena, Eddie, Col, Henri, Gezmo, Jimmy en Jofish – BOEM!

En ten slotte mijn man Pete: bedankt dat ik door de jaren heen al die idiote gesprekken met jou mocht verzinnen; alleen maar om columns te vullen. Wij weten dat ik nooit *werkelijk* dat soort dingen zeg – en dat je huidige zwijgen omtrent deze kwestie een juridische aanvaarding is van het feit dat ik in het echt *niet* zo ben, en dat ik dit boek nu afrond dus nu kun je daar niks meer tegen inbrengen ja ja dank je wel doeiiii.